G. Adolph/J. Bieda/H. Nagel/M. Rompeltien

Technische Zeichnungen Schaltungen der Elektrotechnik

Entwurf und Analyse

1. Ausbildungsjahr

Industrie

Handwerk

9. Auflage

Stam 0009 *

Stam

www.stam.de

Stam Verlag
Fuggerstraße 7 · 51149 Köln

ISBN 3-8237-**0009**-X

Inhaltsverzeichnis

A. Technisches Zeichnen

Themen		Seite	Aufgaben		Seite
0	Technische Zeichnungen als Verständigungsmittel	6			
	Schriftzeichen; Linienarten und Linienbreiten	7			
	Zeichengeräte; Blattgrößen	8			
	Aufbau eines CAD-Arbeitsplatzes	9			
1	Darstellungsarten technischer Zeichnungen; Begriffe – Prinzipien – Zweck	10	1.1	Darstellungsarten technischer Zeichnungen; Gesamtzeichnung eines Türöffners	57
			1.2	Darstellungsarten technischer Zeichnungen; Bezeichnungen	58
2	Explosionszeichnung; Darstellung eines Türöffners	11	2.1	Hauptpotentialausgleichsschiene	59
			2.2	Instandsetzung eines Bohrhammers	60
3	Normalprojektion; Konstruktionshilfen	12	3.1	Leseübung	61
			3.2	Konstruktion der Draufsicht und der Seitenansicht	62
4	Grundregeln der Maßeintragung; Maßstäbe	13	4.1	Darstellung und Bemaßung flacher Werkstücke; Spulenkern und Spulenjochplatte	63
			4.2	Montage eines Kochendwassergerätes; Abmessungen von Leuchtstofflampen	64
5	Maßbezugkanten, Kettenmaße, Toleranzen	14	5.1	Rohrinstallation mit Rohrklemmschellen	65
			5.2	Kleinverteiler; Längenbestimmungen von Blindplatten	66
6	Verdeckte Kanten	15	6.1	Z-förmiges Werkstück	67
			6.2	Rohling des Außenankers des Türöffners	68
7	Mittellinien	16	7.1	Schwalbenschwanz mit Nut	69
			7.2	Spulenkörper des Türöffners	70
8	Winkel und durchbrochene Körper	17	8.1	Prisma	71
			8.2	Wechsel des Türöffners	72
9	Bohrungen, Langlöcher und Radien	18	9.1	Außenanker des Türöffners	73
			9.2	Toleranzen an Einzelteilen eines Türöffners	74
10	Abwicklungen	19	10.1	Transformatorengehäuse	75
			10.2	Meßpultgehäuse	76
11	Zylindrische Körper; Durchmesser	20	11.1	Drehkörper	77
11	Oberflächenbeschaffenheit; Zylindrisches Werkstück als Beispiel	21	11.2	Drehkörper mit Quernut	78
12	Körperschnitte	22	12.1	Drehflansch	79
			12.2	Achsschenkel	80
13	Gewinde und Schrauben	23	13.1	Verbindungsstück mit Gewindelöchern	81
			13.2	Klemmvorrichtung mit Kerbwerkzeug	82

B. Elektrotechnisches Zeichnen

Themen		Seite	Aufgaben		Seite
Normen und Schaltzeichen					
14	Die wichtigsten Schaltzeichen für mehrpolige Darstellungen	24			
14	Die wichtigsten Schaltzeichen für einpolige Darstellungen	25			
15	Betriebsmittel – Symbole – Schaltzeichen – Schaltpläne	26	15.1	Reihenschaltung mit Kennzeichnung der Betriebsmittel und Anschlußstellen	83
15	Kennzeichnung von Betriebsmitteln und Anschlußstellen – Regeln für Stromlaufpläne	27	15.2	Verknüpfung mit Schließern und Öffnern	84

Themen	Seite	Aufgaben	Seite
Elektrische Energieversorgung			
16 Netz und Netzleiter	28	16.1 Spannungen im Verbrauchernetz 16.2 Von der Trafostation zum Stromkreisverteiler	85 86
17 Schutzleiter und Schutzleiteranschlüsse	29	17.1 Schutzleiterverbindungen 17.2 Schutzleiter im Stromkreisverteiler	87 88
Lampenschaltungen mit Installationsschaltern			
18 Betriebsmittel Schalter 18 Betriebsmittel Klemmen und Abzweigdosen	30 31	18.1 Installationsmäßige Kombination von zwei Ausschaltungen 18.2 Installationszonen	89 90
19 Die Schaltzustände von Serienschaltung und Wechselschaltung 19 Ausschaltung, Serienschaltung und Wechselschaltung	32 33	19.1 Serienschaltung und Wechselschaltung 19.2 Wechselschaltung mit drei Lampen	91 92
20 Kreuzschaltung: Schaltpläne und Funktionsprinzip	34	20.1 Kreuzschaltung mit Ausschaltung 20.2 Kreuzschaltung mit Ausschaltung und Steckdose 20.3 Schaltungen nach Herstellerunterlagen 20.4 Kreuzschaltung mit Serienschaltung kombiniert	93 94 95 96
21 Grundriß; Installationspläne	35	21.1 Installationsplan mit und ohne Leitungsführung 21.2 Installationsplan eines Bungalows 21.3 Wohnrauminstallation 21.4 Installationsplan einer Eigentumswohnung	97 98 99 100
Gesteuertes Schalten 1			
22 Relais und Schütze: Steuerkreis und Leistungskreis 22 Relais und Schütze: Stellbetrieb – Tippbetrieb – Selbsthaltung	36 37	22.1 Schütze mit Selbsthaltung 22.2 Relaisschaltungen	101 102
23 Relais für Lampenschaltungen: Stromstoßschalter, Treppenlicht-zeitschalter	38	23.1 Treppenhausbeleuchtung mit automatischem Treppenhausschalter 23.2 Treppenhausbeleuchtung mit einer Keller- und Dachboden-beleuchtung 23.3 Treppenhausbeleuchtung mit Stromstoßschalter 23.4 Treppenlicht-Zeitschalter in Dreileiter-Schaltung	103 104 105 106
Signaltechnik			
24 Hörmelder, Türöffner, Stromversorgungs-geräte, Grundschaltungen	39	24.1 Signalanlage mit Summer, Klingel und Türöffner 24.2 Hausklingelanlage mit Türöffner für mehrere Stockwerke	107 108
Verdrahtungspläne			
25 Geräteverdrahtungsplan, Verbindungs-plan, Anschlußplan 25 Verbindungsplan und Anschlußplan einer Meldeanlage	40 41	25.1 Geräteverdrahtungsplan und Verbindungsplan 25.2 Anschlußplan, Geräteverdrahtungsplan, Verbindungsplan	109 110
Gesteuertes Schalten 2			
26 Mechanisches und elektronisches Schalten 26 Schalten über große Entfernungen, Schaltverstärker	42 43	26.1 Mechanisches und elektronisches Schalten im Vergleich 26.2 Parkplatzbeleuchtung	111 112
27 Schaltdioden 27 Z-Dioden, Leuchtdioden	44 45	27.1 Steuerschaltungen mit Dioden 27.2 Z-Dioden-Schaltung, Ziffernanzeige	113 114
28 Schalten mit Sensoren: Signalverstärkung	46	28.1 Heißleiter- und Kaltleiterschaltungen 28.2 Foto-Dioden-Verstärker	115 116
29 Schalten mit Sensoren: Infrarot-Bewegungsmelder	47	29.1 IR-Bewegungsmelder 1 29.2 IR-Bewegungsmelder 2	117 118
Grundlagen der digitalen Schaltungstechnik			
30 Darstellungsformen der UND- und ODER-Verknüpfung	48	30.1 UND- und ODER-Funktion mit je drei Eingängen 30.2 Analyse von Funktions-Zeitdiagrammen	119 120
31 1-, NICHT-, NAND-, NOR-Verknüpfungen	49	31.1 Logikschaltungen mit Invertern 31.2 Schaltzustände von NAND- und NOR-Gattern, Logische Grundfunktionen aus NAND- und NOR-Gattern	121 122

Themen		Seite	Aufgaben		Seite
32	Vom Technologieschema zum Logikplan	50	32.1	Sicherheitsbaugruppe einer Sägemaschine	123
			32.2	Steuerung eines Abluftventilators	124
33	Digitale Schaltkreise in TTL-Technik	51	33.1	Übertragungskennlinie von TTL-Schaltelementen	125
			33.2	Eingangs- und Ausgangsverhalten von TTL-Schaltelementen	126
34	Beschaltung von Ein- und Ausgängen, Anschlußbelegung wichtiger TTL-Bausteine	52	34.1	Überwachungsschaltung	127
			34.2	Meldeschaltung mit akustischem Signalgeber	128
35	Speicherelemente: Setzen, Rücksetzen	53	35.1	Verriegelungsschaltung	129
			35.2	Belüftungsanlage mit zwei Schaltstellen	130
Meßtechnik					
36	Messung von Stromstärke und Spannung	54	36.1	Messung mit Spannungs- und Strommesser	131
			36.2	Mehrbereichsmeßinstrument	132
37	Messung von Widerstand, Leistung und Arbeit	55	37.1	Widerstandsmessung durch Strommessung, Überprüfung eines Leistungsmessers	133
			37.2	Messung der elektrischen Arbeit, Eichen eines Zählers	134
38	Messung mit dem Oszilloskop	56	38.1	Meßschaltungen mit dem Oszilloskop	135
			38.2	Konstruktion von Kurvendarstellungen	136

Sachwortverzeichnis auf der 3. Umschlagseite

Vorlagen und Hinweise stellten uns freundlicherweise zur Verfügung:
ABB Vertriebsgesellschaft für Installationsgeräte, Essen
Fritz Fuß GmbH, Albstadt
Kress, Bisingen
OBO-Bettermann, Menden
Osram GmbH, München

Technische Zeichnungen sind ein wichtiges Verständigungsmittel in der Technik.

Verständigung zwischen Menschen kommt zustande, wenn Informationen ausgetauscht werden. Informationen benötigen als Informationsträger sinnlich wahrnehmbare Zeichen.

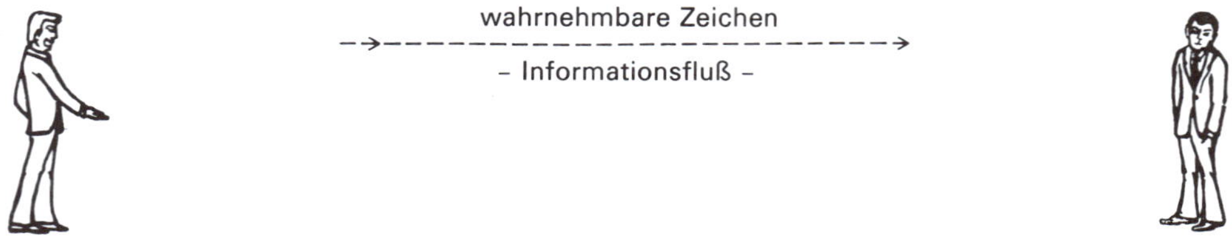

Informationsgeber
– Sender –

Adressat
– Empfänger –

Kommunikationsmodell

Nur wenn der Empfänger die Zeichen des Senders kennt, kann er sie verstehen. Eine Verständigung gelingt um so besser, je größer der gemeinsame Vorrat an Zeichen zwischen Sender und Empfänger ist.

Beispiele

Chinese — Eskimo — Engländer — Deutscher Schüler

Zu einer Verständigung kann es zwischen verschiedenen Personen nur kommen, wenn alle Personen für denselben Gegenstand dasselbe Zeichen benutzen. Wenn 2 Personen versuchen, sich allein mit Gesten (z. B. Handbewegungen) zu verständigen, kann es leicht zu Mißverständnissen kommen. Diese Mißverständnisse entstehen, weil Gesten nicht immer eindeutig sind.
Auch Wörter, Sätze, sind manchmal mehrdeutig. Deshalb kommt es beim Sprechen oft zu Mißverständnissen.

Technische Zeichnungen sind eindeutig und international verständlich.

Fast alle vom **„Deutschen Institut für Normung e. V."** herausgegebenen **„DIN-Normen"** für das technische Zeichnen sind mit den internationalen Normen abgestimmt.
Mit technischen Zeichnungen kann man sich also auf dem Gebiet, das von der Zeichnung erfaßt wird, international verständigen, ohne die Sprache der anderen Völker zu beherrschen.

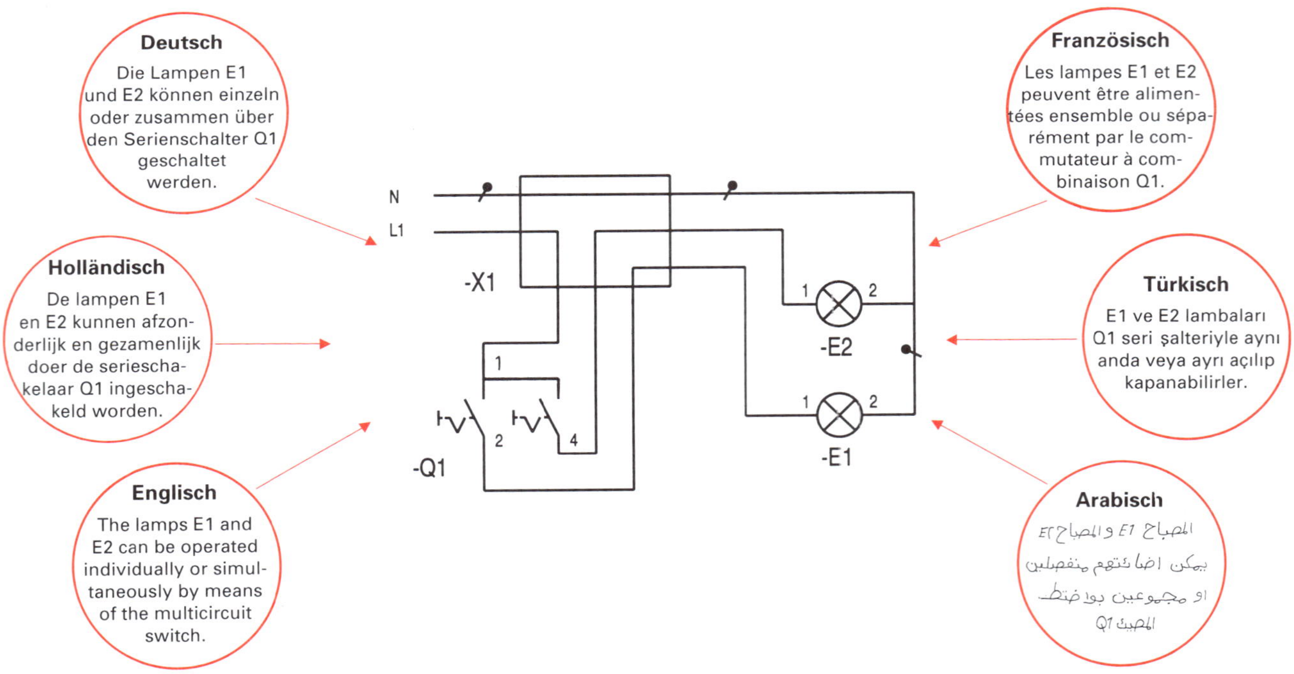

Durch internationale Vereinbarungen werden die Elemente der technischen Zeichnung bis hin zu den Linienarten und -breiten festgelegt. Sie dürfen in normgerechten Zeichnungen nur in dieser Ausführung gebraucht werden.

1. Schriftzeichen, Schriftform B, vertikal

Zeichnungen werden heute im allgemeinen mit Hilfe von Schablonen beschriftet. Ist es nur wenig Text, kann man die Zeichnung auch „von Hand“ beschriften. Man muß die Schrift dann allerdings mehr zeichnen als schreiben. Das erfordert Übung, und einige Besonderheiten sind dabei zu beachten:

1. Nur wenige Schriftzeichen weichen in der Breite der Buchstaben voneinander ab.
2. Bei den Kleinbuchstaben ist die Grundform – neben den senkrechten Strichen – nicht das Oval wie bei den Schriften, die im täglichen Sprachgebrauch als Druckschrift bezeichnet werden, sondern eine stilisierte Form.

Abmessungen

Wird die Höhe der Großbuchstaben mit *h* bezeichnet, dann gelten folgende Verhältnisse:

c = Höhe der Kleinbuchstaben (ohne Ober- und Unterlängen) . . . . = 7/10 *h*
a = Mindestabstand der Schriftzeichen . . . . = 2/10 *h*
b = Mindestabstand der Grundlinien . . . . = 14/10 *h*
d = Linienbreite . . . . = 1/10 *h*

Für die Höhe *h* sind folgende Maße festgelegt: 2,5; 3,5; 5; 7; 10; 14; 20.

2. Linienarten und Linienbreiten

In technischen Zeichnungen haben die Linienarten symbolhafte Bedeutung. DIN 15 unterscheidet 10 Linienarten, von denen in diesem Lehrgang 8 Linienarten verwendet werden.

A	Vollinie breit	→ sichtbare Kanten und sichtbare Umrisse
B	Vollinie schmal	→ Maßlinien, Maßhilfslinien, Schraffuren
C	Freihandlinie schmal	→ Abbruchlinien von abgebrochenen Ansichten (wahlweise Darstellung)
D	Zickzacklinie schmal	
F	Strichlinie schmal	→ verdeckte Kanten und verdeckte Umrisse
G	Strichpunktlinie schmal	→ Mittellinien, Lochkreise
J	Strichpunktlinie breit	→ Kennzeichnung der Schnittebene
K	Strich-Zweipunktlinie schmal	→ Umrisse der ursprünglichen Form

Die Stufung der Linienbreiten entspricht mit dem Multiplikator $\sqrt{2}$ der Stufung der Blattgrößen.

Linienbreiten in mm 0,13 0,18 0,25 0,35 0,5 0,7 1 1,4 2

Die in einer technischen Zeichnung verwendeten zwei Linienbreiten sind in Liniengruppen zusammengefaßt. In jeder Liniengruppe beträgt das Breitenverhältnis von breit zu schmal 2:1. Maß- und Textangaben werden mit der Breite geschrieben, die dazwischen liegt.

Die zwei (von der Norm) bevorzugten Liniengruppen werden auch für diesen Lehrgang empfohlen.

Liniengruppe	Linienart breit	Linienart schmal	Maß- und Textangaben
0,5	0,5	0,25	0,35
0,7	0,7	0,35	0,5

Beispiel: Schrifthöhe und Linienbreite bei gewählter Liniengruppe 0,5

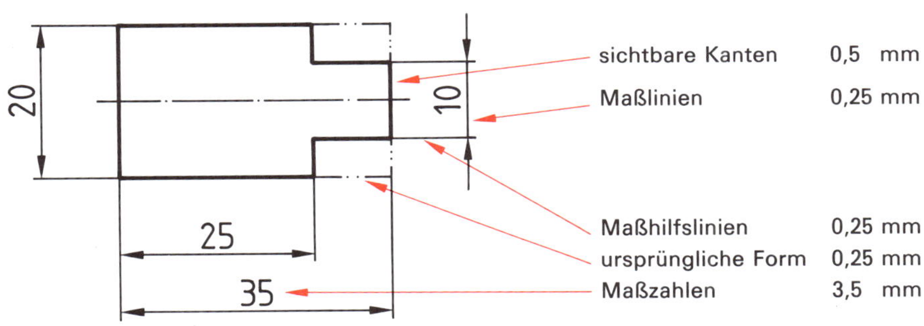

0	Schriftzeichen Linienarten und Linienbreiten	

Zeichengeräte

1. Minenstifte und Tuschefüller

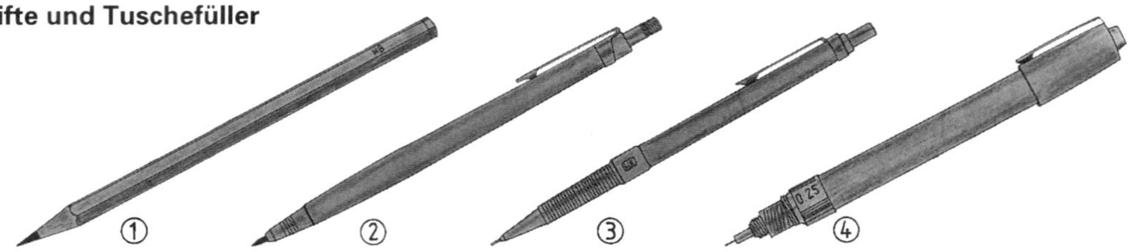

Holzgefaßte Minenstifte ① und Fallminenstifte ② haben den Nachteil, daß ihre Minenspitzen konisch sind. Durch den Abrieb beim Zeichnen wird die Linie zunehmend breiter; nur mit viel Übung ist gleiche Linienbreite einzuhalten. Sie müssen „nachgespitzt" werden.
Beim Feinminenstift ③ hat die Mine auf der ganzen Länge den gleichen Durchmesser. Die Linienbreite ist damit fixiert.
Feinminenstifte und Minen gibt es für 0,3 – 0,5 – 0,7 und 0,9 mm Linienbreite in den Härtegraden 2B, B, HB, (F), H, 2H, 3H und 4H. (2B sehr weich → dann steigt der Härtegrad bis 4H.) Empfohlen wird: 1 Feinminenstift 0,5 mm, Minen 0,5-F und 1 Feinminenstift 0,7 mm, Minen 0,7-HB.
Für das Zeichnen mit Tusche werden heute fast nur noch Tuschefüller ④ verwendet. Empfohlene Tuschefüllereinsätze: 0,25 mm, 0,35 mm und 0,5 mm.

2. Schablonen

Schablonen erleichtern das Zeichnen von Figuren (Schrift, Kreise, Kurven) wesentlich.

Schriftschablone nach DIN 6776, Schriftform B

Beim Zeichnen mit dem Feinminenstift muß die Schriftschablone eine Stufe über der Linienbreite des Stiftes liegen.
Stift 0,5 mm → Schablone mit 7 mm Schrifthöhe.

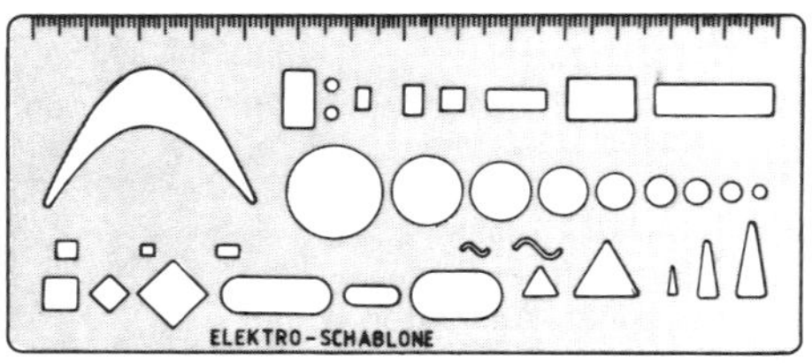

Elektroschablone mit einfachen Grundsymbolen zum Darstellen von Schaltbildern sowie aller wichtigen Schaltzeichen, z. B. Leuchten, Widerstände usw.

3. Zeichenplatte

Die Verwendung einer Zeichenplatte aus Kunststoff mit Zeichenlineal wird empfohlen. Zeichenplatten haben eine Klemmvorrichtung, mit der das Zeichenblatt sicher gehalten wird. Man sollte eine Zeichenplatte wählen, bei der sich das Lineal in jeder Position festklemmen läßt. Von Vorteil ist auch eine Maßeinteilung, die einige Zeichenplatten am Rand haben.

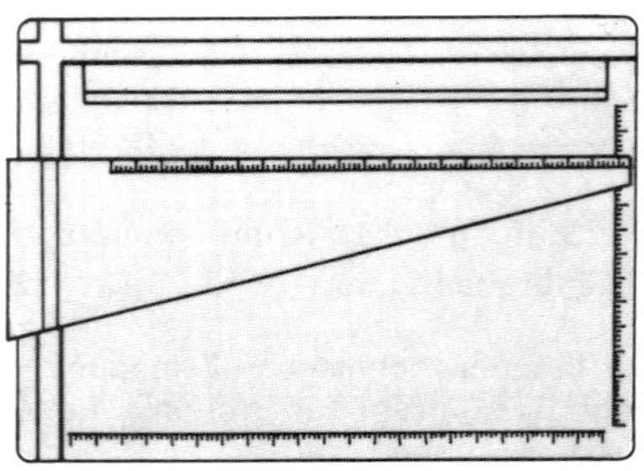

Blattgrößen

Abmessungen der fertig beschnittenen Zeichnung:

Kurzzeichen	mm
A0	841 × 1189
A1	594 × 841
A2	420 × 594
A3	297 × 420
A4*	210 × 297

* A4: Einheitsgröße für Briefblätter

Die einzelnen Formate der Formatreihe A entstehen durch Teilen („Hälften") des jeweils nächstgroßen Bogens.
1 Bogen A0 = 2 Bogen A1 = 4 Bogen A2 usw. (siehe Schema rechts).

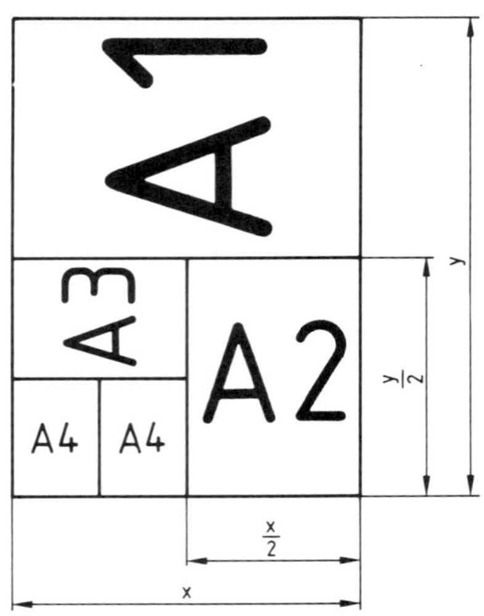

0	**Zeichengeräte** **Blattgrößen**	

Grundlagen der CAD-Technik

Technische Zeichnungen und Geräteunterlagen werden heute zunehmend mit Computerunterstützung angefertigt. Dazu werden alle Elemente einer Zeichnung durch Angaben ihrer x- und y-Koordinaten in den Computer eingegeben.

Durch **CAD** (**C**omputer **A**ided **D**esign = Computer unterstütztes Zeichnen) können sich viele Vorteile ergeben, z. B.

- der Zeitaufwand für das Erstellen einer Zeichnung verringert sich
- Routineaufgaben lassen sich automatisch erledigen (z. B. Stücklisten erstellen)
- fertige Zeichnungen können leicht geändert und auf dem aktuellen Stand gehalten werden
- Daten von Zeichenprogrammen können durch geeignete Software in Daten zum Steuern von computergesteuerten Werkzeugmaschinen umgewandelt werden

Um Zeichnungen mit Computerunterstützung erstellen zu können, werden gewisse Mindestfertigkeiten in folgenden Bereichen vorausgesetzt:

- Bedienung der **Hardware**:
  - des Computers
  - der Eingabegeräte
  - der Ausgabegeräte
- Bedienung der **Software**:
  - des Betriebssystems
  - des CAD-Programms
- Grundlegende Kenntnisse des **Technischen Zeichnens** und des **DIN-Regelwerkes**.

Aufbau eines CAD-Arbeitsplatzes

Eingabegeräte — **V**erarbeitungseinheit — **A**usgabegeräte

Tastatur
Zur Text-, Zahlen- und Befehlseingabe

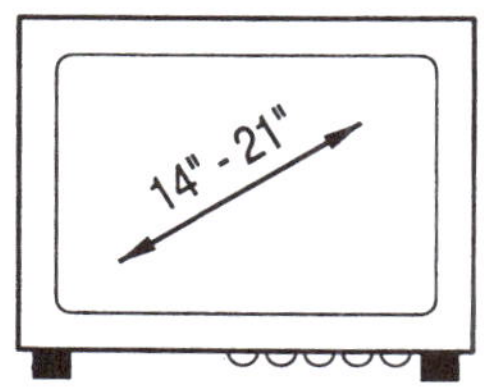

Farbmonitor
Mit mindestens 1024 × 768 Punkt Auflösung

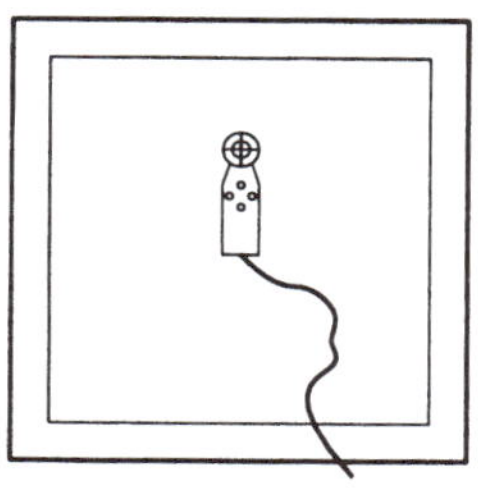

Grafiktablett
Zur Eingabe von x- und y-Koordinaten und direkten Befehlseingaben

Computer

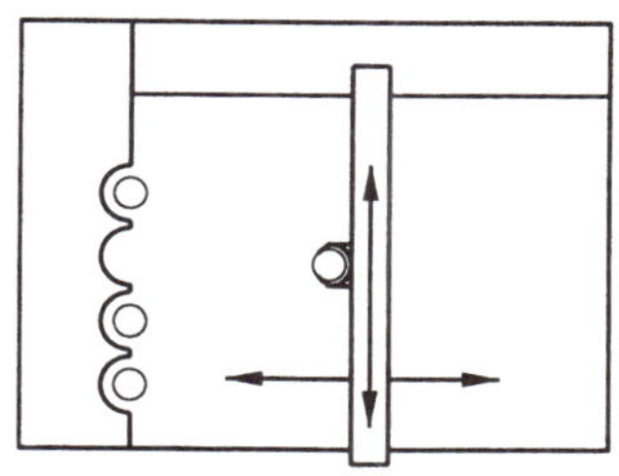

Stiftplotter
Zeichnungsausgabe in x- und y-Schritten, Papierformat bis DIN A0 sowie bis zu 8 Farbstiften möglich

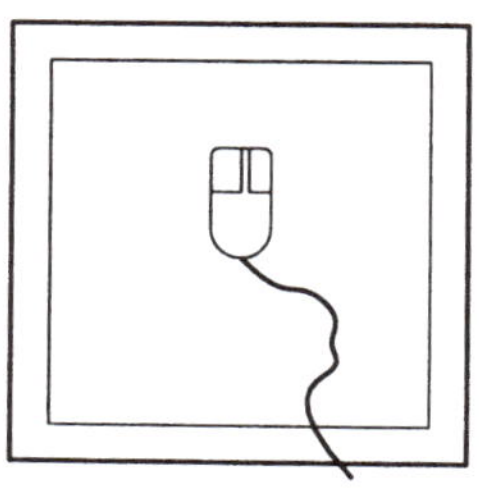

Maus
Zur Eingabe von x- und y-Koordinaten und indirekten Befehlseingabe

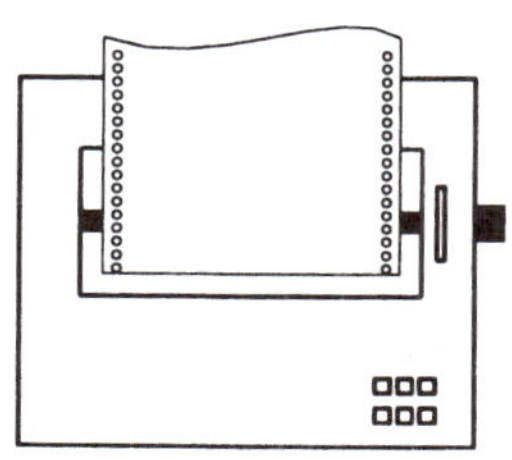

Drucker
Für Kontrolldrucke
Papierformat bis DIN A3

Parallelprojektionen

Die Abbildung eines Gegenstandes auf einer Bildebene (Papierfläche) erfolgt über „gedachte“ parallellaufende Linien.

1. Rechtwinklige Parallelprojektion – Normalprojektion

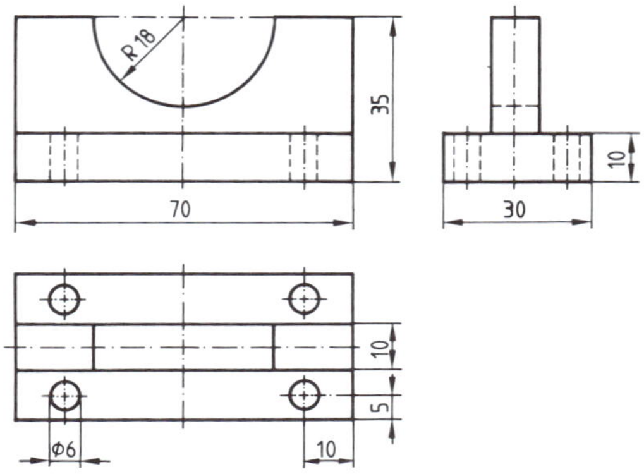

Bei der Normalprojektion wird der Gegenstand auf mehreren, rechtwinklig zueinander stehenden Bildebenen abgebildet.
Meistens sind es drei Bildebenen.
Hierbei treffen die Projektionslinien die Bildebene rechtwinklig, und die Ansicht des Gegenstandes liegt jeweils parallel zur Bildebene (siehe S. 12).
Mehrere Bildebenen werden auf der Zeichenfläche nach festen Regeln zueinander angeordnet. (DIN 5, Teil 10 und DIN 6, Teil 1)
Auch die Maße der so dargestellten Werkstücke werden nach vorgegebenen Regeln eingetragen. (DIN 406 Teil 10, Teil 11, Teil 12)

Diese Art der Darstellung wird hauptsächlich für Fertigungszeichnungen gewählt.

2. Rechtwinklige axiometrische Projektion

Isometrische Projektion

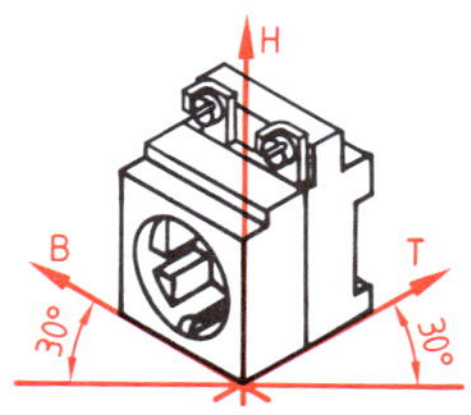

Höhe : Breite : Tiefe = 1 : 1 : 1

Dimetrische Projektion

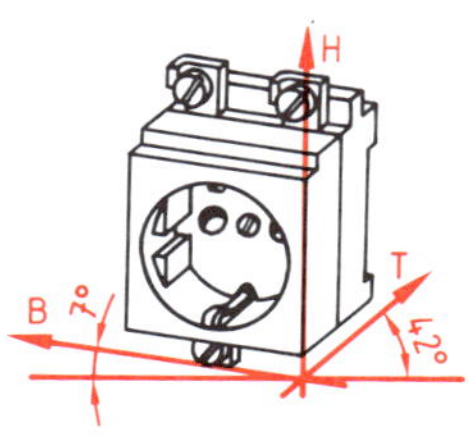

Höhe : Breite : Tiefe = 1 : 1 : $\frac{1}{2}$

Auch bei dieser Projektionsart treffen die Projektionslinien die Bildebene rechtwinklig, die Ansicht des Gegenstandes liegt jedoch nicht parallel zur Bildebene.

Die isometrische Projektion bildet den Gegenstand so ab, daß Breite, Höhe und Tiefe im gleichen Maßstab erscheinen (iso = gleich).

Die dimetrische Projektion hat in der Höhe und Breite den gleichen Maßstab (di = zwei). Die Tiefe wird um die Hälfte verkürzt gezeichnet. Dadurch ist eine Ansichtsfläche größer abgebildet.

Diese Art der Darstellung wird für anschauliche Abbildungen gewählt.

Gesamtzeichnung

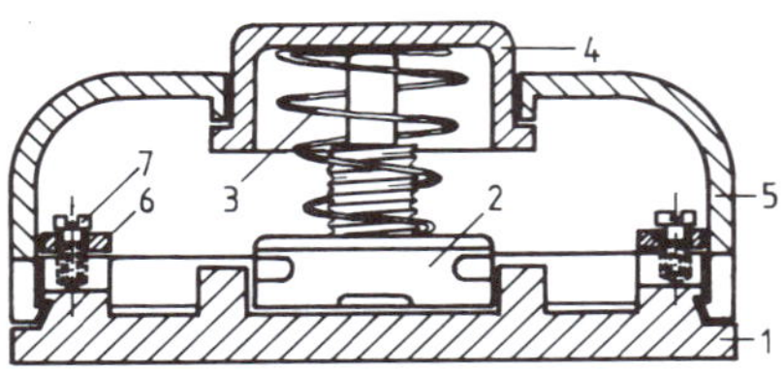

Die Gesamtzeichnung zeigt ein aus mehreren Teilen bestehendes Gerät in zusammengebautem Zustand. Die einzelnen Teile werden mit Positionsnummern gekennzeichnet. Diese Kennzeichnungen können z. B. auf Einzelteilzeichnungen hinweisen.

Diese Art der Darstellung wird gewählt, wenn Funktionszusammenhänge deutlich werden sollen.

Explosionszeichnung

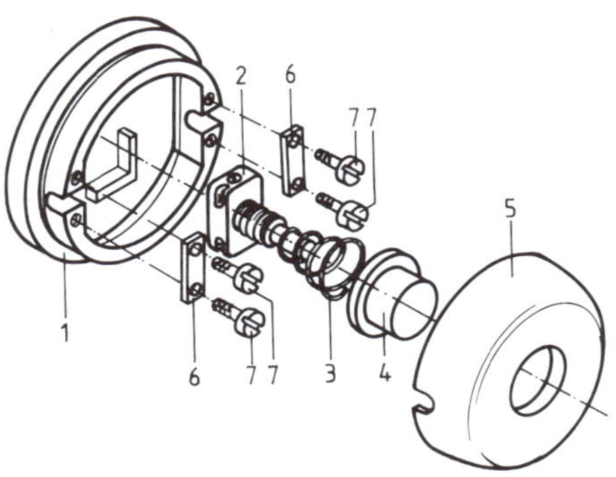

Die Explosionszeichnung zeigt auch die einzelnen Teile eines Gerätes, allerdings jedes Teil einzeln als Projektion in isometrischer oder dimetrischer Darstellung.

Die einzelnen Projektionen sind in der Zeichnung so angeordnet, wie sie für den Zusammenbau zueinander liegen. Die Explosionszeichnung stellt so eine Montageeinheit besonders anschaulich dar.

Diese Art der Darstellung wird gewählt, wenn alle Einzelteile eines Gerätes in ihrer Montagezuordnung gezeigt werden sollen. Sie eignet sich auch mit Hilfe der Positionsnummern zur Auswahl und zur Bestellung von Ersatzteilen.

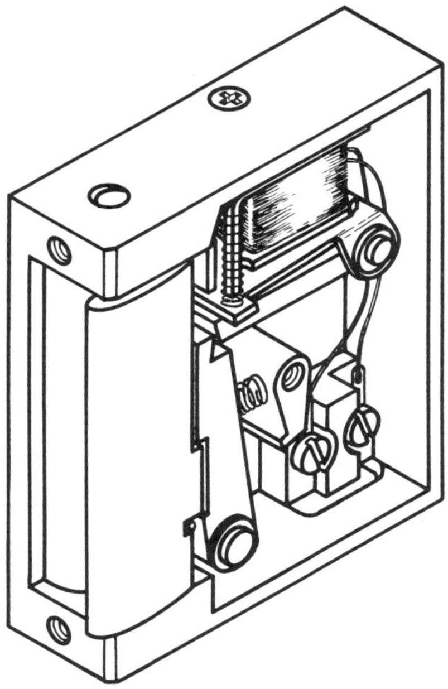

Die **Explosionszeichnung** basiert auf der Darstellung einer Baueinheit in dimetrischer oder isometrischer Projektion.

Die Einzelteile der Baueinheit werden dann entlang ihrer Funktions- oder Montagelinie „auseinandergezogen" dargestellt.

Damit ist jedes Einzelteil einmal **vollständig** abgebildet.

Diese Art der Darstellung von Baueinheiten oder Geräten ist gut geeignet als Übersichtsschaubild, als Ergänzung zu Ersatzteillisten oder auch als bildhafte Ergänzung zu Montageanleitungen.

Die Einzelteile werden in der Regel mit Kennummern versehen. Kennummern sind oft mehrstellig; oft enthalten sie zusätzliche Hinweise auf Fertigungsdaten, Lagerhaltungsdaten oder ähnliches.

Je nach Verwendungszweck der Explosionszeichnung können auch Positionsnummern oder Namen der Teile eingetragen werden.

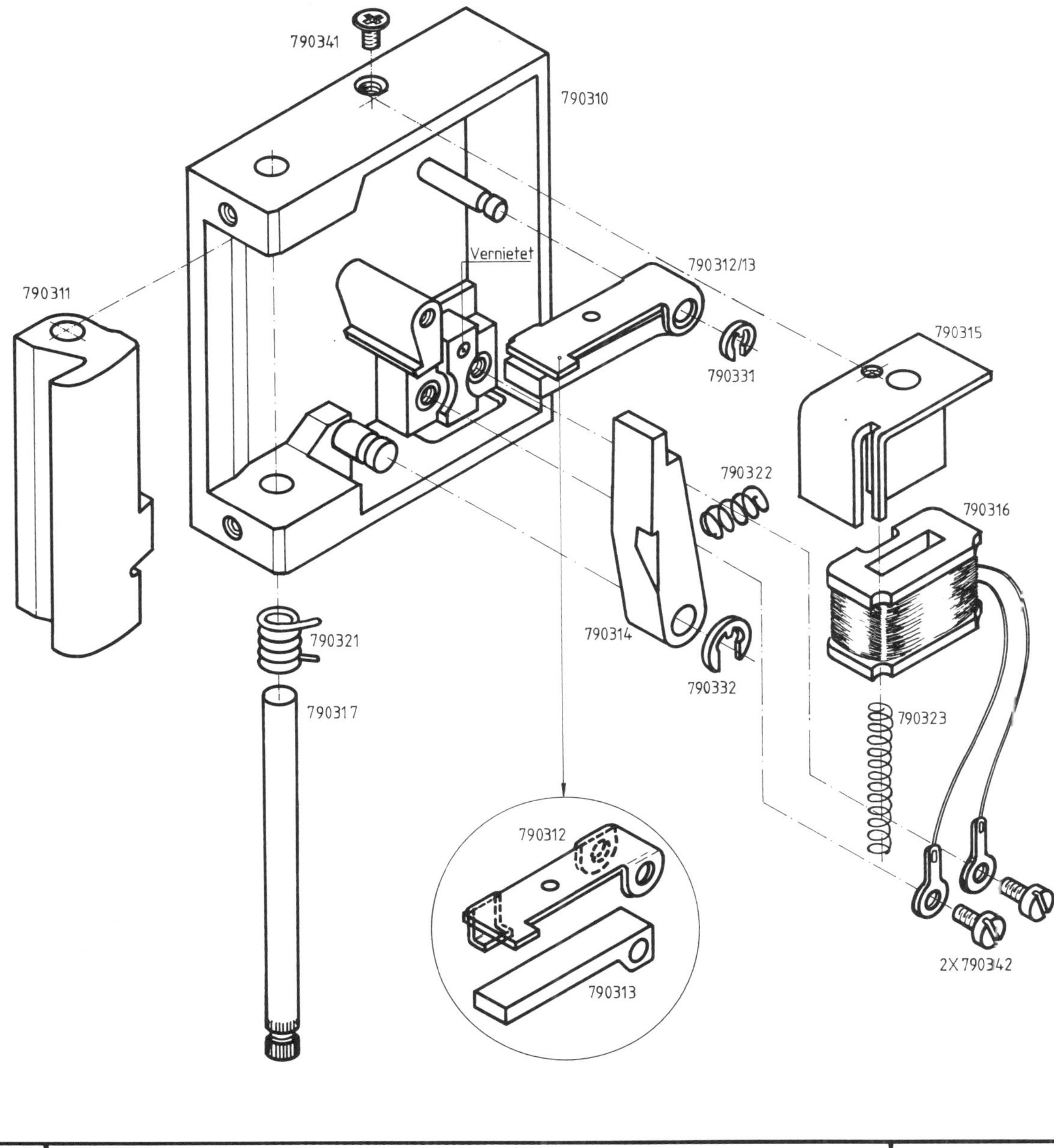

2	**Explosionszeichnung** **Darstellung eines Türöffners**	Aufgaben Nr. 2.1 und 2.2

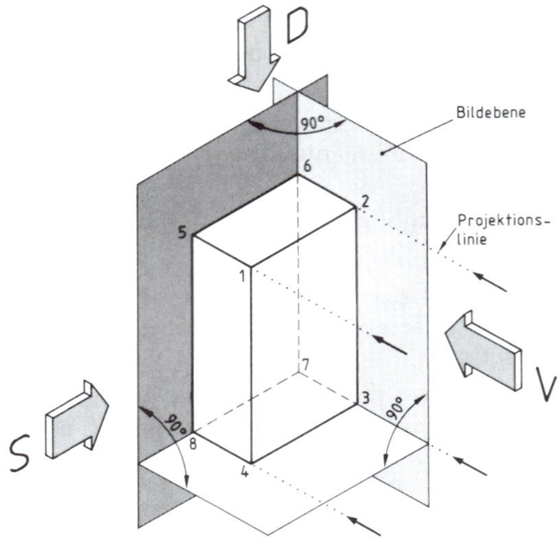

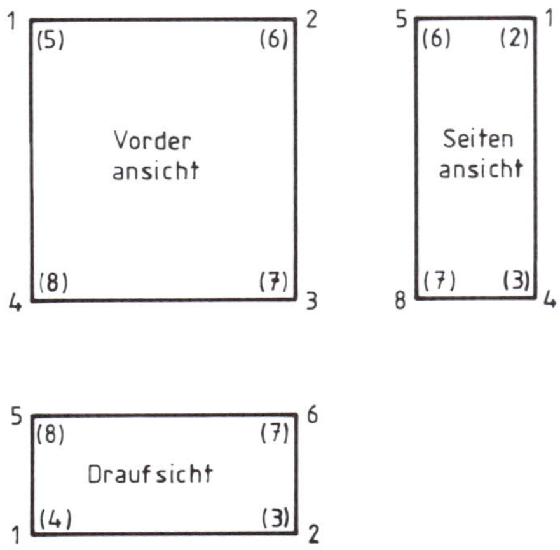

Normalprojektion mit 3 Ansichten

Die drei Bildebenen werden als Vorderansicht (V), Seitenansicht (S) und Draufsicht (D) bezeichnet.

Als Vorderansicht (Hauptansicht) wird meist die Ansicht gewählt, in der die Werkstückform am besten zu erkennen ist. Jede andere Festlegung ist auch zulässig.

Von der Vorderansicht aus gesehen ist die Seitenansicht immer die linke Körperseite. Weil sie durch Drehen des Körpers um 90° nach rechts sichtbar wird, wird sie rechts neben die Vorderansicht gezeichnet.

Die Draufsicht, Ansicht von oben, entsteht durch Kippen des Körpers um 90° nach vorne. Sie wird unter die Vorderansicht gezeichnet.

In jeder Ansicht wird der komplette Körper dargestellt, wobei die hinten liegenden Körperteile verdeckt sind. Im dargestellten Beispiel liegt hinter jeder sichtbaren Körperecke eine verdeckte Ziffer. Die Ziffern bezeichnen die Körperecken; in Klammern die jeweils hinten liegenden Ecken.

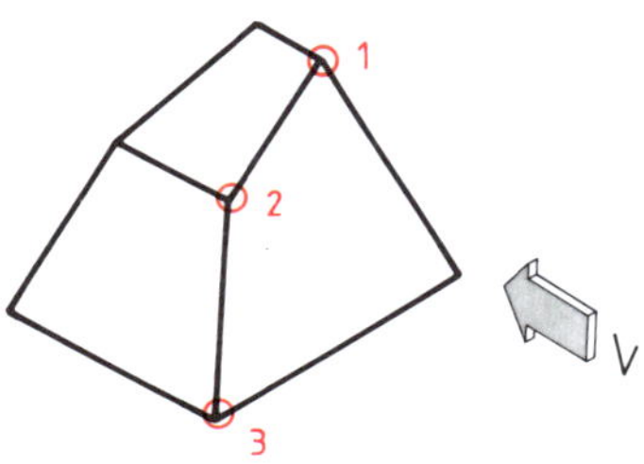

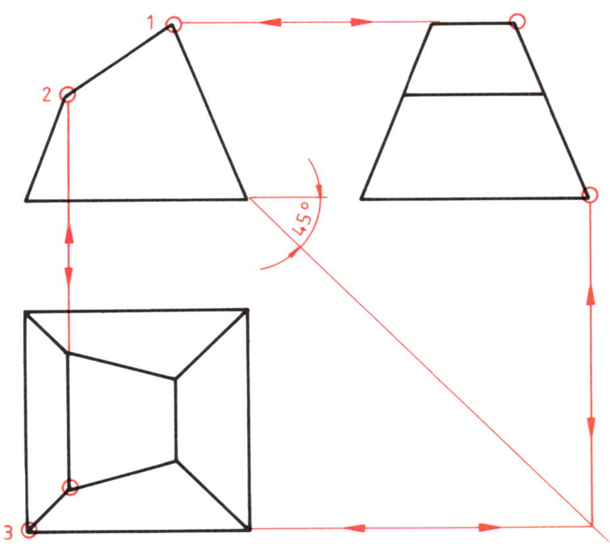

Konstruktionslinien

Eine komplette Ansicht, auch Teile einer Ansicht, können aus den anderen Ansichten konstruiert werden.

Die hierbei verwendeten Konstruktionslinien (Hilfslinien), verlaufen waagerecht und senkrecht. Über eine 45°-Linie kann eine Konstruktionslinie maßstabsgerecht umgelenkt werden.

Beispiele zum Herüberloten von Körperecken:

Punkt 1:
Von der Vorderansicht zur Seitenansicht oder umgekehrt. Die Konstruktionslinie verläuft hierbei waagerecht.

Punkt 2: Von der Vorderansicht zur Draufsicht oder umgekehrt. Die Konstruktionslinie verläuft hierbei senkrecht.

Punkt 3:
Von der Draufsicht zur Seitenansicht oder umgekehrt. Die Konstruktionslinie wird hierbei über eine 45°-Linie umgelenkt.

Körperkanten

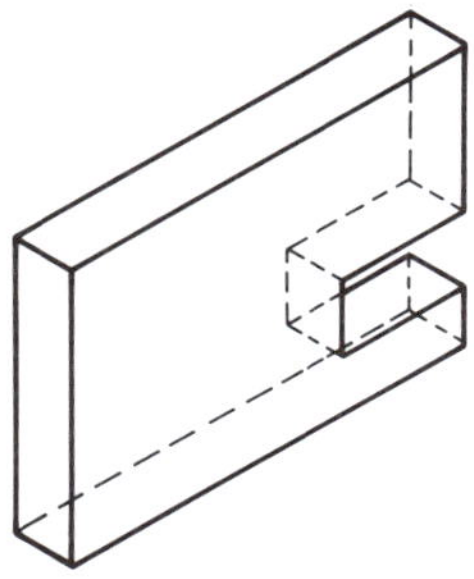

Flaches Werkstück

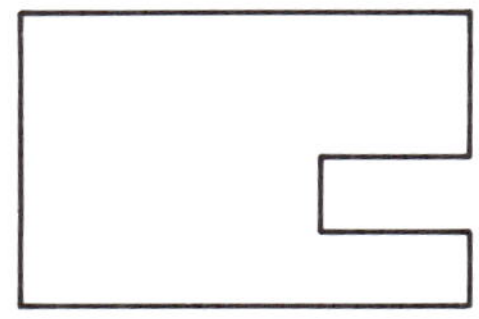

Die **Körperkanten** werden als breite Vollinien gezeichnet.

Normgerechte Eintragung einer Abmessung

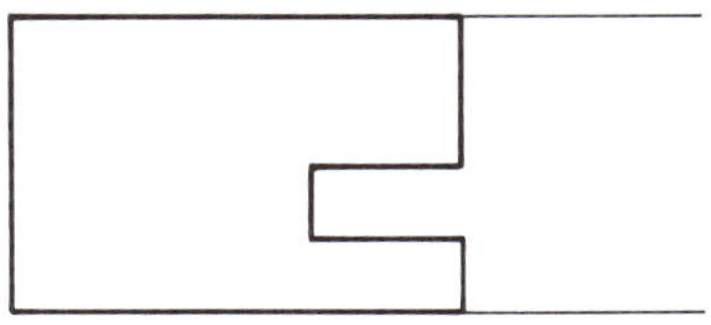

Für die Eintragung einer Abmessung werden zunächst **Maßhilfslinien** gezeichnet (senkrecht zu der jeweiligen Kante).

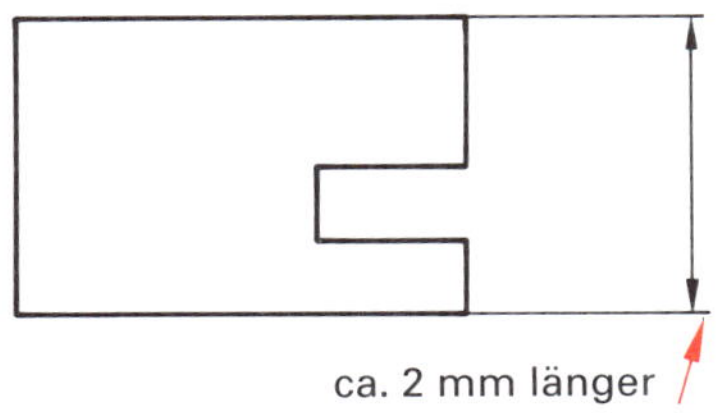

Zwischen die Maßhilfslinien wird parallel zur Körperkante die **Maßlinie** mit den **Maßpfeilen** gezeichnet.

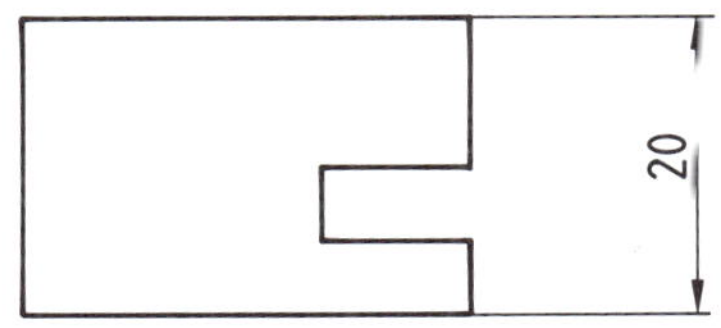

Auf die Maßlinie wird die **Maßzahl** eingetragen. Sie berührt die Maßlinie nicht.

Maßlinien und Maßhilfslinien werden als schmale Vollinien gezeichnet; Maßlinien sollen sich nicht kreuzen.

Vollständige Bemaßung

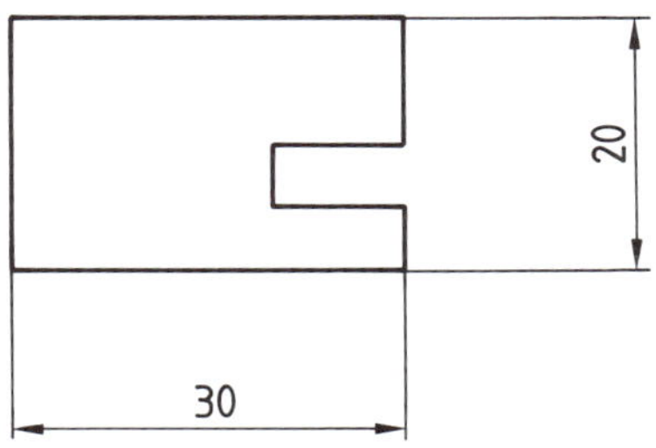

Hauptmaße (Sie legen die äußeren Abmessungen fest).

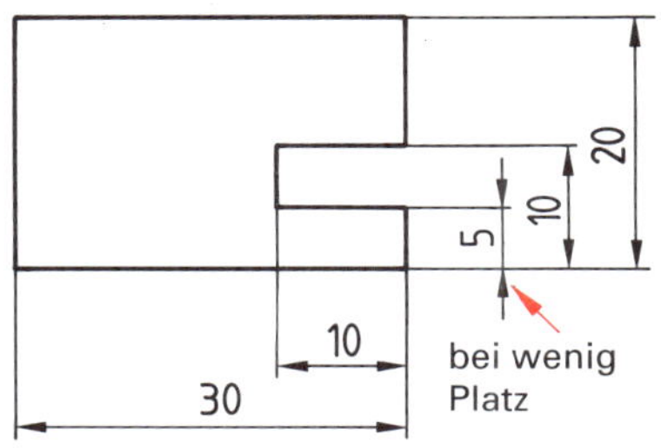

Maße des Einschnittes.

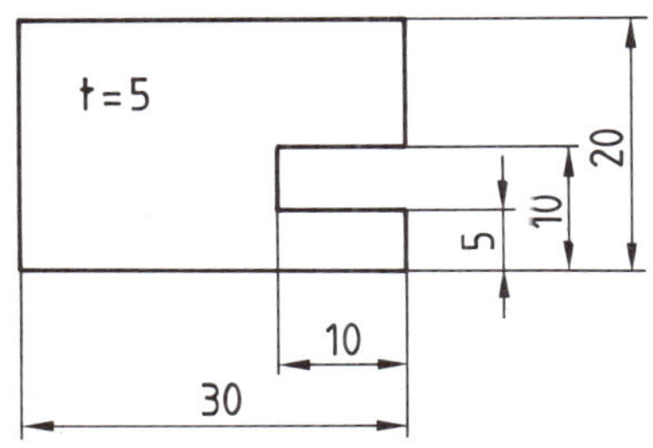

Eintragung der Dicke des Werkstückes.

Maßzahlen müssen so eingetragen werden, daß sie von unten oder von rechts lesbar sind.

In diesem Lehrgang werden folgende Maßlinienabstände empfohlen: Die erste Maßlinie hat 10 mm Abstand von der Körperkante, alle weiteren Abstände betragen 7,5 mm.

Maßstäbe

Läßt sich ein Werkstück nicht in seiner natürlichen Größe (1:1) zeichnen, so muß es vergrößert oder verkleinert dargestellt werden. Der **Zeichnungsmaßstab** gibt das Verhältnis des gezeichneten Werkstücks zu seiner wahren Größe an. Folgende Maßstäbe sind genormt:

für **Verkleinerungen:** 1:2, 1:5; 1:10; 1:20; 1:50; 1:100; 1:200
für **Vergrößerungen:** 2:1; 5:1; 10:1; 20:1; 50:1

Die in der Zeichnung angegebenen Maße entsprechen immer der wahren Größe des Werkstücks.

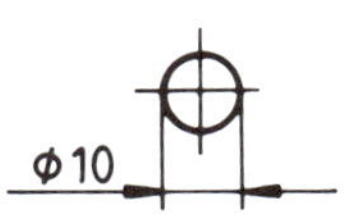

1:2

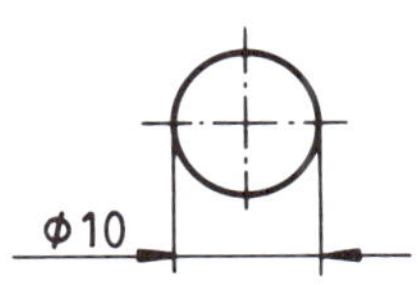

1:1

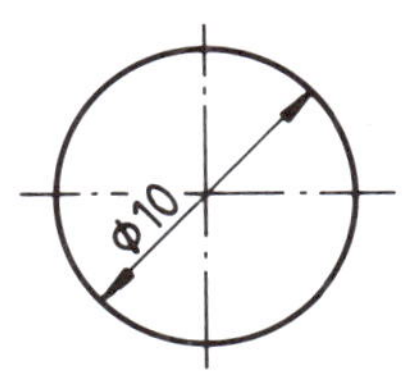

2:1

4	**Grundregeln der Maßeintragung** **Maßstäbe**	Aufgaben Nr. 4.1 und 4.2

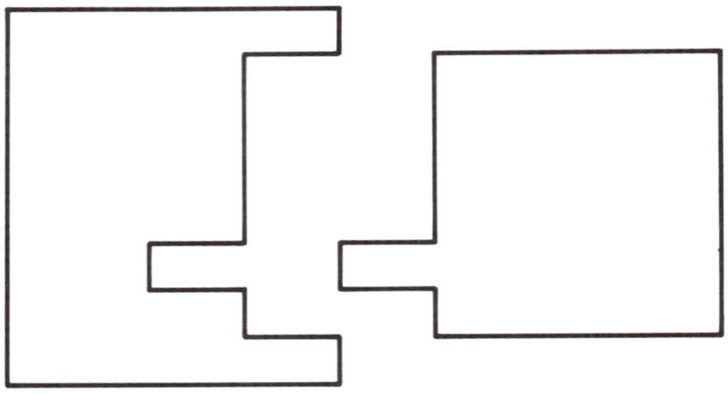

In technischen Geräten müssen oft viele Teile ineinander passen.
Das stellt an die Maßgenauigkeit hohe Anforderungen.
Da die Maßeintragung vorschreibt, wie bei der Fertigung zu messen ist, hat die Maßeintragung auf die Maßgenauigkeit großen Einfluß.

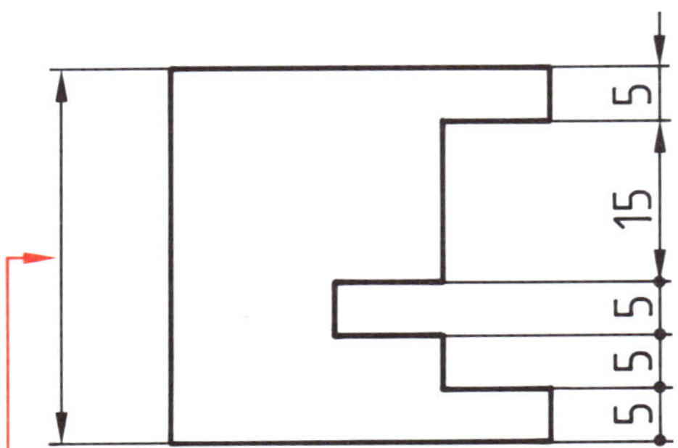

Hier hängt eine Abmessung von der anderen ab.
Kettenmaß

Die Maßabweichungen addieren sich.

Hat z. B. jede Abmessung eine Abweichung von +0,1, so weicht dieses Maß um +0,5 (5 × 0,1) vom gewünschten Maß ab.

Man kann keine Abmessungen absolut genau herstellen. Jede Abmessung weicht deshalb vom eingetragenen Maß (dem Nennmaß) ab.

Begriffe:
Nennmaß ist das in die Zeichnung eingetragene Maß.
Abmessung ist das tatsächliche Maß am Werkstück.
Abmaß ist der Unterschied zwischen Nennmaß und Abmessung.

Diese Darstellung schreibt vor, daß alle Maße von der unteren Kante her gemessen werden.

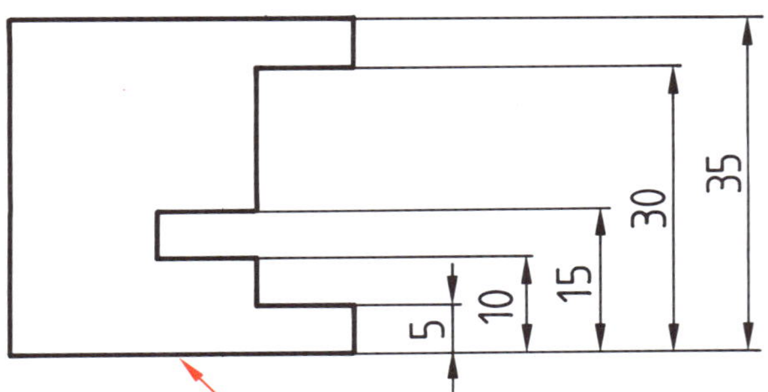

Diese Kante heißt deshalb
Maßbezugskante

Am Werkstück muß so gemessen werden, wie die Maße in der Zeichnung eingetragen sind.

Die Toleranzen werden hinter die Maßzahl eingetragen.
Die zahlenmäßige Angabe erfolgt durch Abmaße.

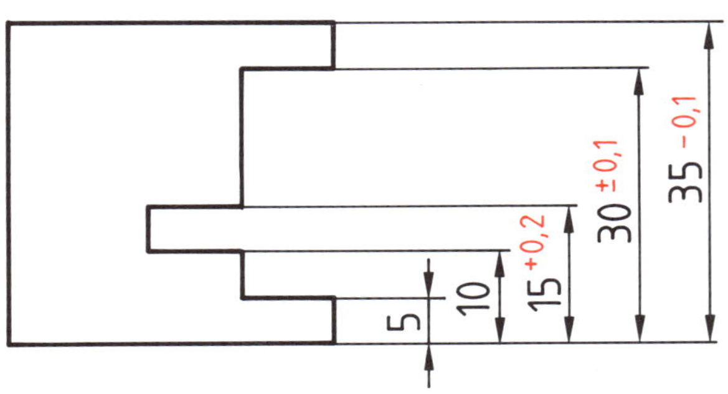

Die Toleranzangabe bestimmt, in welchen Grenzen die Abmessung vom Nennmaß abweichen darf.

z. B. oberes Abmaß: 15 + 0,2
unteres Abmaß: 30 − 0,1
gleiches Abmaß: 30 ± 0,1

5	**Maßbezugskanten, Kettenmaße, Toleranzen**	Aufgaben Nr. 5.1 und 5.2

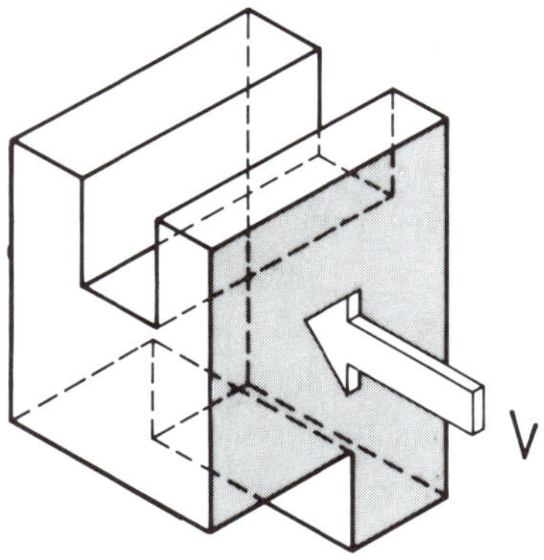

Auf der Rückseite zur gewählten Körperansicht oder im Körperinneren vorhandene Kanten, sogenannte verdeckte Kanten, werden als „Strich-Strich-Linie“ mit der halben Linienbreite der sichtbaren Körperkante gezeichnet.

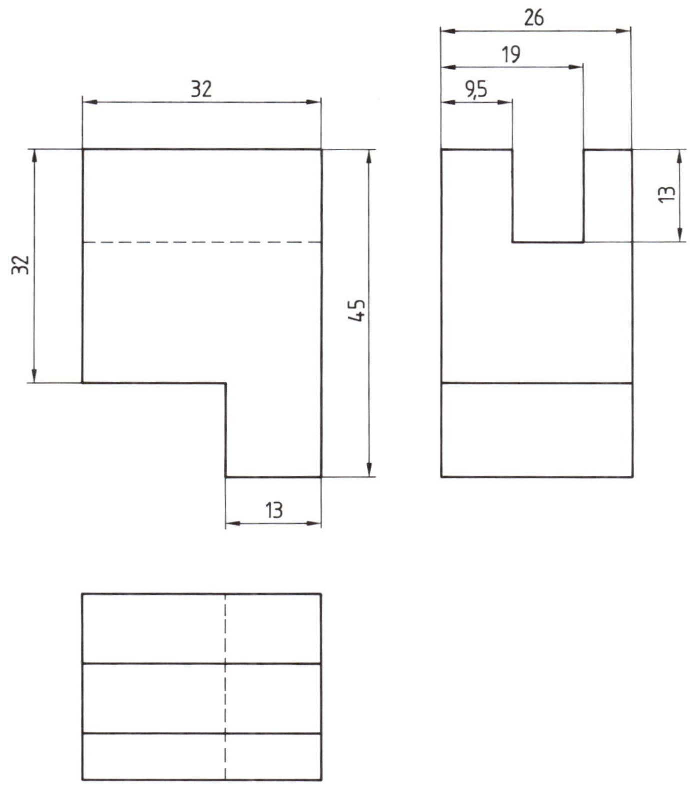

Regeln für das Zeichnen verdeckter Kanten

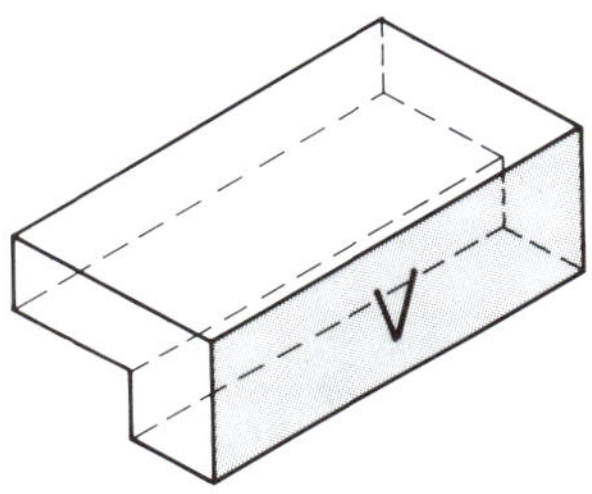

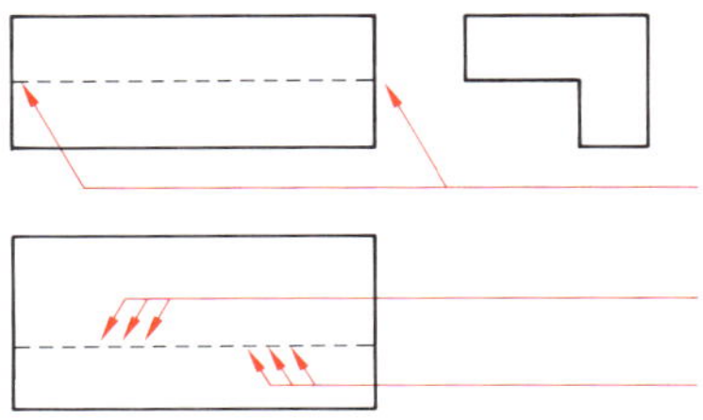

An sichtbaren Kanten sollen die Striche anstoßen.
Alle Striche sollen **gleich lang** sein.
Alle Lücken sollen **gleich eng** sein.

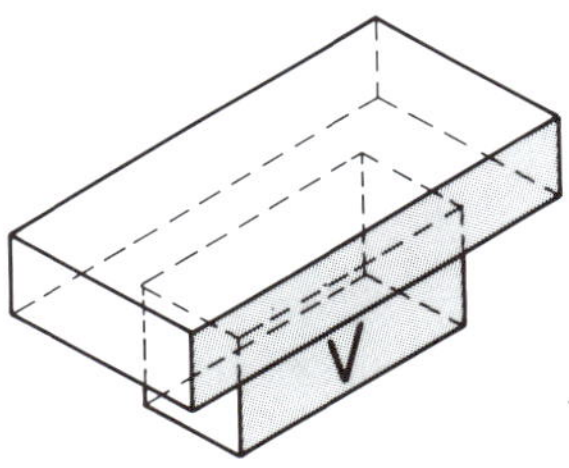

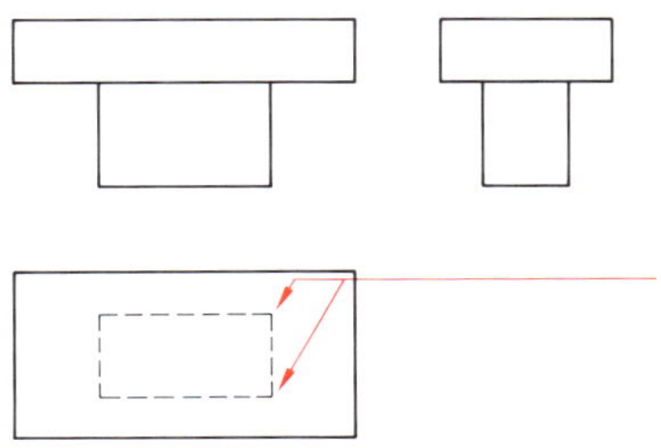

An den Ecken sollen sich die Striche berühren.

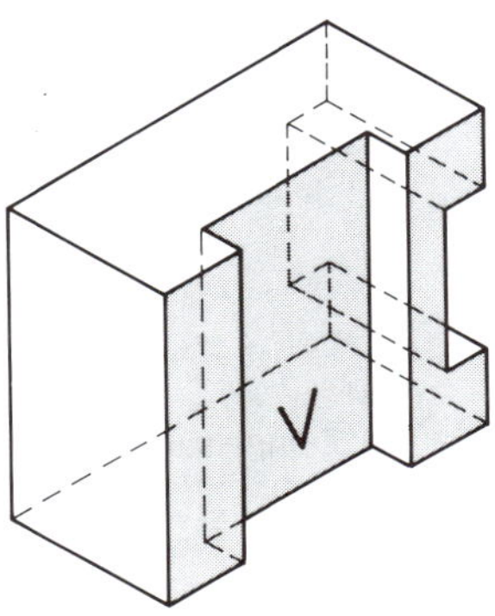

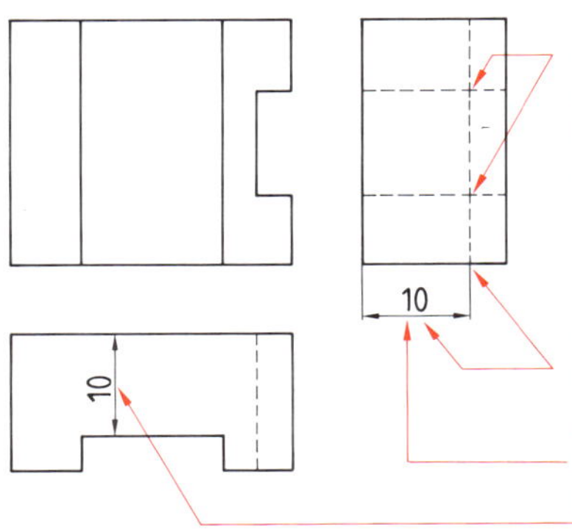

An Schnittpunkten, auch an solchen mit sichtbaren Kanten, sollen sich die Striche kreuzen.

Verdeckte Kanten sollen nicht für Maßeintragungen genutzt werden.
nicht hier, sondern z B. hier!

6	**Verdeckte Kanten**	Aufgaben Nr. 6.1 und 6.2

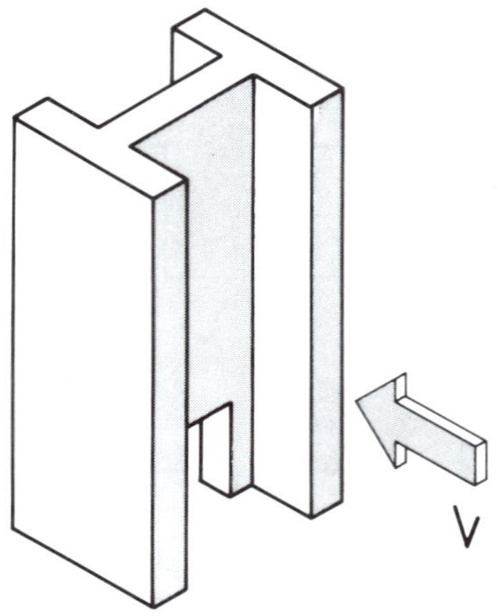

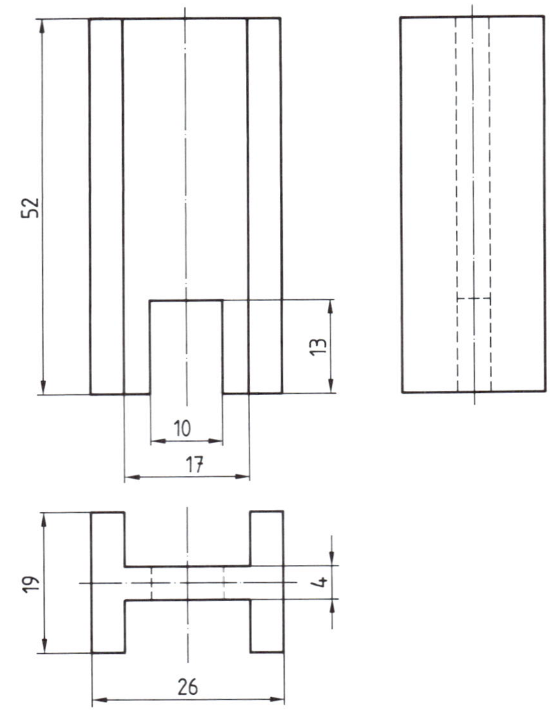

Bei der Darstellung symmetrischer Körper wird die Symmetrieachse als „Strich-Punkt-Linie" mit halber Linienbreite der sichtbaren Körperkante gezeichnet.

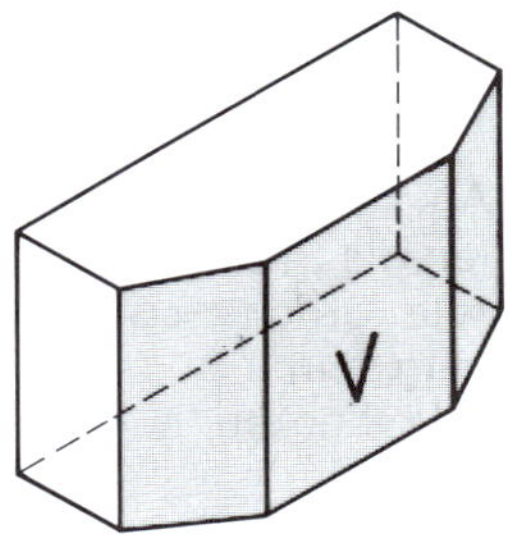

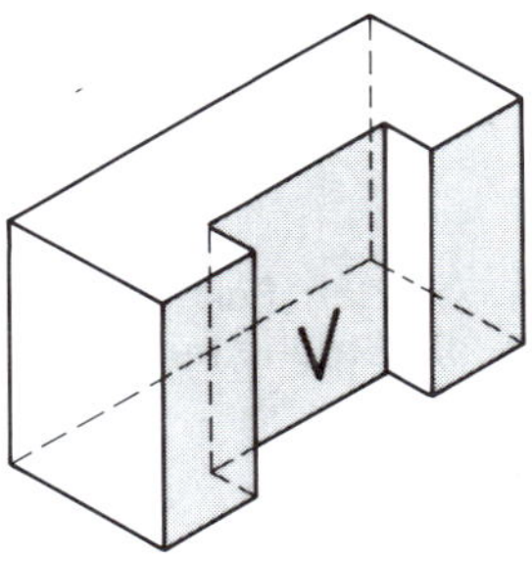

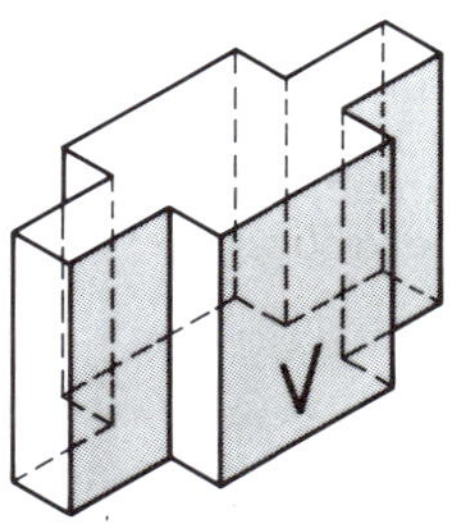

Regeln für das Zeichnen von Symmetrielinien

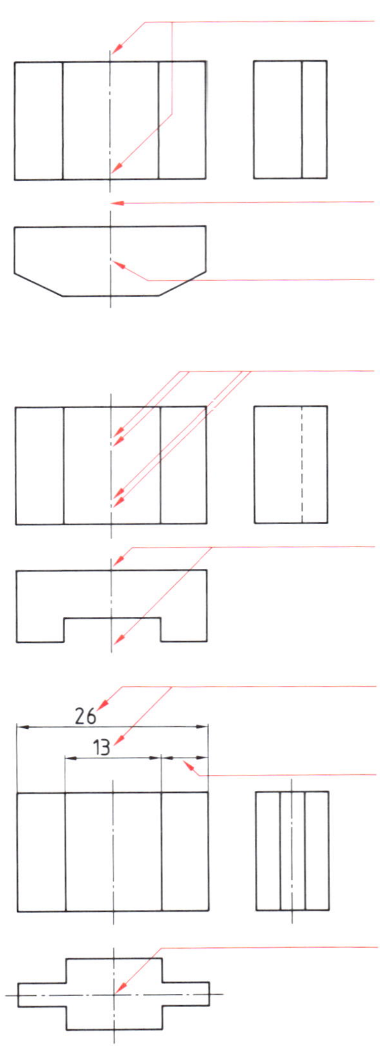

Jede Mittellinie beginnt und endet mit einem Strich.

Zwischen den Körperansichten wird die Mittellinie nicht durchgezogen.

Die Punkte werden als sehr kurze Striche gezeichnet.

Alle Lücken sollen **gleich eng** sein.

Mittellinien müssen über die Körperkante bzw. die Körperflucht hinausreichen. Die Körperkante kreuzt sich mit dem Strich.

Die Bemaßung wird auf die Mittellinie bezogen.

Dieses Maß ist überflüssig und deshalb falsch.

Bei Doppelsymmetrie sollen sich die Striche kreuzen.

7	**Mittellinien**	Aufgaben Nr. 7.1 und 7.2

Aufeinander zulaufende oder auseinanderlaufende Körperkanten

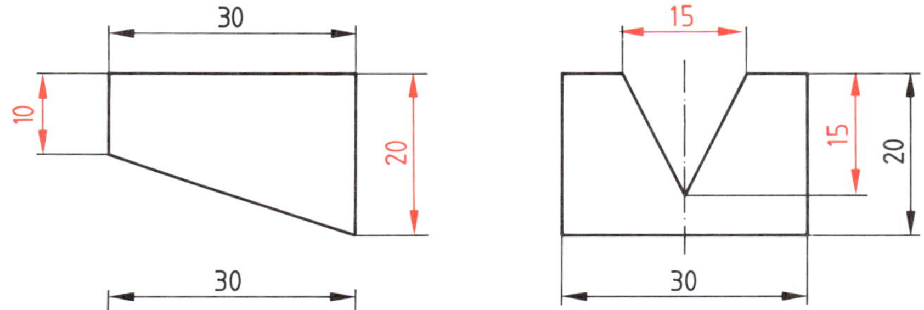

In beiden Beispielen ergeben sich die Winkelmaße aus den Abmessungen der Körperkanten. Die Maßgenauigkeit dieser Kantenmaße ist vorrangig. Entsprechend ist bei der Fertigung vorzugehen.

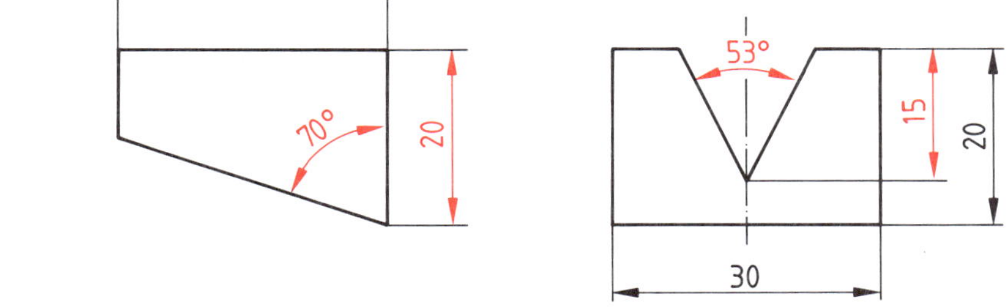

In diesen beiden Beispielen ergeben sich die Längen der nicht rechtwinklig verlaufenden Körperkanten aus den hier vorrangigen Winkelmaßen und den anderen Längen. Die Maßlinie bei der Winkelangabe wird als Kreisbogen gezeichnet, dessen Mittelpunkt im Scheitelpunkt des Winkels liegt.

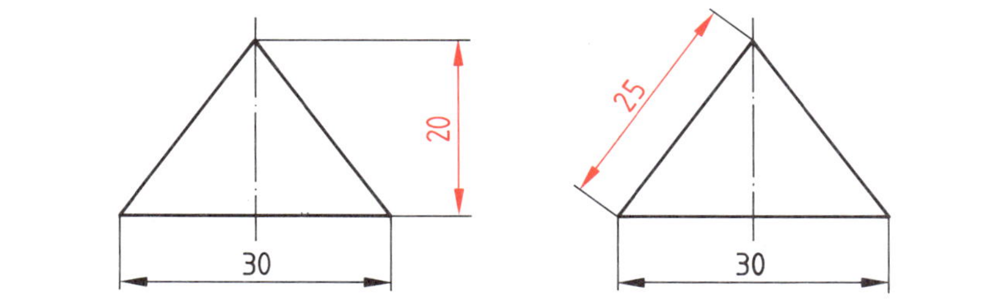

Im linken Beispiel ist die Dreieckshöhe das den Fertigungsvorgang bestimmende Maß. Im rechten Beispiel ist die Seitenlänge vorrangig.

Durchbrochene Körper

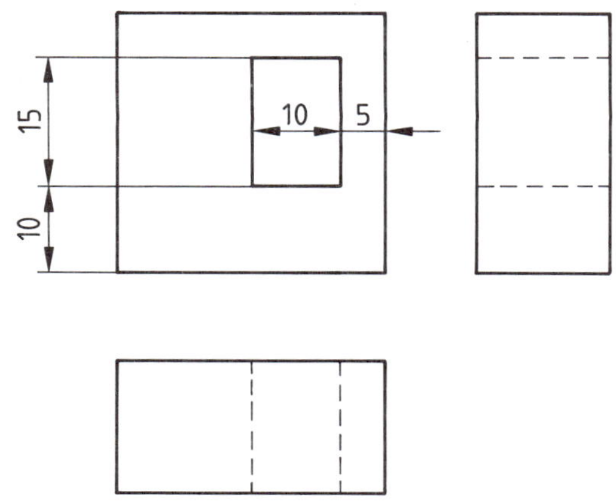

a) Unsymmetrisch durchbrochen
Körperdurchbrüche werden durch sichtbare Kanten dargestellt. Bei den Maßangaben ist nicht nur die Größe des Durchbruches hinreichend zu bemaßen, sondern auch seine Lage in bezug auf die Außenkanten des Körpers. Die Bemaßung des Durchbruches darf sowohl im Körper vorgenommen als auch mit Maßhilfslinien aus dem Körper herausgezogen werden.

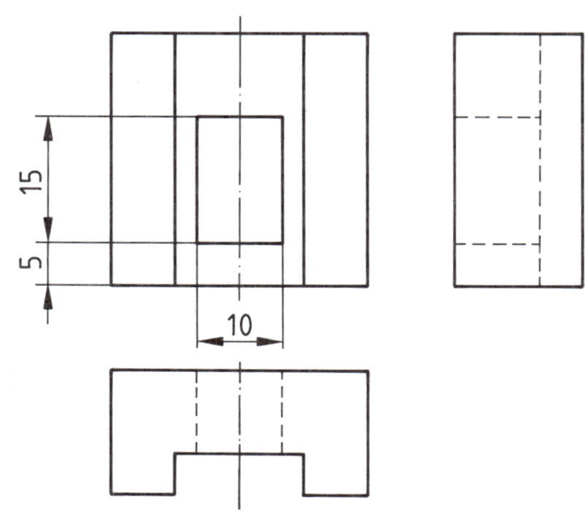

b) Symmetrisch durchbrochen
Die Bemaßung des Durchbruches ist nur soweit notwendig, wie seine Lage durch die Mittellinie noch nicht eindeutig festgelegt ist.

8	**Winkel und durchbrochene Körper**	Aufgaben Nr. 8.1 und 8.2

Bemaßung von Bohrungen und Langlöchern

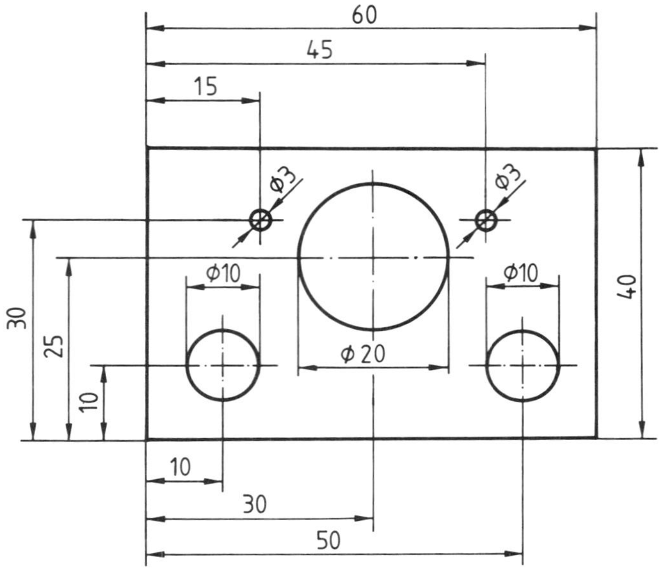

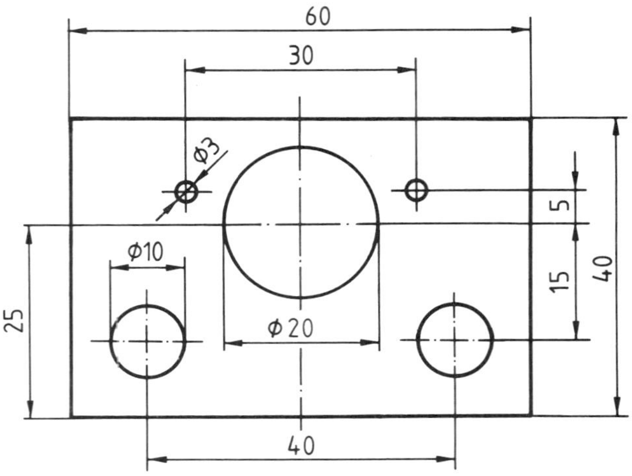

Bei der Darstellung von Werkstücken mit Bohrungen werden die Ankörnpunkte und die Durchmesser der Bohrungen bemaßt.
Ist das Werkstück symmetrisch, kann die Anzahl der Maßeintragungen geringer sein.

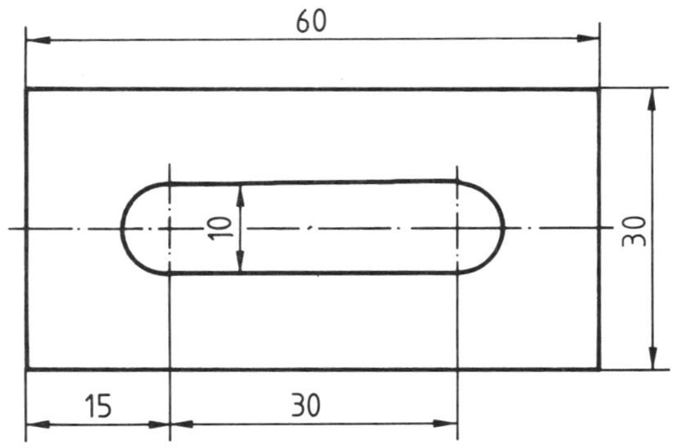

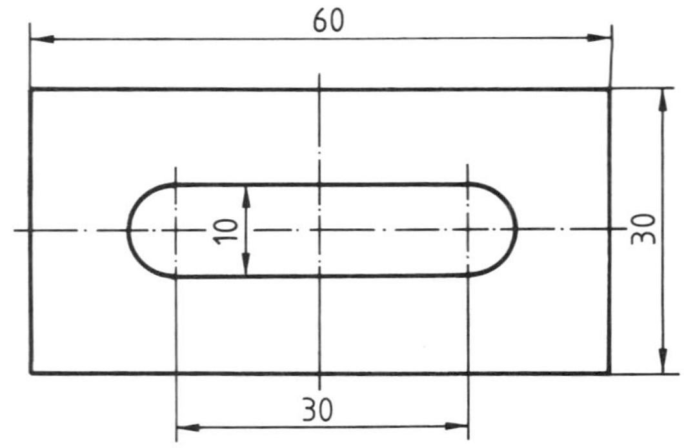

Langlöcher werden meist mit Rücksicht auf die Fertigung durch drei Mittellinien festgelegt. Ihre Abmessungen sind dann durch die Breite des Langloches und durch den Abstand der parallellaufenden Mittellinien bestimmt.

Bemaßung von Radien (Halbmessern)

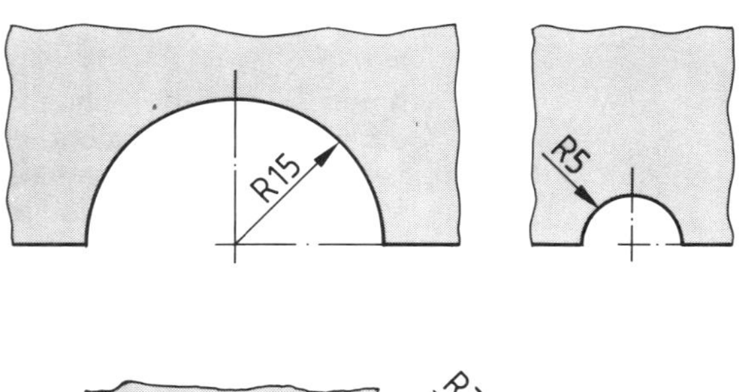

Radien werden immer durch den Großbuchstaben R vor der Maßzahl gekennzeichnet.
Wenn die Angabe des Mittelpunktes für die Funktion, Fertigung oder Prüfung erforderlich ist, muß er durch ein Mittellinienkreuz gekennzeichnet werden.
In eindeutigen Fällen darf auf die Kennzeichnung des Mittelpunktes verzichtet werden.

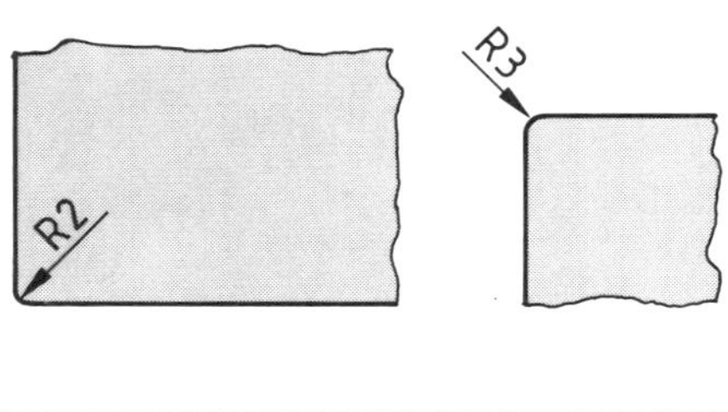

Abwicklungen sind Blechzuschnitte, aus denen Werkstücke durch Abkanten (Biegen) hergestellt werden. Auf diese Weise werden zum Beispiel Montagechassis, Gerätegehäuse, Geräteabdeckungen hergestellt.
Die Form des Blechzuschnitts erhält man, indem man sich das geplante Werkstück auf eine Ebene ,,zurückgeklappt'' denkt.

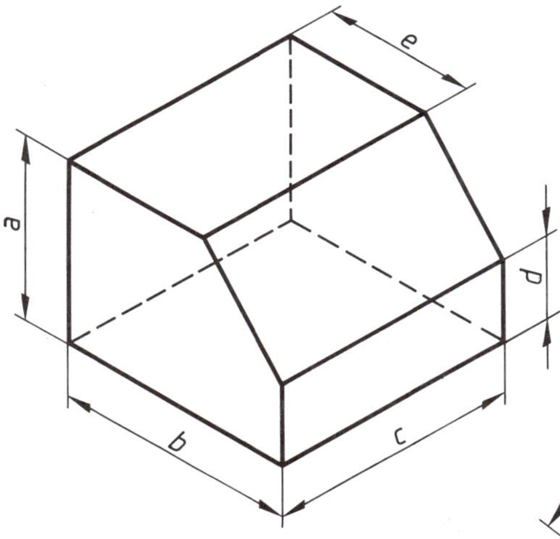

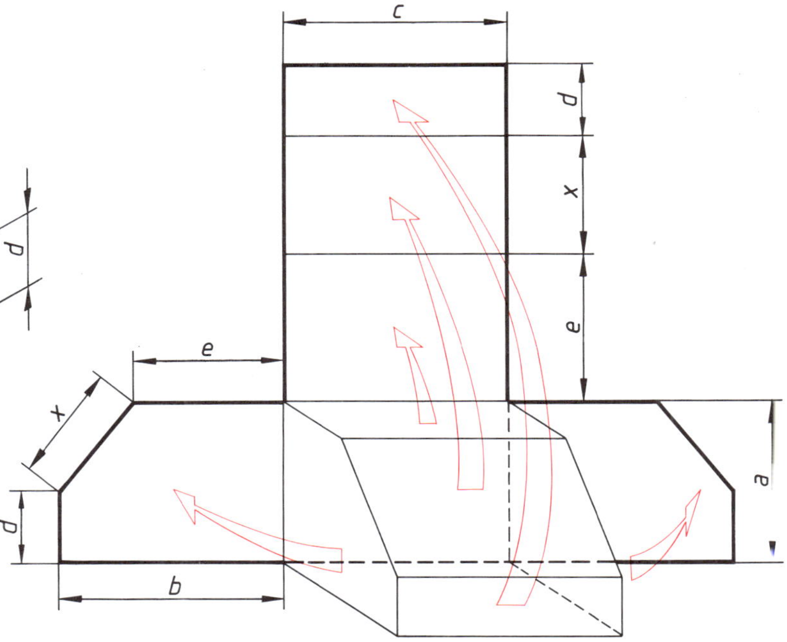

Beispiel für die Konstruktion einer Abwicklung

Im oben gezeichneten Beispiel ist die Rückseite des pultförmigen Chassis die Ausgangsfläche. Durch „Abklappen" nach rechts und links erhält man die Seitenflächen. Das Maß *x* ergibt sich aus den Maßen *b*, *d* und *e*.

Die Abwicklung ist auch von einer anderen Ausgangsfläche aus möglich. Welche Ausgangsfläche zu wählen ist, wird von der Form der Flächen des Werkstücks abhängen. Es soll möglichst wenig Verschnitt bei der Fertigung entstehen. Aber auch konstruktive Forderungen können die Wahl der Ausgangsfläche bestimmen, zum Beispiel Stabilität oder Länge der Schweiß- oder Lötnähte. Für das pultförmige Chassis zum Beispiel gibt die unten gezeigte Abwicklung höhere Stabilität, falls die Kanten nicht verlötet werden sollen.

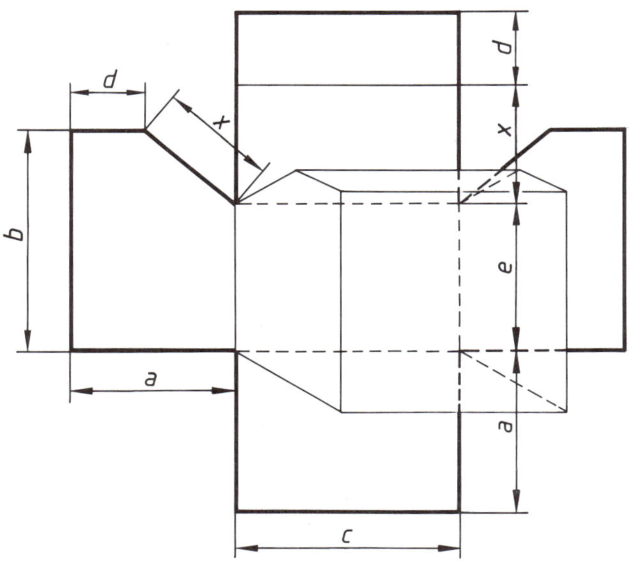

Für die exakte Konstruktion einer Abwicklung muß bei den Maßen die „Zugabe" für die Biegeradien berücksichtigt werden. In der Abwicklung erscheint immer diese „gestreckte" Länge.
Der kleinste zulässige Biegeradius ist von der Dicke und von der Zugfestigkeit des Materials abhängig.
Bei dünnen Blechen, und wenn die Abmessungen des Werkstücks nicht kritisch sind, kann auf die Berücksichtigung der Biegeradien – wie bei den Beispielen und Aufgaben – verzichtet werden.
Die Biegekanten werden in der Abwicklung als schmale Vollinie gezeichnet.

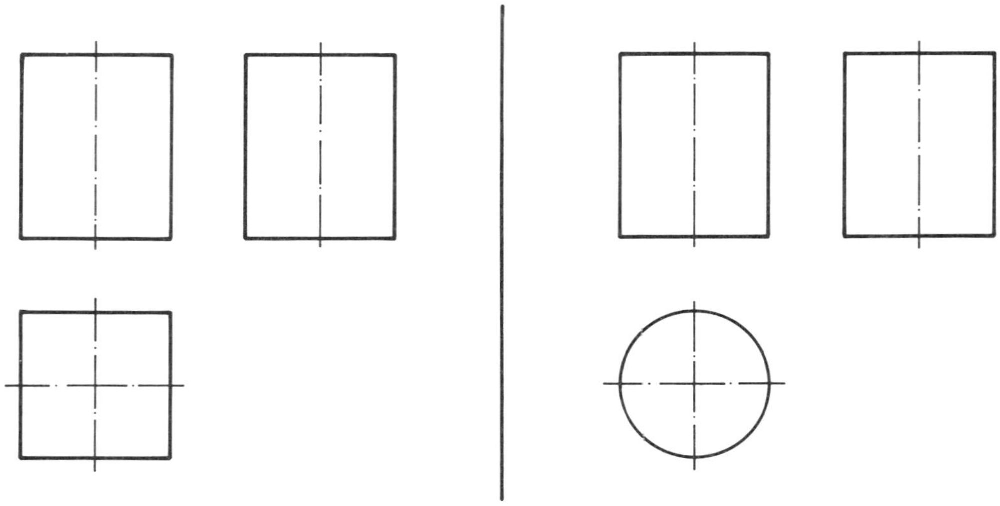

Vorderansicht und Seitenansicht eines Zylinders unterscheiden sich nicht von den entsprechenden Ansichten eines Vierkantprismas. Erst die Draufsicht läßt erkennen, welche Form die Grundfläche des Körpers aufweist.

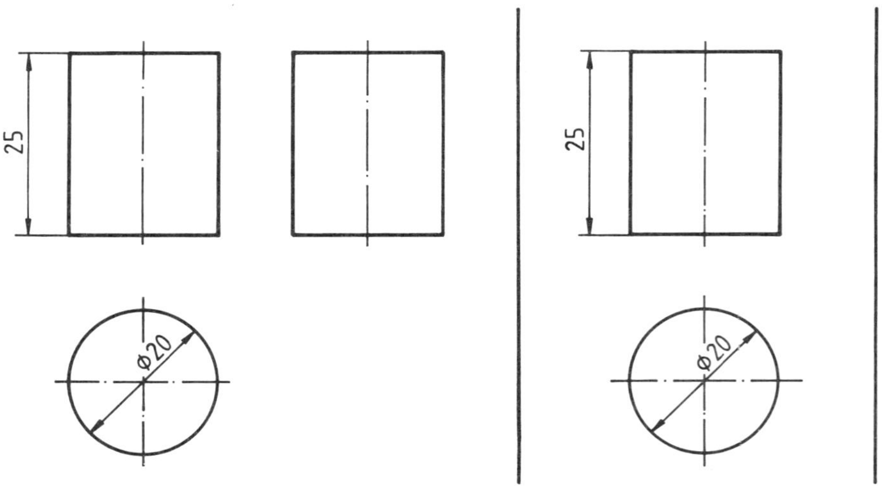

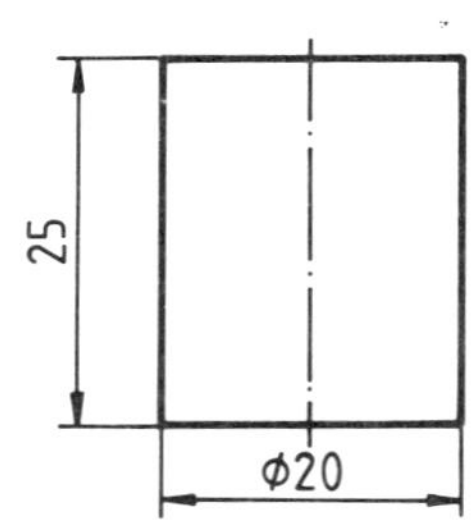

Daß es sich hier um einen Zylinder handelt, ist am Durchmesserzeichen erkennbar.

Bei der Darstellung einfacher zylindrischer Körper kommt man mit zwei bzw. einer Ansicht aus.

Beim Durchmesserzeichen ist der Kreisdurchmesser so groß wie die Kleinbuchstaben. Die unter 75° zur Waagerechten geneigte Linie geht durch den Kreismittelpunkt. Die Gesamthöhe des ∅-Zeichens ist gleich der Maßzahlgröße. Das Durchmesserzeichen wird in jedem Fall vor die Maßzahl gesetzt (DIN 406, Teil 11).

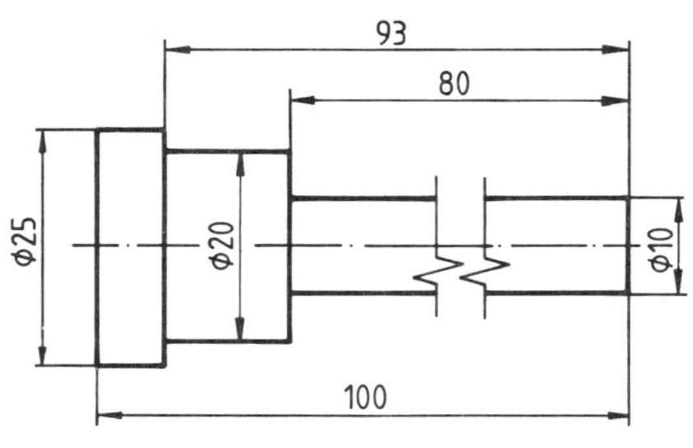

Längere Teile lassen sich aus Gründen der Platzersparnis verkürzt darstellen.

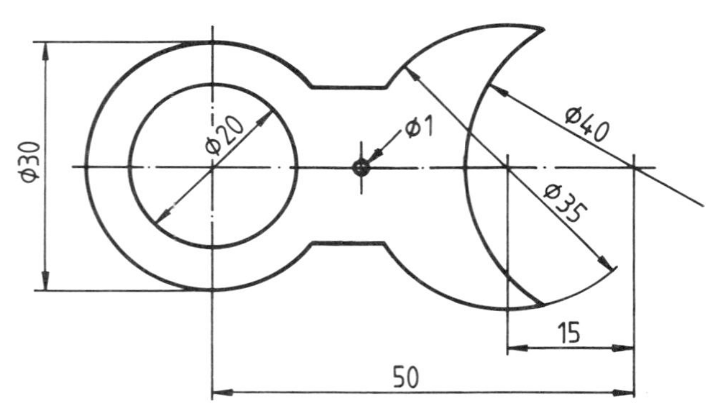

Anzuwenden ist das ∅-Zeichen auch bei Durchmessermaßen, die zwar an einem Kreisbogen stehen, aber nur einen Maßpfeil haben. Das gleiche gilt bei Maßzahlen, die ohne Maßlinien mittels Bezugslinie an einen Kreis gesetzt werden (DIN 406, Teil 11).

11	**Zylindrische Körper – Durchmesser**	Aufgaben Nr. 11.1 und 11.2

Angabe der Oberflächenbeschaffenheit

In technischen Zeichnungen müssen oft neben der Bemaßung noch besondere Angaben zur Oberflächenbeschaffenheit eingetragen werden. Die Oberflächenbeschaffenheit wird durch unterschiedliche Rauheitskenngrößen gekennzeichnet. Wichtige Rauheitskenngrößen sind Rauhtiefe, Mittenrauhwert und Glättungstiefe.

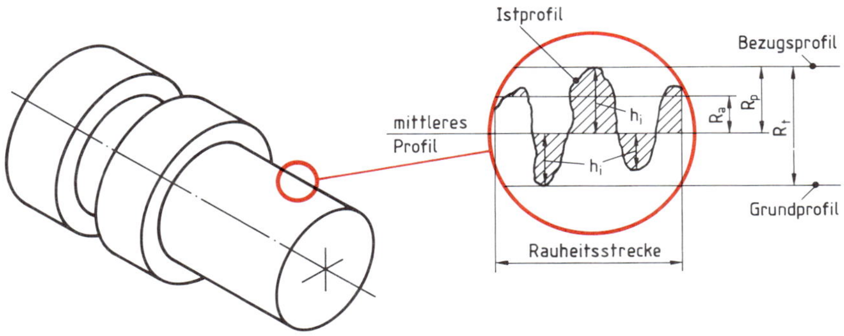

R_t = Rauhtiefe in µm = Abstand des Grundprofils vom Bezugsprofil

R_a = Mittenrauhwert in µm = mittlerer Wert aus den Beträgen der Abstände h_i des Istprofiles zum mittleren Profil

R_p = Glättungstiefe in µm = Abstand vom mittleren Profil zum Bezugsprofil

Symbole und Angaben zur Oberflächenbeschaffenheit (Beispiele)

Symbole	**Grundsymbol**	**Grundsymbol mit Querlinie**	**Grundsymbol mit Kreis**
Anmerkungen	Wird nur verwendet, wenn seine Bedeutung durch eine zusätzliche Angabe erklärt wird. (Alleine nicht aussagefähig)	Kennzeichnung für eine materialabtrennend bearbeitete Oberfläche ohne nähere Angaben.	Materialabtrennende Bearbeitung der Oberfläche nicht zulässig. Ohne Zusatzangaben auch zulässig, wenn der Oberflächenzustand vom vorhergehenden Fertigungsverfahren unverändert bleiben soll.
Abtrennen von Material ist:	freigestellt	gefordert (spanabhebend)	unzulässig (spanlos)
Beispiele	Ra6,3 Eine Oberfläche mit der größten zulässigen Rauheit von R_a = 6,3 µm	Ra6,3 Ra3,2 Ein Oberfläche mit der größten zulässigen Rauheit R_a = 6,3 µm und der kleinsten R_a = 3,2 µm	Ra3,2 Eine Oberfläche mit der größten zulässigen Rauheit R_a = 3,2 µm

Lage der Oberflächenangaben am Symbol

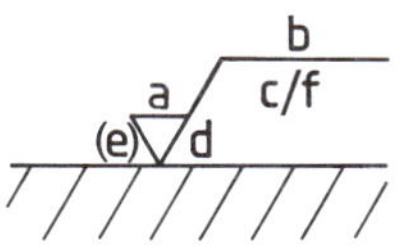

a = Rauheitswert R_a in µm hinter dem Kurzzeichen Ra, oder andere Kurzzeichen für die Rauheit mit dem entsprechenden Wert in µm
b = Fertigungsverfahren, Oberflächenbehandlung oder Überzug
c = Bezugsstrecke
d = Rillenrichtung
e = Bearbeitungszugabe
f = andere Rauheitsmeßgrößen als R_a in µm (z. B. Rz 1,6)

Bei Angabe der Rauheit einer Oberfläche wird am Symbol hinter dem Kurzzeichen für die Rauheit der Rauheitswert angetragen (z. B. Ra 6,3).

Rauheitswert R_a in µm
50
25
12,5
6,3
3,2
1,6
0,8
0,4
0,2
0, 1
0,05
0,025

Angabe der Oberflächenbeschaffenheit am Beispiel eines zylindrischen Werkstückes

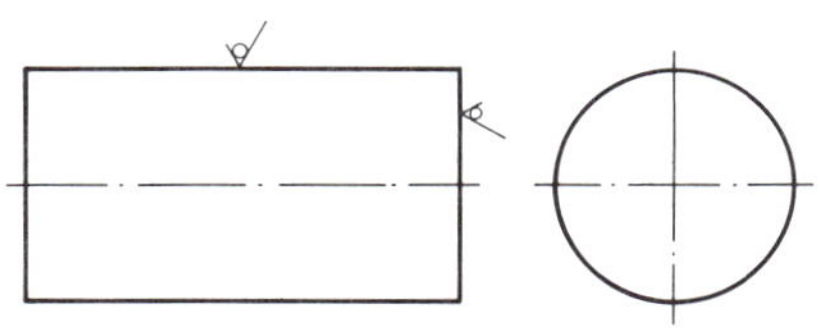

1. Vorgefertigter Rohling

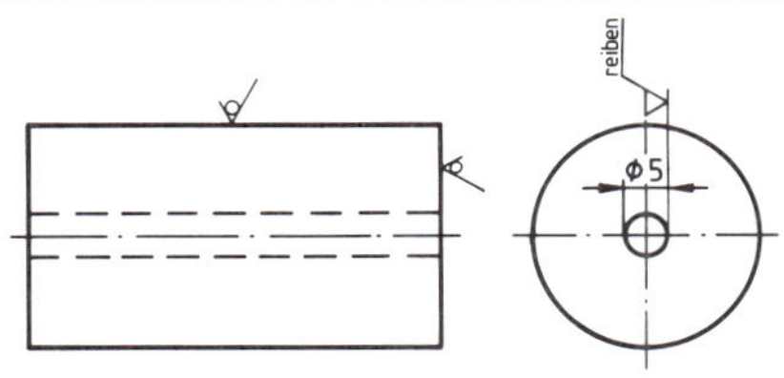

2. Zentrieren, bohren und reiben

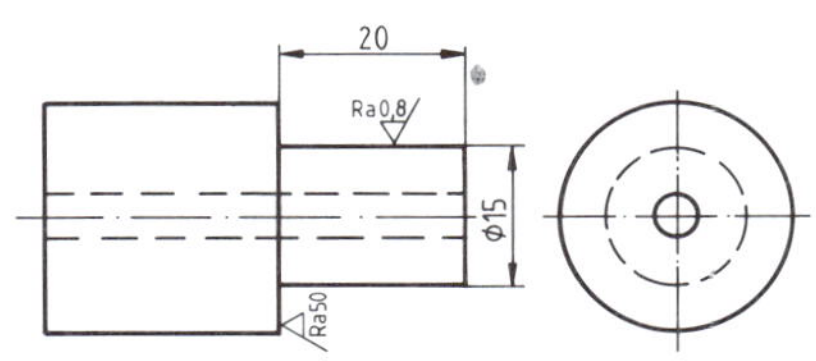

3. Schaft andrehen

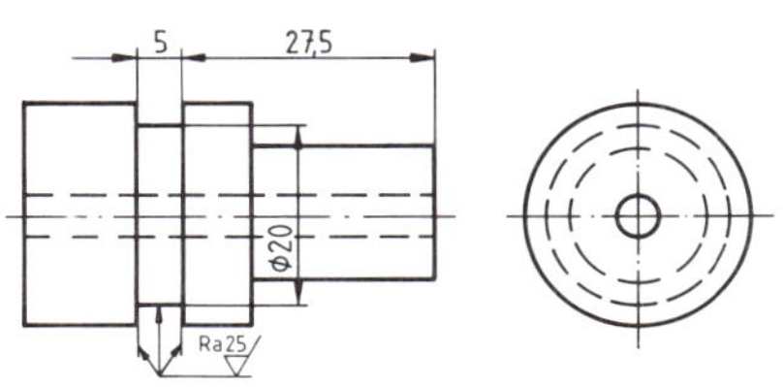

4. Nut einstechen

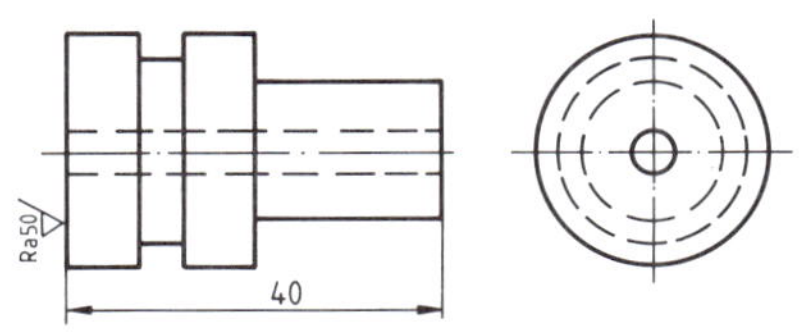

5. Auf Länge abstechen

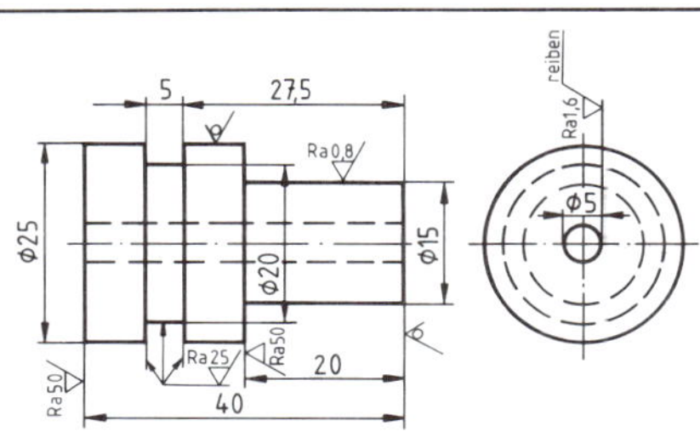

6. Fertiges Werkstück

11	**Oberflächenbeschaffenheit Zylindrisches Werkstück als Beispiel**	Aufgaben Nr. 11.1 und 11.2

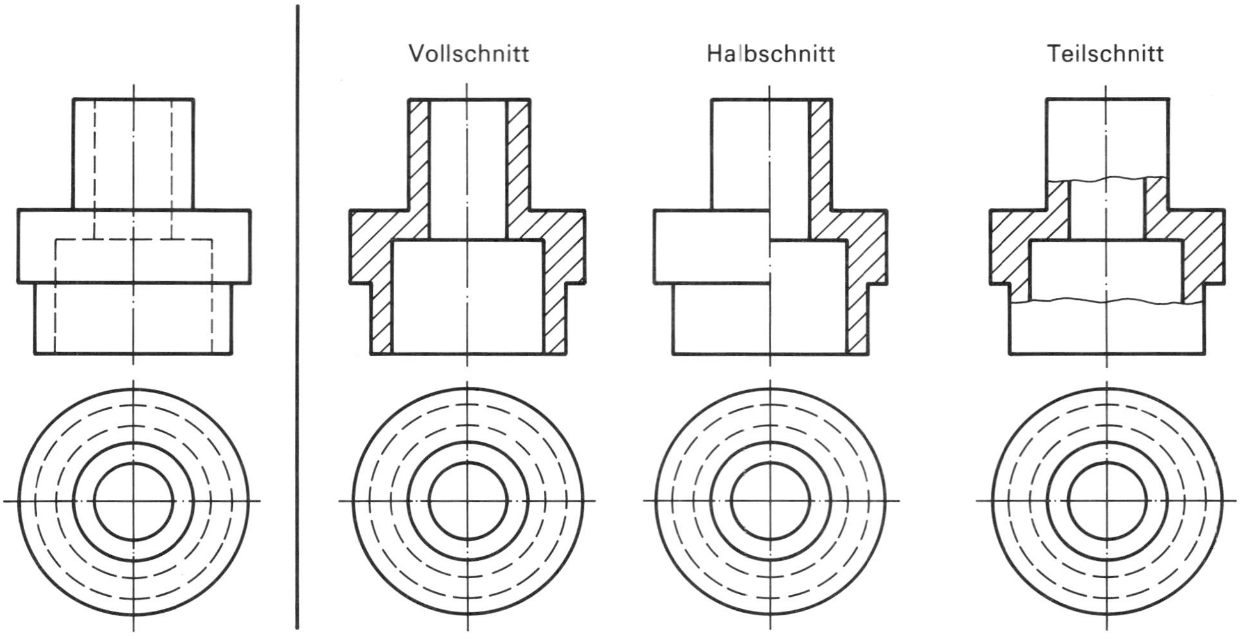

Darstellungen von Körpern mit einem komplizierten inneren Aufbau weisen so viele verdeckte Kanten auf, daß sie schwer lesbar sind.
Zeichnet man diese Körper jedoch aufgeschnitten, so wird ihre innere Form deutlich erkennbar.
Die Regeln für die Darstellung von geschnittenen Gegenständen sind in DIN 6 festgelegt. Man unterscheidet je nach Ausführung des Schnittes: Vollschnitt, Halbschnitt, Teilschnitt.

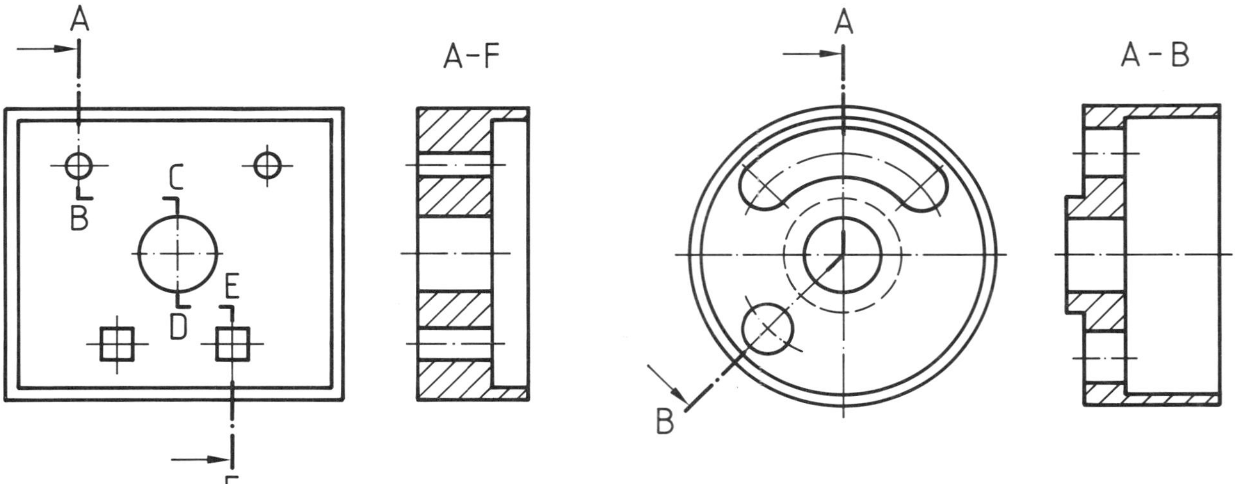

Der Schnittverlauf wird bei einfachen Teilen nicht besonders gekennzeichnet. Will man einen komplizierten Schnittverlauf besonders hervorheben, so wird er durch dicke Strichpunktlinien an Anfang und Ende der Mittellinien und an den Punkten dargestellt, in denen sich die Richtung ändert. Durch Pfeile wird angezeigt, in welcher Richtung der Betrachter auf die Schnittfläche sieht. Die Pfeile und Wendepunkte können mit Buchstaben bezeichnet werden.
Stehen die Schnittflächen in einem bestimmten Winkel zueinander, so denkt man sich beide Flächen in eine Ebene geklappt.

12	**Körperschnitte**	Aufgaben Nr. 12.1 und 12.2

Muttergewinde (Innengewinde)

Gewindeloch

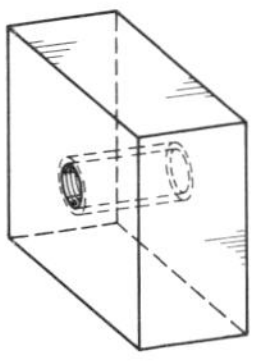

Gewindegrundloch

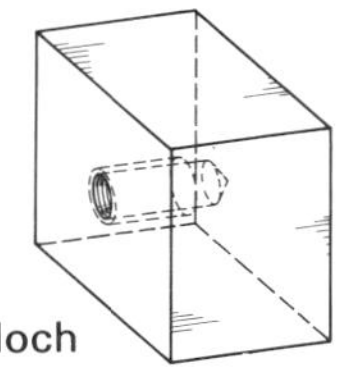

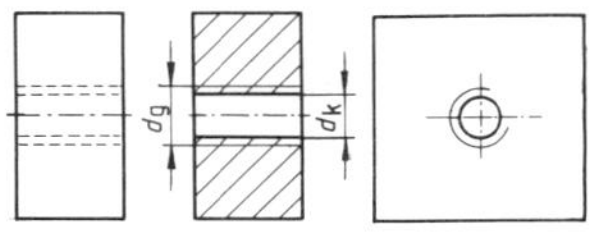

Gewindedarstellung

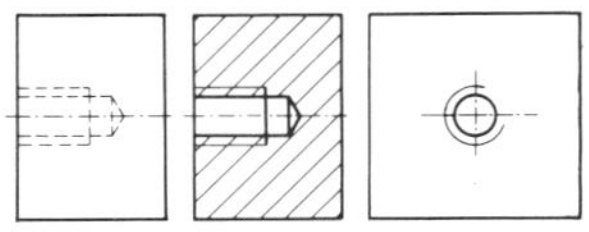

Gewindedarstellung

Beim Muttergewinde unterscheidet man Kernlochdurchmesser (d_k) und Gewindeaußendurchmesser (d_g). In der Schnittdarstellung wird der Gewindeaußendurchmesser durch schmale Vollinien dargestellt. Die Schraffur geht bis zum Kerndurchmesser.

Bolzengewinde (Außengewinde)

Gewindebolzen

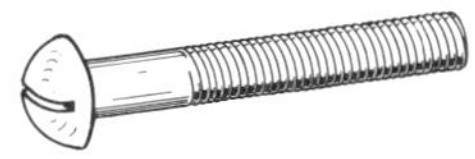

Schraube

Gewindedarstellung

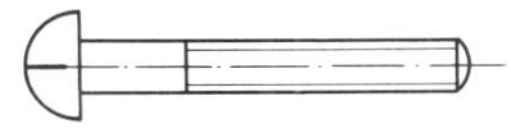

Gewindedarstellung

Der Außendurchmesser wird durch breite Vollinien dargestellt, der Kerndurchmesser durch schmale Vollinien. Kerndurchmesser werden in der Regel nicht bemaßt. S e sind in bezug auf den Gewindeaußendurchmesser genormt. Der Gewindeaußendurchmesser erhält als Maß das entsprechende Normzeichen (z. B. M8 für metrisches Gewinde mit 8 mm Außendicke).

Gewindebohrung mit eingeschraubtem Gewindebolzen

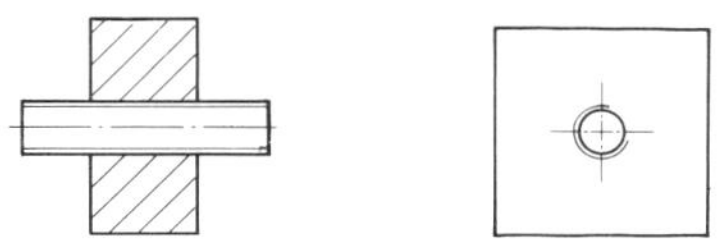

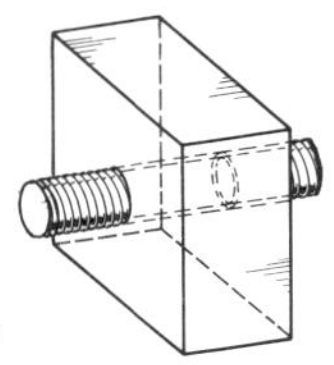

Da der Gewindebolzen das Muttergewinde verdeckt, wird das Muttergewinde nicht dargestellt.

Gewindegrundloch mit eingeschraubter Halbrundschraube

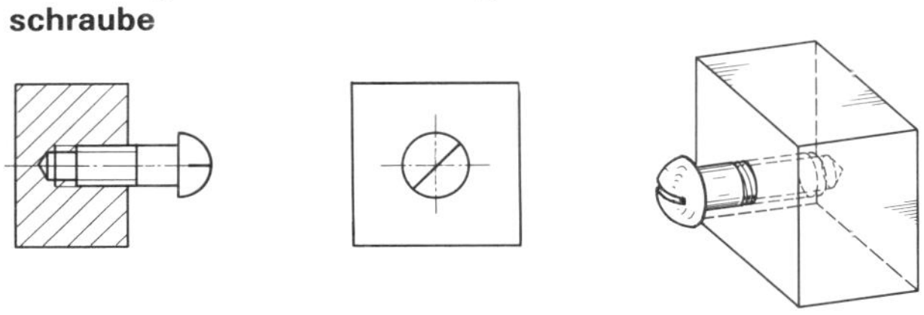

Sechskantschraube mit Mutter

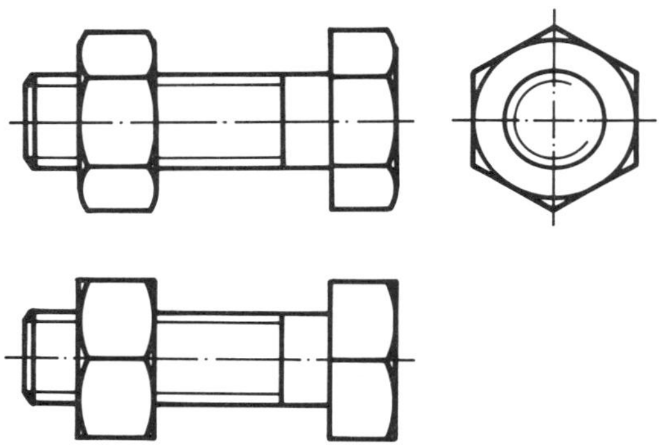

Ausführliche Normdarstellung

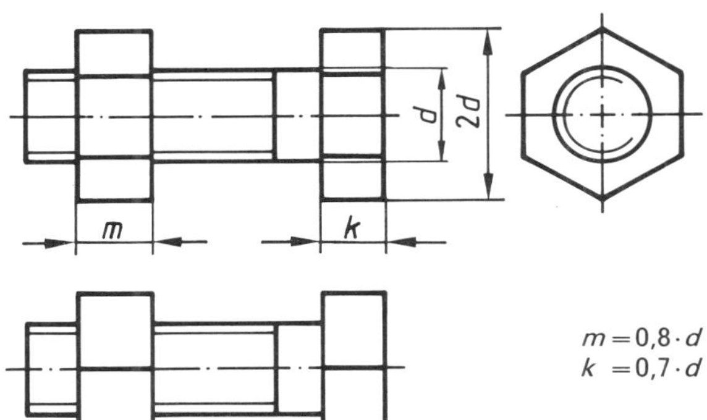

$m = 0{,}8 \cdot d$
$k = 0{,}7 \cdot d$

Vereinfachte Normdarstellung

Die Fasenkanten der Mutter und der Schraubenköpfe sowie die Kuppe des Bolzens werden nicht dargestellt.

Schraubenarten in vereinfachter Normdarstellung

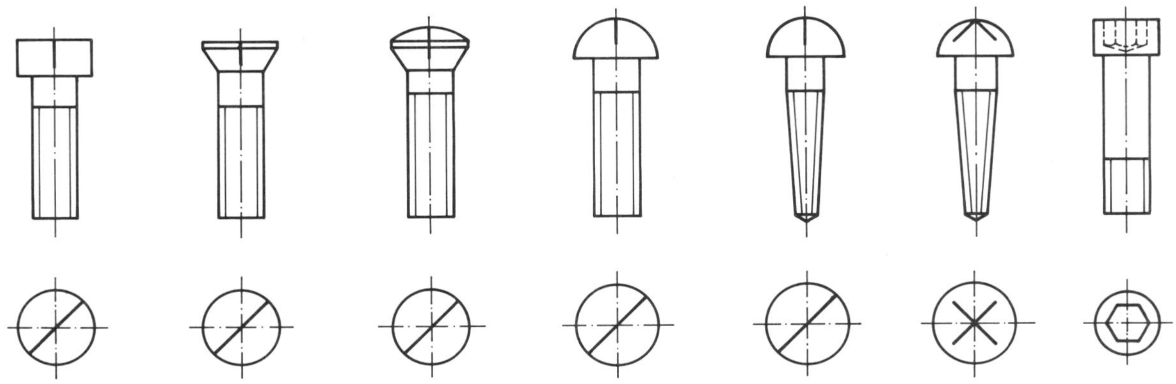

Zylinderschraube | Senkschraube | Linsensenkschraube | Halbrundschraube | Holzschraube | Kreuzschlitzschraube | Innensechskantschraube

13	**Gewinde und Schrauben**	Aufgaben Nr. 13.1 und 13.2

Graphische Symbole für Schaltungsunterlagen DIN 40900

Kontakte, Schalter: Auszüge aus Teil 2 und Teil 7

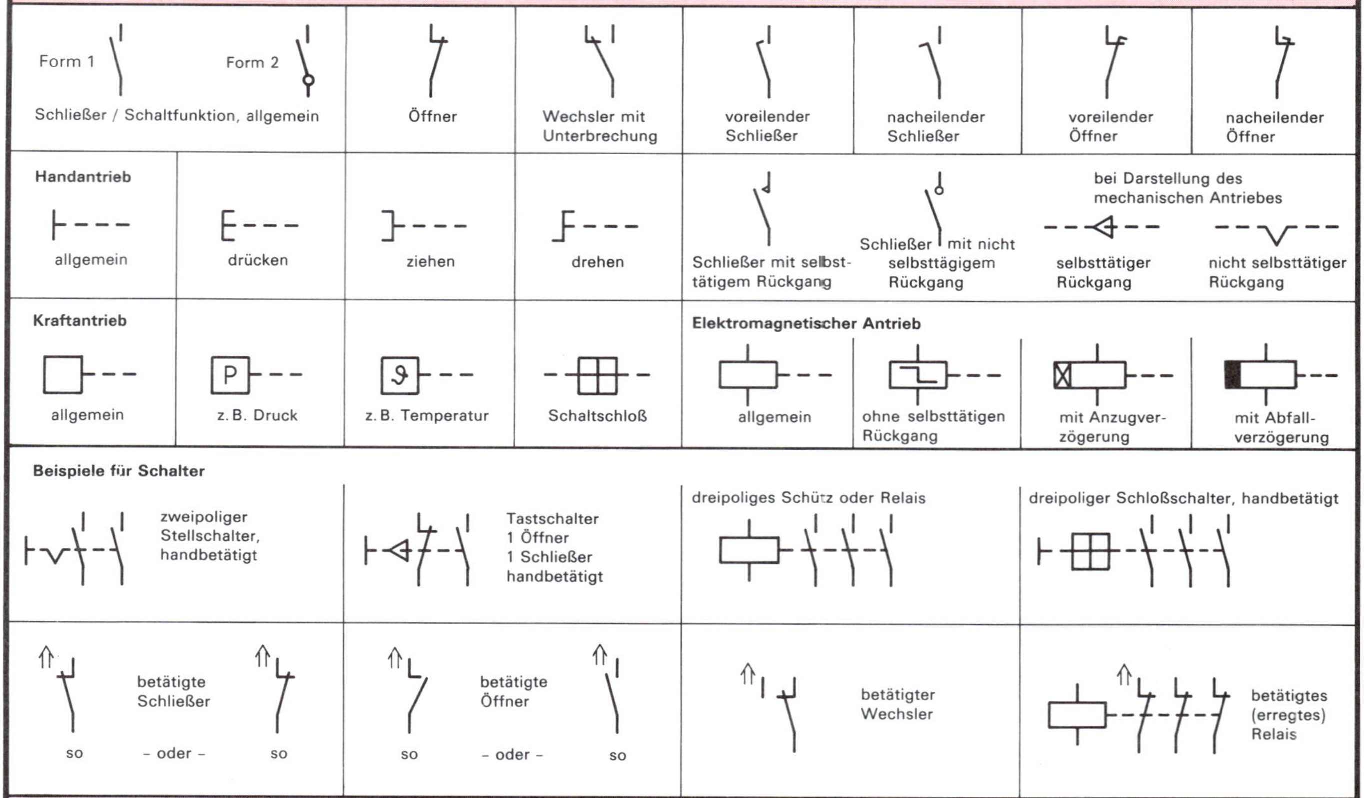

Sicherungen, Steckverbindungen: Auszüge aus Teil 3 und Teil 7

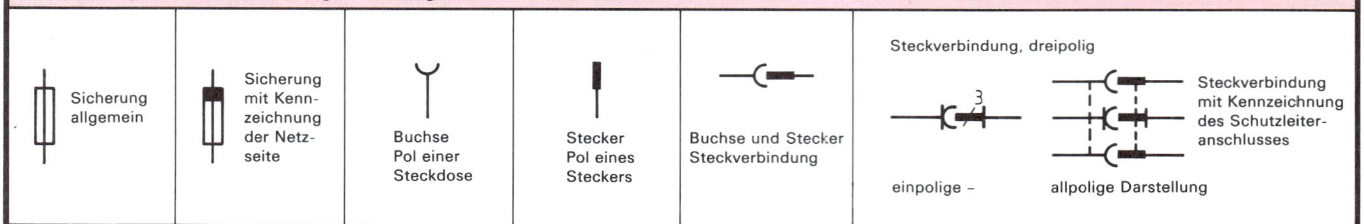

Widerstände – Sonstiges: Auszüge aus Teil 2, Teil 4 und Teil 6

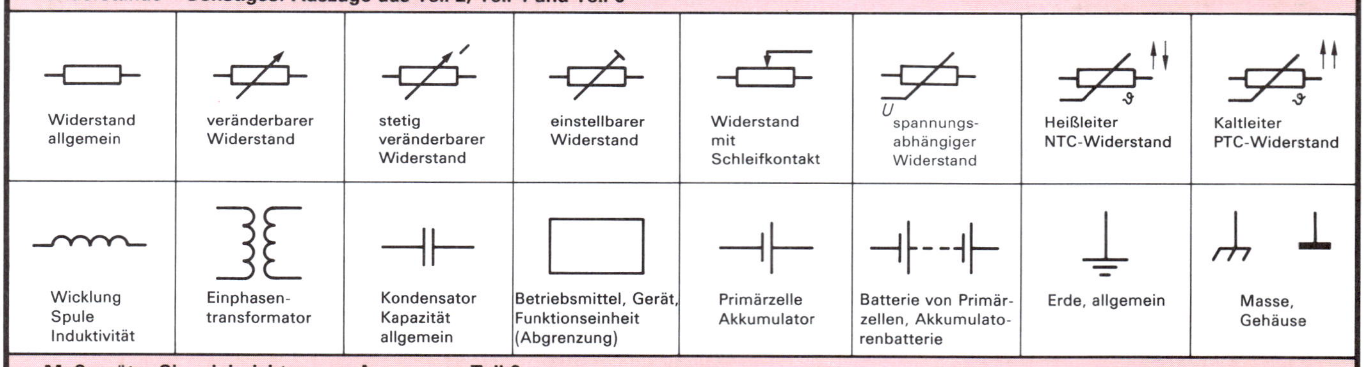

Meßgeräte, Signaleinrichtungen: Auszug aus Teil 8

14	**Normen und Schaltzeichen: Die wichtigsten Schaltzeichen für mehrpolige Darstellungen**	

Graphische Symbole für Schaltungsunterlagen DIN 40900

Leiter, Leitungen: Auszüge aus Teil 3 und Teil 11

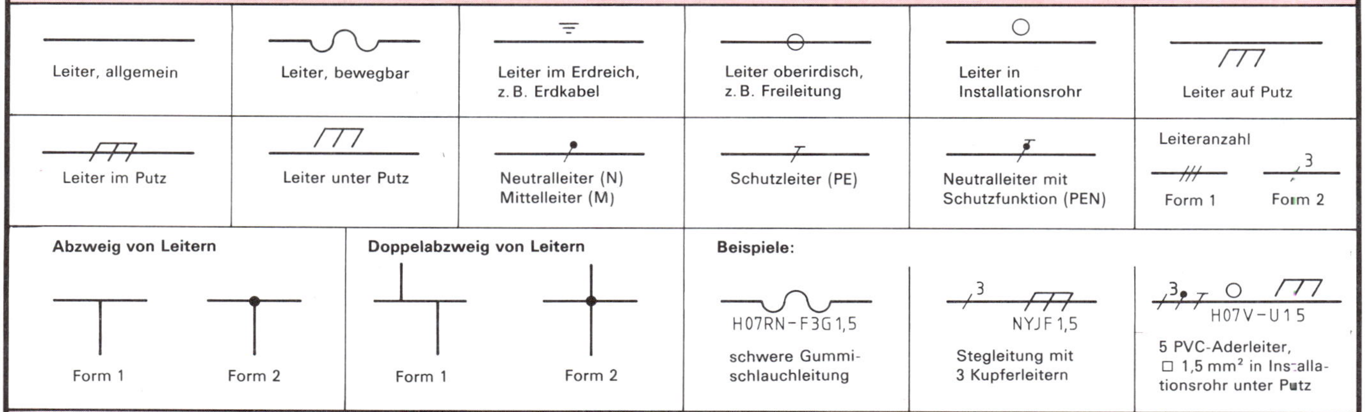

Installationen in Gebäuden: Auszüge aus Teil 7, Teil 8 und Teil 11

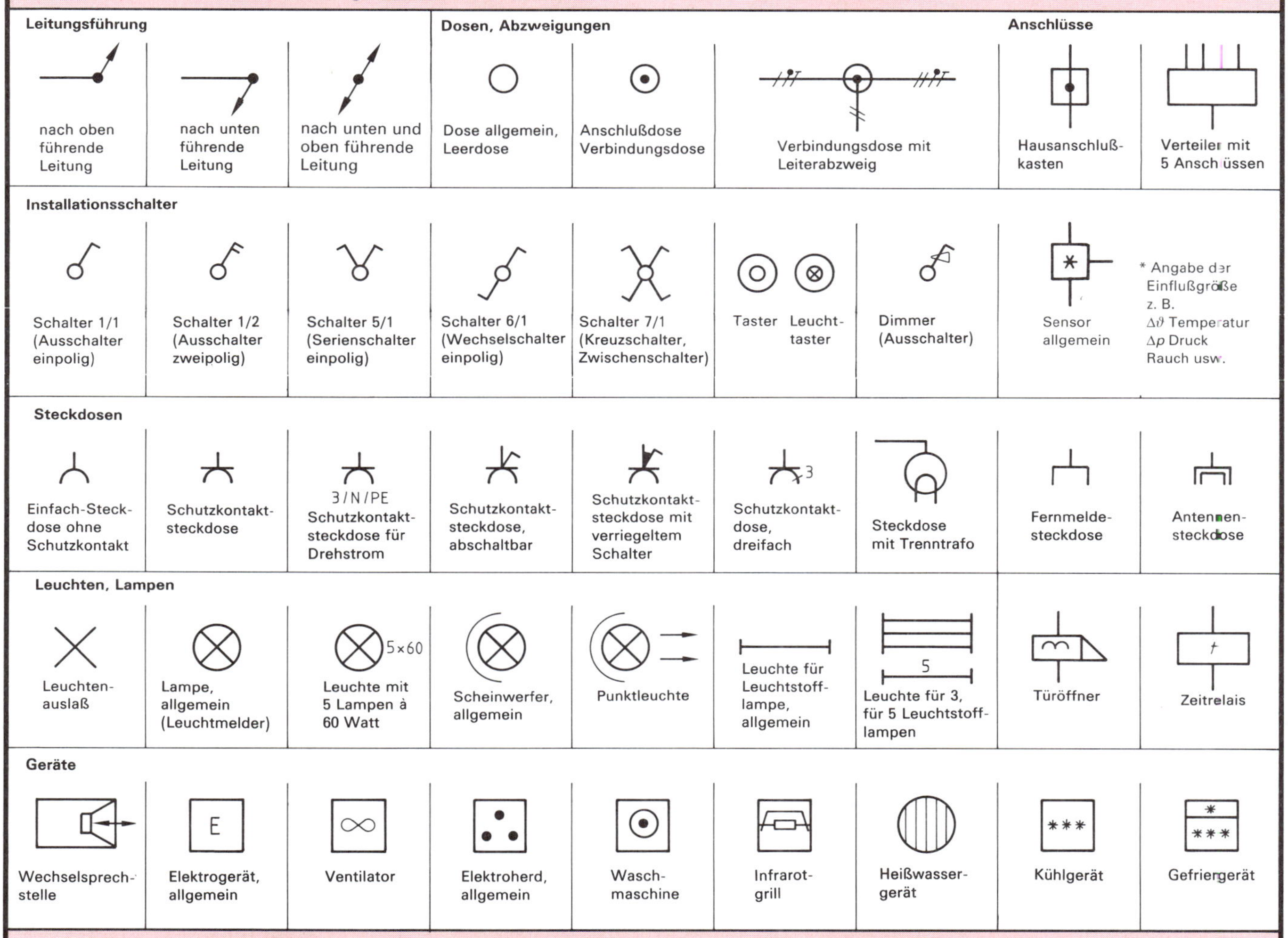

Digitale Informationsverarbeitung und Halbleiterelemente: Auszüge aus Teil 5, Teil 6, Teil 10 und Teil 12

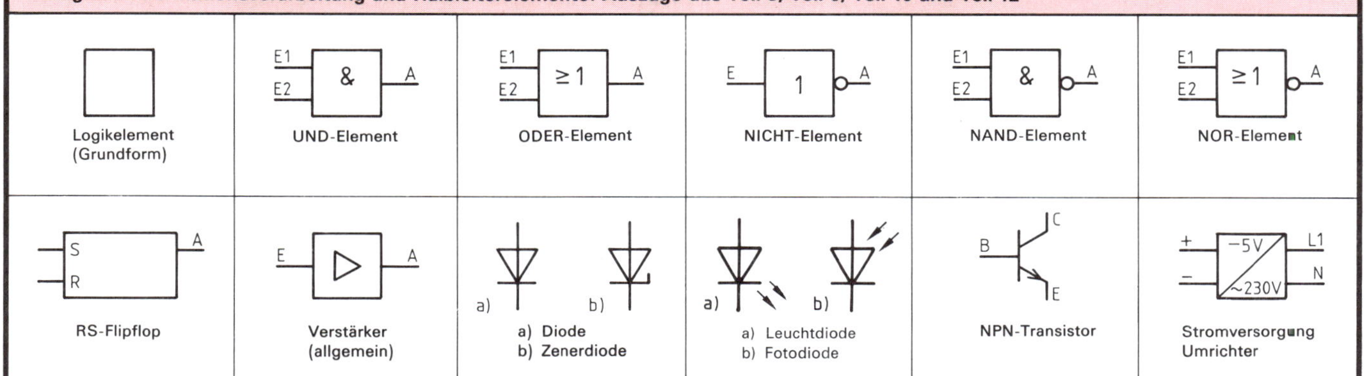

14	**Normen und Schaltzeichen: Die wichtigsten Schaltzeichen für einpolige Darstellungen**	

Sehr viele elektrische Schaltungen bestehen im Prinzip aus folgenden Bauelementen:

Spannungsquelle **Schalter** **Verbrauchsmittel** (hier z. B. Lampe) **Leitungen**

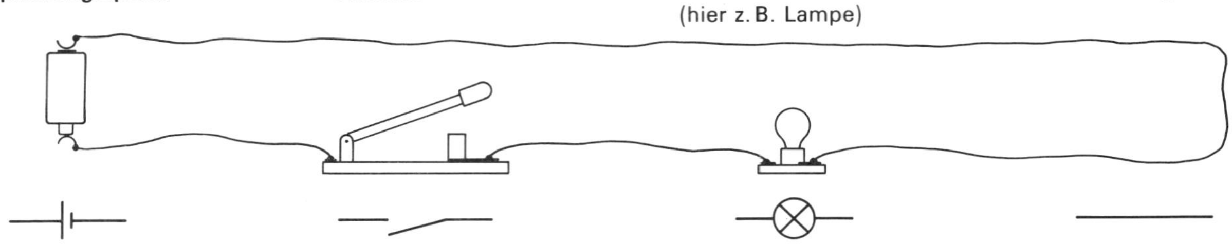

Diese Bauelemente werden **Betriebsmittel** genannt. Betriebsmittel werden durch Symbole dargestellt. Die Symbole heißen Schaltzeichen, die allgemeinste Information über Art und Funktion des Betriebsmittels enthalten. Alle Schaltzeichen sind genormt.

Beispiele

Betriebsmittel - → Schaltzeichen

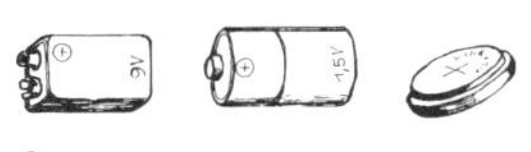	Verschiedene Bauformen und Arten chemischer Spannungsquellen	⟶	Betriebsmittel: Chemische Spannungsquelle	⟶	nur ein Symbol	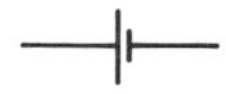
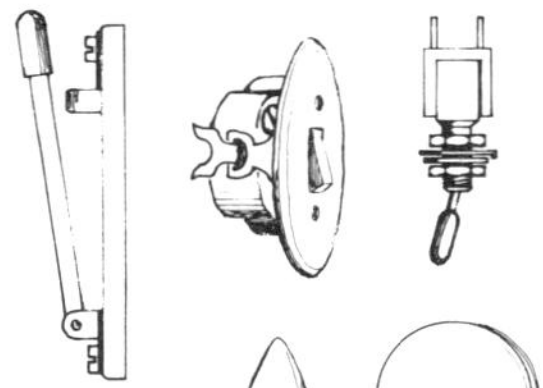	Verschiedene Bauformen von Schaltern	⟶	Betriebsmittel: Schalter	⟶	nur ein Symbol	
	Verschiedene Ausführungen von Glühlampen	⟶	Betriebsmittel: Glühlampe	⟶	nur ein Symbol	
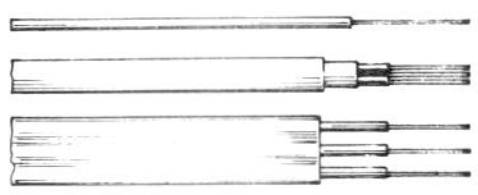	Verschiedene Ausführungen von Leitungen	⟶	Betriebsmittel: Leitung	⟶	nur ein Symbol	

Schaltzeichen werden zu **Schaltplänen** zusammengefaßt. Verschiedene Schaltpläne sollen verschiedene Sachverhalte einer Schaltung deutlich machen. Damit keine Mißverständnisse entstehen, ist auch die Ausführung (die Darstellungsweise) der Schaltpläne genormt.

Schaltpläne enthalten Informationen über
- die Anordnung der Betriebsmittel in einer Schaltung,
- die elektrischen Verbindungen in einer Schaltung,
- die Wirkungsweise einer Schaltung.

In Stromlaufplänen kommt es ausschließlich auf die Wirkungsweise einer Schaltung an. Deshalb müssen in Stromlaufplänen die einzelnen Stromwege übersichtlich dargestellt werden.

Man unterscheidet bei Stromlaufplänen:

Zusammenhängende Darstellung

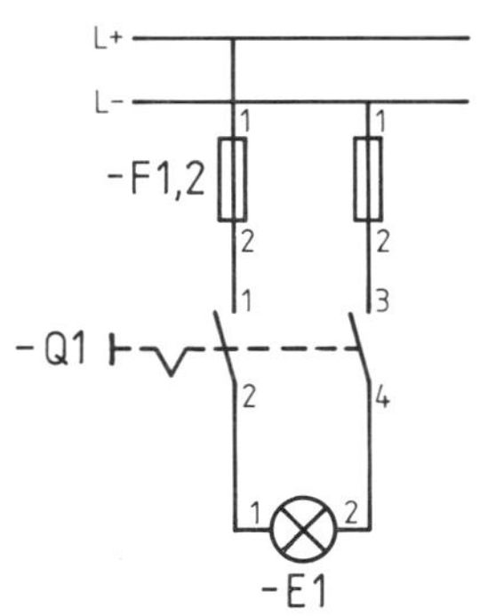

Bei der zusammenhängenden Darstellung werden alle Schaltzeichen der elektrischen Betriebsmittel zusammenhängend – als Einheit – gezeichnet.

Aufgelöste Darstellung

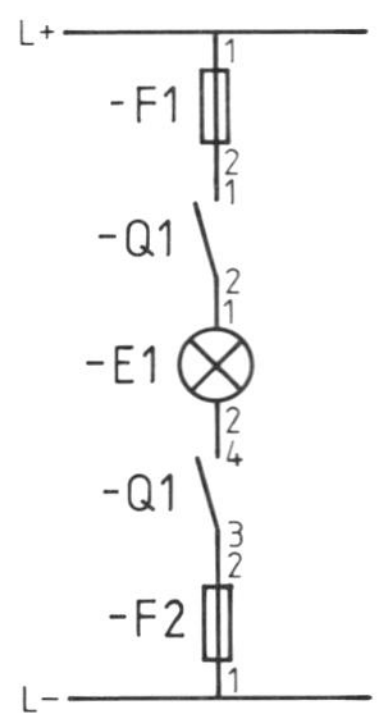

Bei der aufgelösten Darstellung werden die Symbole so angeordnet, daß geradlinige Stromwege entstehen.

Einpolige Darstellung
– Übersichtsschaltplan –

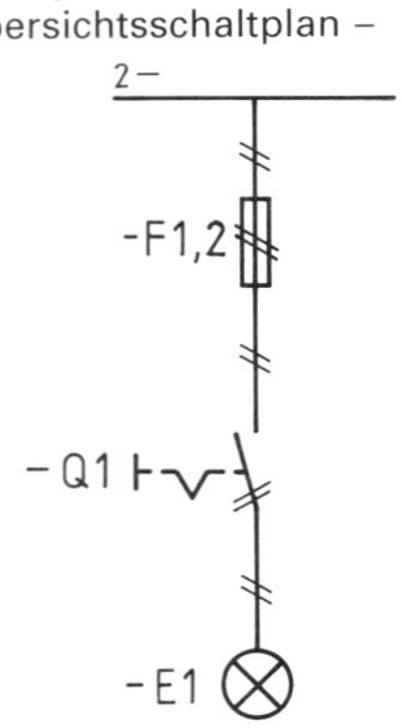

In allen Stromlaufplänen werden die Verbindungslinien waagerecht oder senkrecht gezeichnet; ganz gleich, wie die Leitungen in der ausgeführten Schaltung tatsächlich liegen.

15	**Normen und Schaltzeichen: Betriebsmittel – Symbole – Schaltzeichen – Schaltpläne**	Aufgaben Nr. 15.1 und 15.2

1. Kennzeichnung von Betriebsmitteln und Anschlußstellen

Kennzeichnungsblock

Betriebsmittel werden mit einer Kombination aus Zeichen, Buchstaben und Ziffern gekennzeichnet:

Bestandteile eines Kennzeichnungsblocks

Vorzeichen

Betriebsmittelart

Zählnummer

Funktion

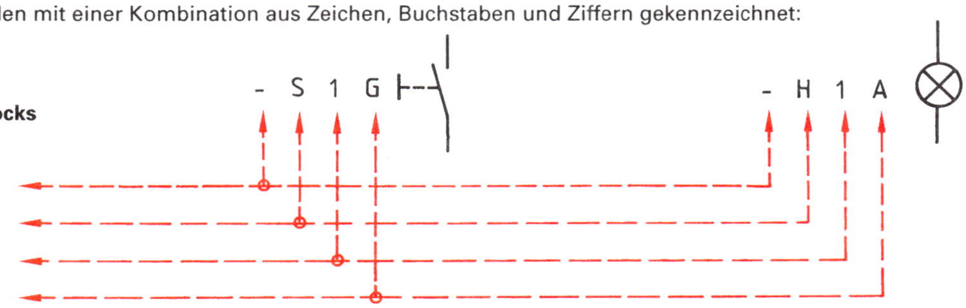

Vorzeichen – Art, Zählnummer und Funktion eines Betriebsmittels
+ Ort des Betriebsmittels
: Anschluß und Leiterbezeichnung
= Übergeordnete Zuordnung, z. B. Anlage

Kennbuchstaben für die Betriebsmittelart

A Baugruppen
B Umsetzer von elektrischen Größen in nichtelektrische Größen und umgekehrt
C Kondensatoren
D Binäre Elemente
E Verschiedenes, z.B. Beleuchtungs- und Heizungseinrichtung
F Schutzeinrichtungen
G Generatoren, Stromversorgungseinrichtungen
H Meldeeinrichtungen
K Relais, Schütze
L Induktivitäten
M Motoren
N Verstärker
P Meßgeräte, Prüfeinrichtungen
Q Starkstromschaltgeräte
R Widerstände
S Schalter, Wähler
T Transformatoren
U Umsetzer von elektrischen in andere elektrische Größen
V Halbleiter, Transistoren
W Antennen, Übertragungswege
X Klemmen, Stecker, Steckdosen
Y elektrische betätigte mechanische Einrichtungen
Z Filter, Entzerrer

Der Kennzeichnungsblock *kann* um eines Kennbuchstaben erweitert werden, der die Funktion des Betriebsmittels angibt, hier eine Auswahl:

A Hilfsfunktion
F Schutzfunktion
G Prüffunktion
H Meldung
N Messung
T Zeitfunktion

Beispiele: –S7G Tastschalter mit Prüffunktion Q2F Schaltgerät mit Schutzfunktion

Anschlußstellen

Das Ende der Verbindungslinie am Schaltzeichen gilt als Anschlußstelle. Einstellige Zahlen kennzeichnen „Leistungsanschlüsse", zweistellige Zahlen „Steueranschlüsse".

Achtung: Normänderung seit 1995!

Bei horizontalen Verbindungslinien stehen die Betriebsmittelkennzeichnung über dem Betriebsmittel und die Anschlußkennzeichnungen über den Leitungen. Bei vertikalen Verbindungslinien stehen die Betriebsmittelkennzeichnung links neben dem Betriebsmittel und die Anschlußkennzeichnungen um 90° gedreht, links neben den Leitungen.

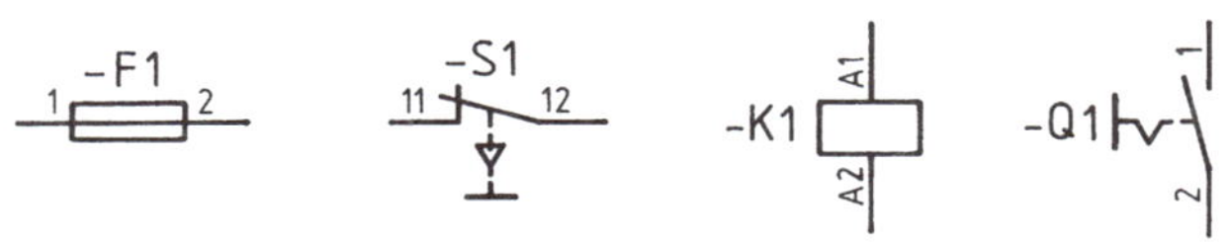

In diesem Buch werden die Betriebsmittel- und Anschlußkennzeichnungen nach alter Norm geschrieben. Sie lassen sich so leichter schreiben und besser lesen.

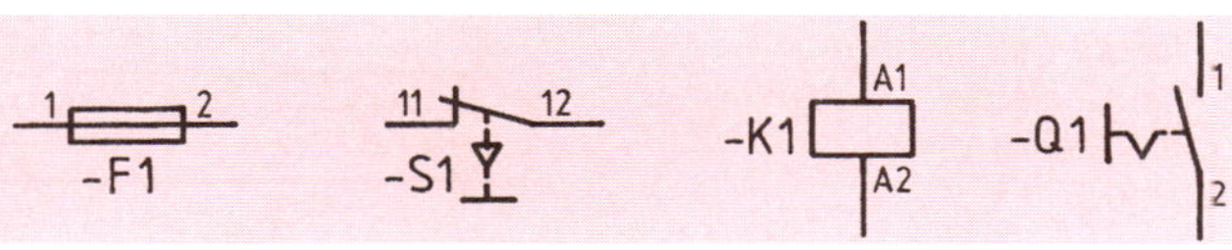

2. Regeln für Stromlaufpläne

- Ein Stromlaufplan zeigt und erläutert die Wirkungsweise einer elektrischen Schaltung. Deshalb müssen die Stromwege so übersichtlich wie möglich und die Betriebsmittel so einfach wie möglich dargestellt werden.
- Betriebsmittel einer Schaltung werden durch genormte Schaltzeichen dargestellt. Es muß jeweils das Schaltzeichen gewählt werden, das für die beabsichtigte Aussage gerade ausreichend ist.
- Stromwege werden geradlinig und möglichst kreuzungsfrei dargestellt. Die Verbindungslinien verlaufen parallel zu den Rändern der Zeichnung. Stromwege werden so angeordnet, daß die Signalflußrichtung oder die Wirkungsrichtung von oben nach unten oder von links nach rechts verläuft.
- Leitungsverzweigungen werden als senkrechte Einmündungen dargestellt.
- Leitungskreuzungen haben keine elektrische Verbindung.

Leitungsverbindungen keine Leitungsverbindung

Elektrische Energieversorgung vom Kraftwerk zum Verbraucher

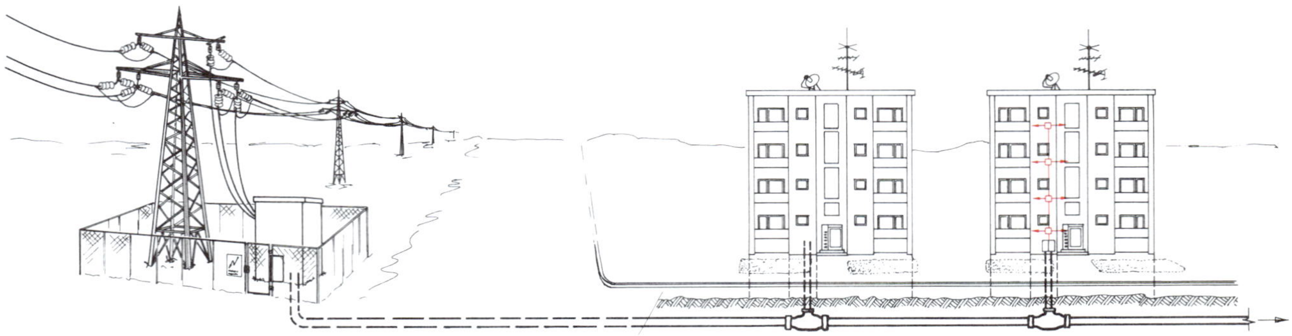

Vom Kraftwerk aus überbrücken Hochspannungsleitungen große Entfernungen mit z. B. 220 kV.

In der Trafostation wird die Hochspannung auf die Netzspannung von 400/230 V umgespannt.

Über Erdkabel oder Freileitung wird die Netzspannung in jedes Haus eingespeist.

Hinter der Übergabestelle, dem Hausanschlußkasten, erfolgt in jedem Haus die weitere Verteilung.

Hinter dem Hausanschlußkasten versorgt eine Steigeleitung alle Wohnungen.

Der Zähler für jede Wohnung mißt den Energieverbrauch.

Im Verteiler wird die elektrische Energie auf die einzelnen Stromkreise aufgeteilt.

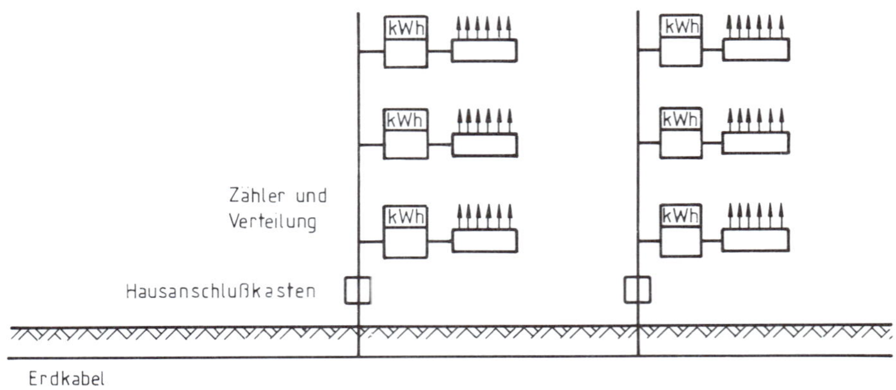

Das hier dargestellte Leitungssystem heißt Vier-Leiter-Netz.
Die Leitungen L1, L2 und L3 heißen Außenleiter.
In öffentlichen Netzen beträgt die Spannung zwischen den Außenleitern 400 V.
Der 4. Leiter (PEN) hat zwei Funktionen: Er ist Schutzleiter und Neutralleiter.
Er ist mit einem Erder verbunden und führt daher zur Erde keine Spannung.
Die Außenleiter haben zum PEN-Leiter eine Spannung von 230 V.

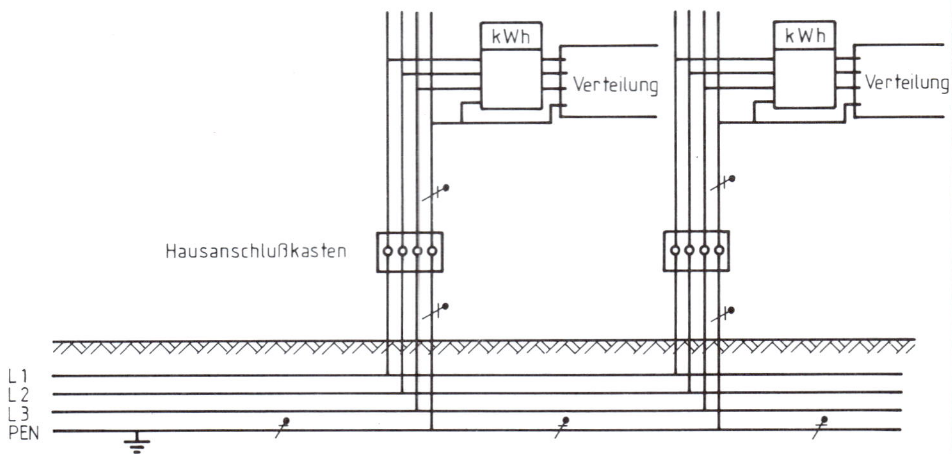

In den Zählerverteilungen werden die einzelnen Stromkreise von den Hauptleitungen abgenommen.

Die Außenleiter werden abgesichert.

Licht- und Steckerkreise haben drei Leiter: Den abgesicherten Außenleiter (L1, L2 oder L3), den Neutralleiter (N) und den Schutzleiter (PE).

Die beiden Funktionen des PEN-Leiters (Neutralleiter und Schutzleiter) werden in der Zählerverteilung getrennt.

Die Verbraucher werden zwischen Außenleiter und Neutralleiter angeschlossen.

Die Spannung zwischen beiden Leitungen beträgt 230 V.

Der Schutzleiter wird an alle Schutzleiterklemmen angeschlossen.

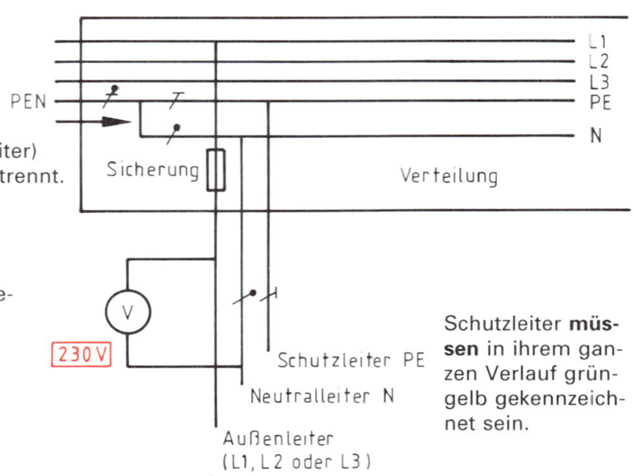

Schutzleiter **müssen** in ihrem ganzen Verlauf grüngelb gekennzeichnet sein.

16	**Elektrische Energieversorgung: Netz und Netzleiter**	Aufgaben Nr. 16.1 und 16.2

Schutzleiteranschluß an leitfähigen Gehäusen

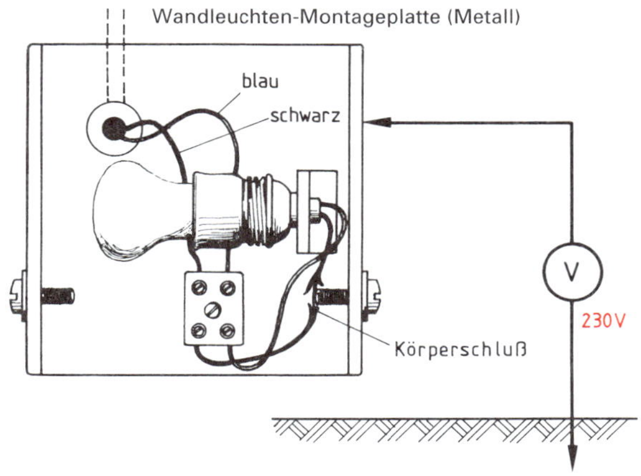

Gefahr bei Körperschluß

Hat in einem elektrischen Gerät der Außenleiter durch einen Defekt Kontakt zum leitfähigen Gehäuse (Körperschluß), so führt das Gehäuse gegenüber der Erde volle Netzspannung.

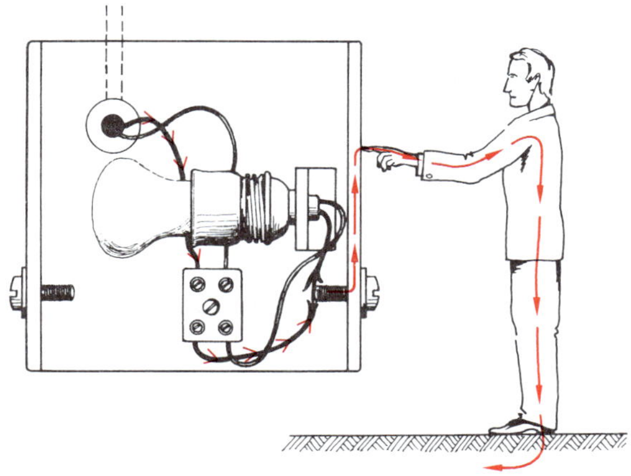

Gefährlicher Körperstrom

Wenn ein Mensch dieses Gehäuse berührt, dann fließt ein gefährlich hoher Strom durch den Menschen zur Erde.
Für den berührenden Menschen besteht **Lebensgefahr!**

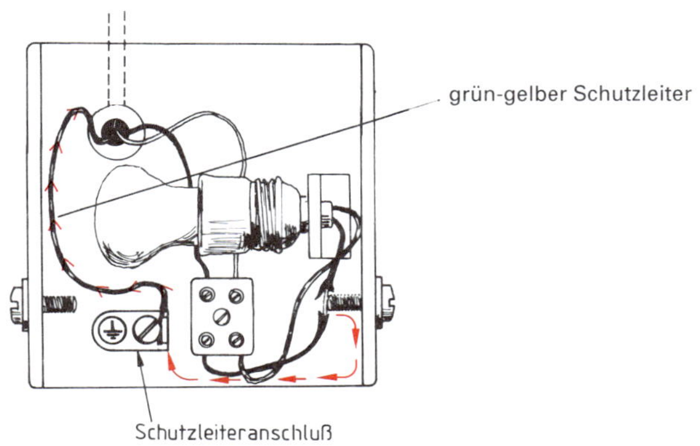

Schutz durch Schutzleiter

Wird am Schutzleiteranschluß des Gerätes der „grün-gelbe" PE-Leiter angeschlossen, so führt jeder Körperschluß des L-Leiters zum Kurzschuß.
Hierdurch fließt vom L-Leiter über den PE-Leiter ein so großer Strom, daß die Stromkreissicherung das defekte Gerät sofort abschaltet.

Schutzleiter an Steckverbindungen

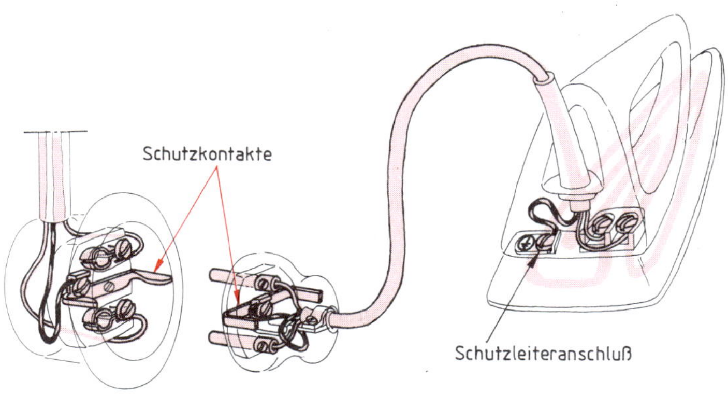

Die Steckdose hat für den L-Leiter und den N-Leiter verdeckte Kontakte und für den PE-Leiter frei liegende Kontakte.
Der Stecker hat die diesen Kontakten entsprechenden Kontaktstellen.

Steckdose und Stecker sind so konstruiert, daß zuerst die Verbindung des PE-Leiters hergestellt wird. Erst dann werden die beiden anderen Leiter miteinander verbunden.

Grundinformation: Öffner und Schließer

Öffner Schließer

Grundregel

Normalerweise werden in Schaltplänen die Schalter in unbetätigtem Zustand (Nullstellung) dargestellt.

Zusatzinformation: Betätigter Schalter

betätigter Öffner betätigter Schließer

Manchmal muß von der Grundregel abgewichen werden (besonders bei Funktionsplänen).
In diesen Fällen informiert dieses Zeichen:
⇑ **Achtung:** Der Schalter ist betätigt, er steht nicht in seiner Nullstellung.

Zusatzinformation: Tastschalter und Stellschalter

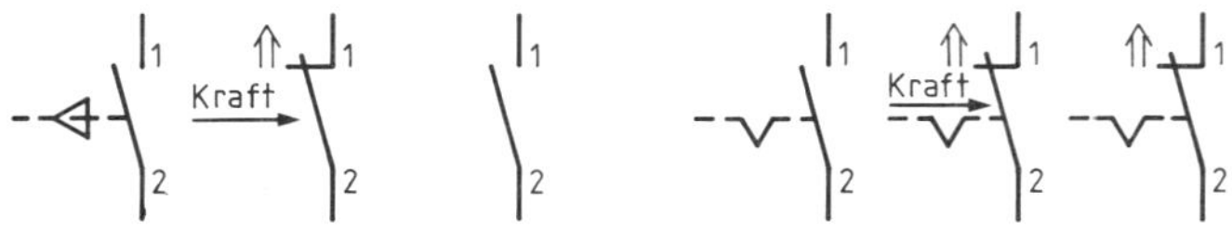

Der Tastschalter geht nach der Betätigung wieder selbständig in die Grundstellung zurück.

Der Stellschalter bleibt nach der Betätigung in der neuen Schaltstellung stehen.

Dieses Zeichen bedeutet: Raste

Dieses Zeichen bedeutet: Selbsttätiger Rückgang

Zusatzinformation: Art der Handbetätigung

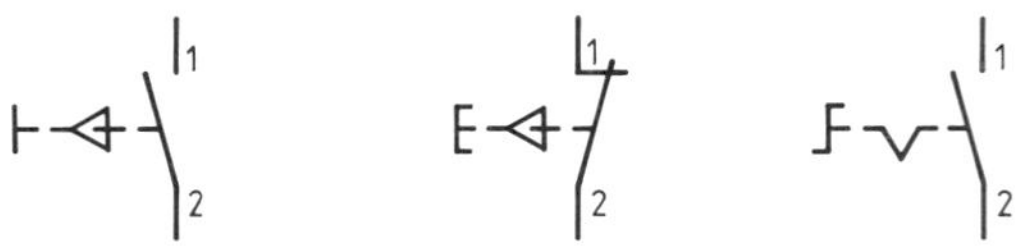

Grundinformation: ⟶ Schließer ⟶ Öffner ⟶ Schließer
1. Zusatzinformation: ⟶ Tastschalter ⟶ Tastschalter ⟶ Stellschalter
2. Zusatzinformation: ⟶ handbetätigt ⟶ handbetätigt ⟶ handbetätigt
3. Zusatzinformation: ⟶ keine ⟶ drücken ⟶ drehen

Handantriebe:

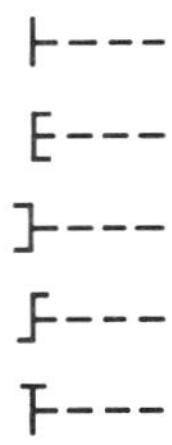

allgemein
drücken
ziehen
drehen
kippen

Grundinformation: Wechsler

Der Wechsler ist die Kombination von einem Öffner und einem Schließer

Wechsler als handbetätigter Tastschalter

Wechsler als handbetätigter Stellschalter

Zusatzinformation: Mehrstellenschalter

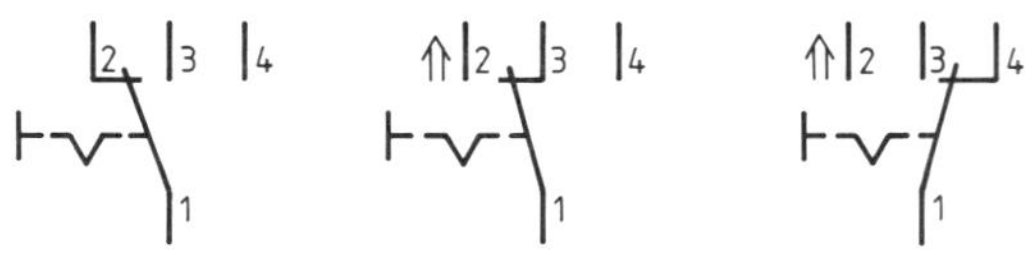

Der Schalter kann mehrere betätigte Schaltzustände haben.

Achtung: In Schaltplänen werden nur die Zusatzinformationen gegeben, die für das Verständnis des Schaltplanes unbedingt erforderlich sind.
Nur das jeweils einfachste Schaltzeichen ist das jeweils richtige Schaltzeichen.

18	**Lampenschaltungen mit Installationsschaltern: Betriebsmittel Schalter**	Aufgaben Nr. 18.1 und 18.2

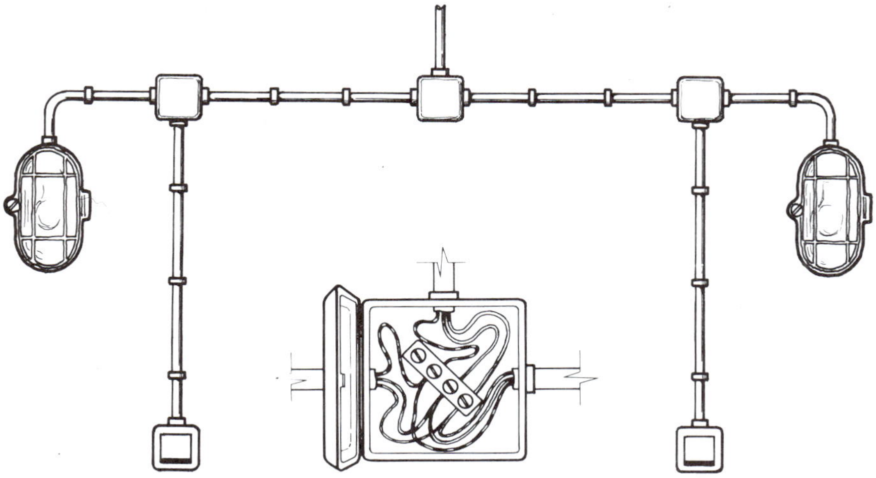

In Abzweigdosen (oder Abzweigkästen) werden elektrische Leitungen miteinander verbunden.

Die Klemmen sind entweder Einzelklemmen oder Reihenklemmen.

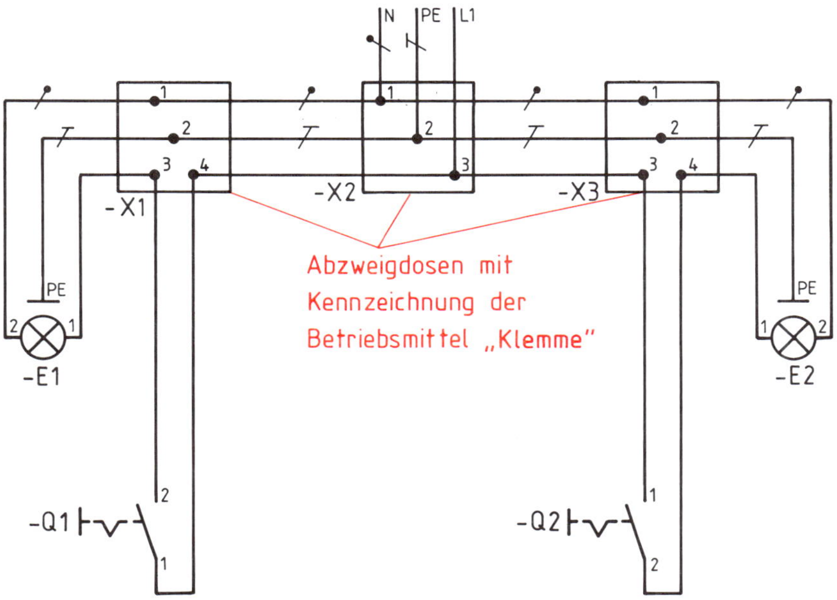

Stromlaufplan in zusammenhängender Darstellung

Der Stromlaufplan mit lagerichtiger Anordnung der Betriebsmittel enthält alle Informationen, die notwendig sind, um die Betriebsmittel anzuordnen und richtig miteinander zu verbinden.

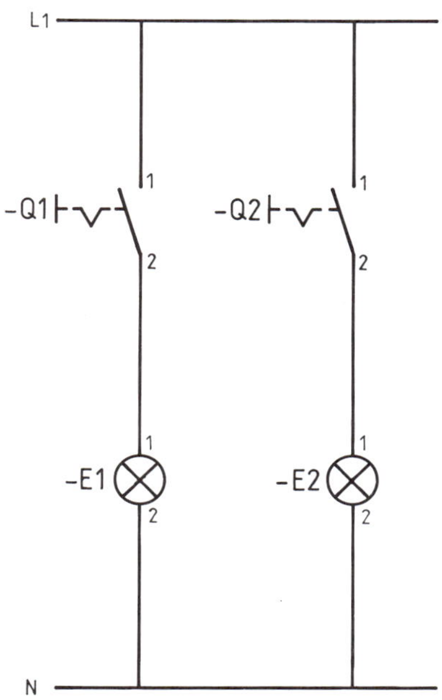

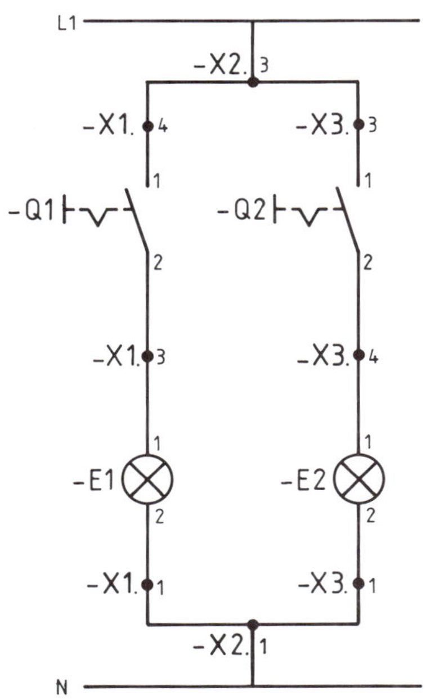

Stromlaufplan in aufgelöster Darstellung

Soll der Stromlaufplan nur über die Funktion der Schaltung informieren, so braucht das Betriebsmittel Klemme nicht gezeichnet zu werden.

Wenn der Stromlaufplan jedoch als Unterlage für den Aufbau, die Installation oder die Instandhaltung dienen soll, so muß das Betriebsmittel Klemme gezeichnet und gekennzeichnet werden.

18	**Lampenschaltungen mit Installationsschaltern: Betriebsmittel Klemmen und Abzweigdosen**	Aufgaben Nr. 18.1 und 18.2

Serienschaltung

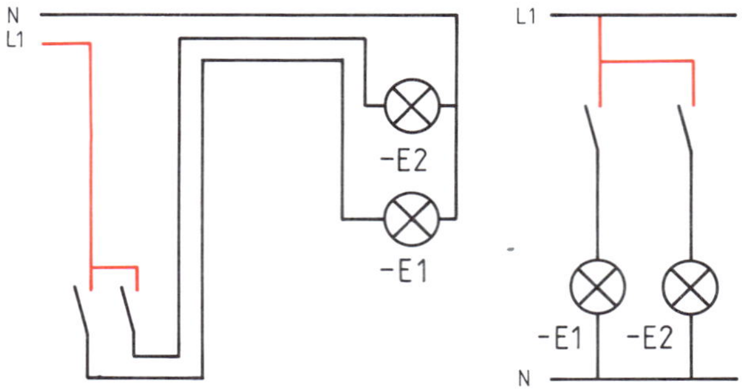

Schaltstellung: Aus

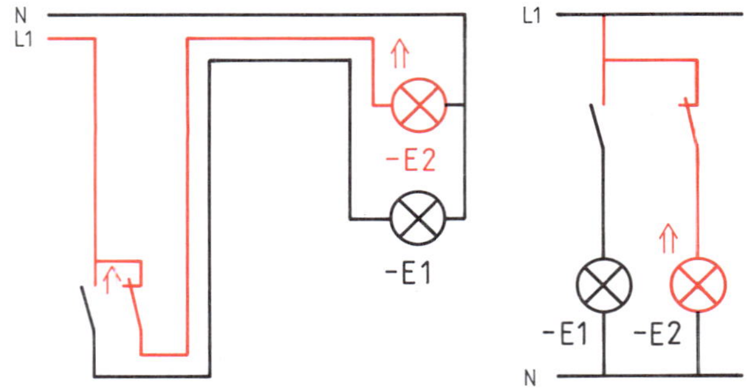

Schaltstellung: E2 Ein

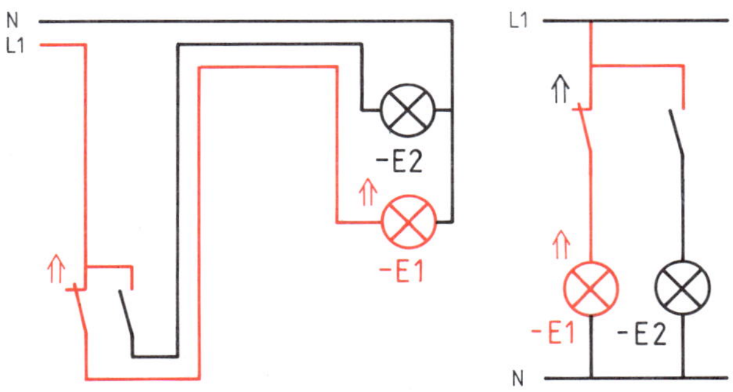

Schaltstellung: E1 Ein

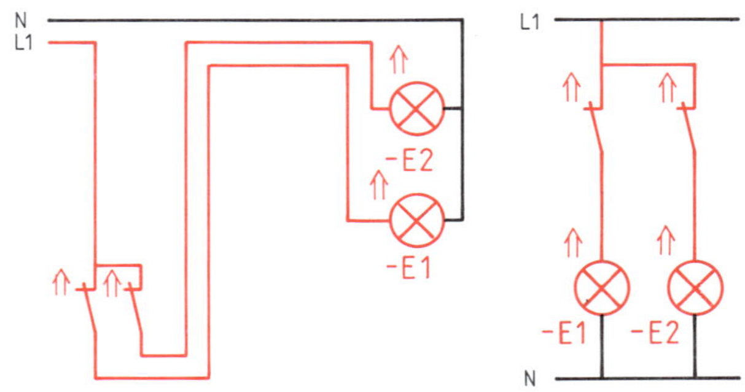

Schaltstellung: E1 und E2 Ein

Wechselschaltung

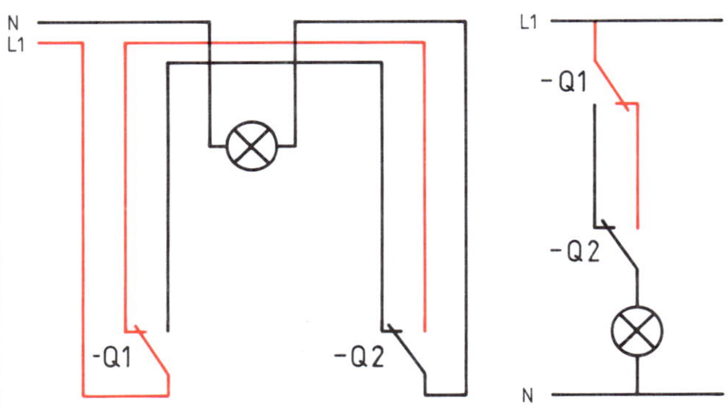

Schaltstellung: Aus

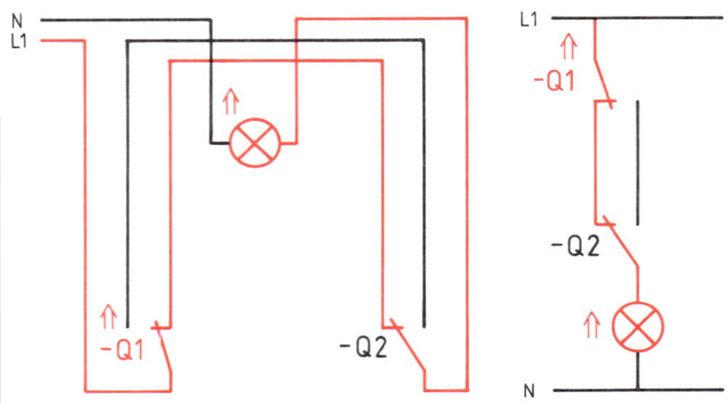

Schaltstellung: Ein von Q1 aus

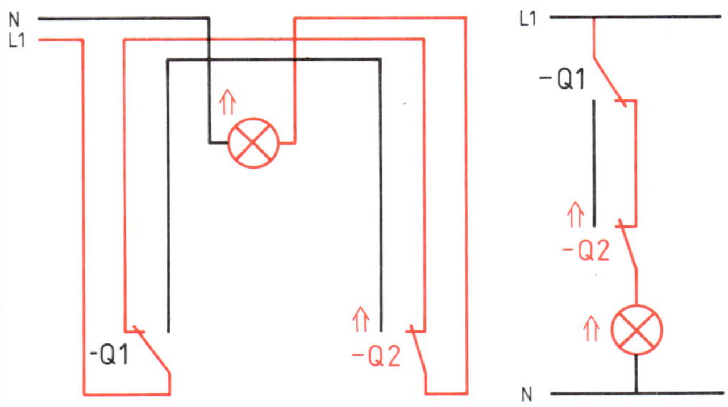

Schaltstellung: Ein von Q2 aus

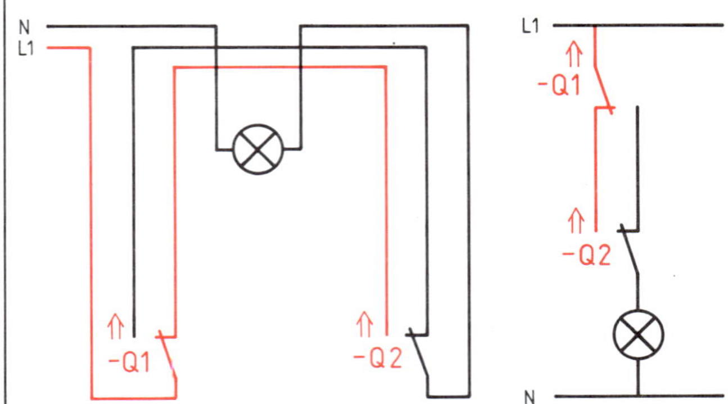

Schaltstellung: Aus von Q1 aus

19	**Lampenschaltungen mit Installationsschaltern: Die Schaltzustände von Serienschaltung und Wechelschaltung**	Aufgaben Nr. 19.1 und 19.2

Ausschaltung

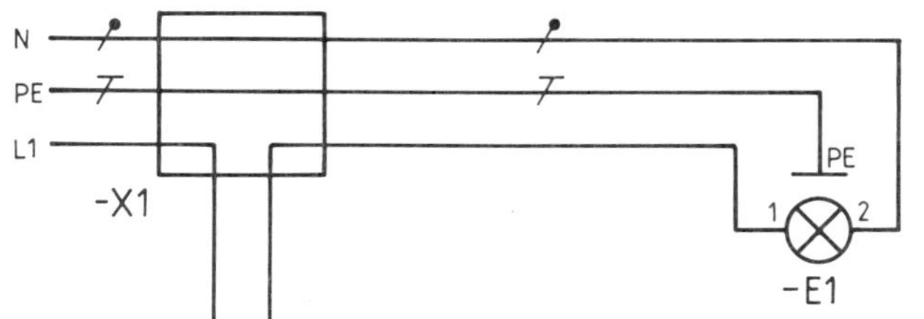

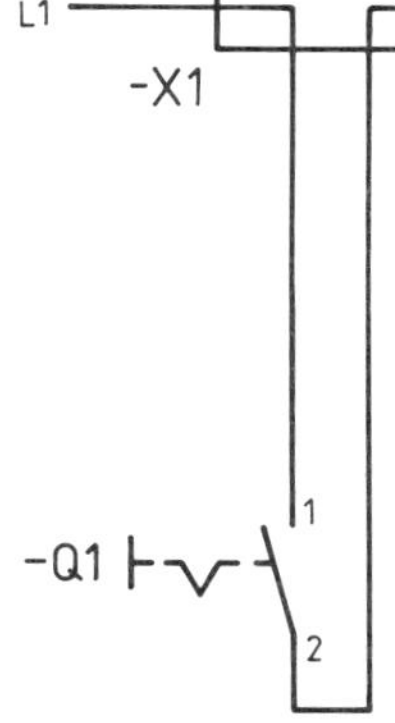

Bei der Installation in Rohren werden die Abzweigdosen meist nur zur Durchführung der Leitungen benutzt.

Bei der Installation mit Mantelleitung werden alle Leitungen an der Abzweigdose geschnitten und durch Klemmen verbunden.

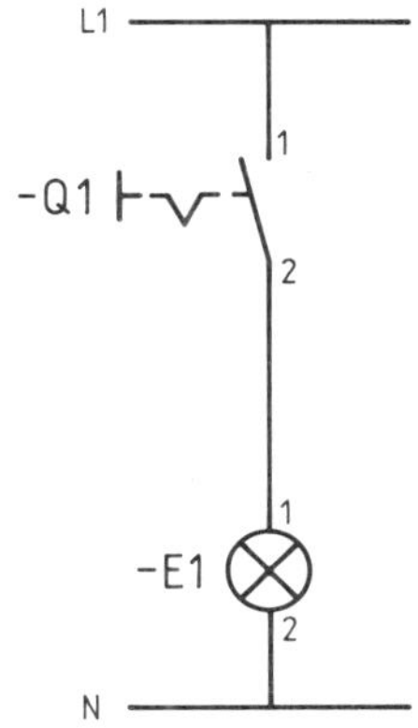

In Wechselstromnetzen werden die Lampen zwischen einem Außenleiter (L1, L2 oder L3) und einem Neutralleiter angeschlossen.

Der Neutralleiter führt gegenüber der Erde keine Spannung. Deshalb ist es üblich, Lampen einpolig zu schalten.

Im ausgeschalteten Zustand darf an der Lampe keine Spannung anliegen.

Serienschaltung

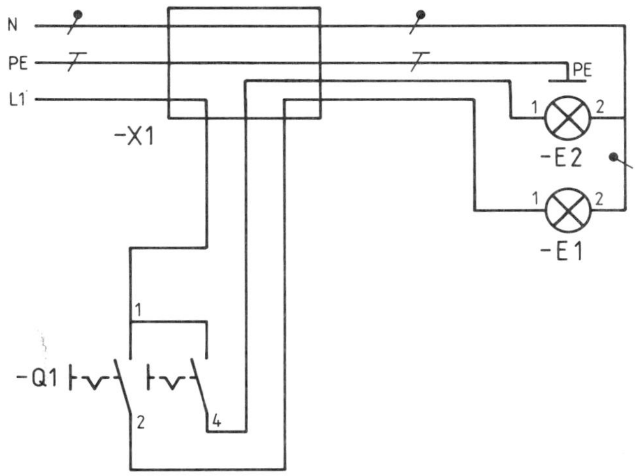

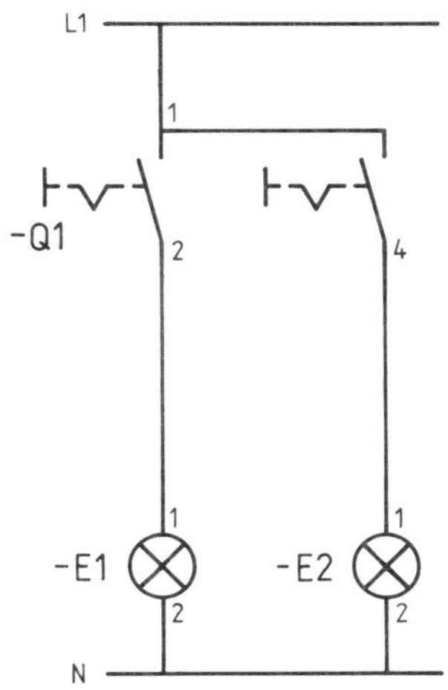

Können von **einer** Schaltstelle aus mehrere Lampen oder Lampengruppen wahlweise einzeln oder zusammen geschaltet werden, so nennt man diese Schaltung **Serienschaltung.**

Es gibt verschiedene Konstruktionsformen von Serienschaltern. Stets sind es jedoch Kombinationen von zwei Ausschaltern mit drei Anschlüssen.

Wechselschaltung

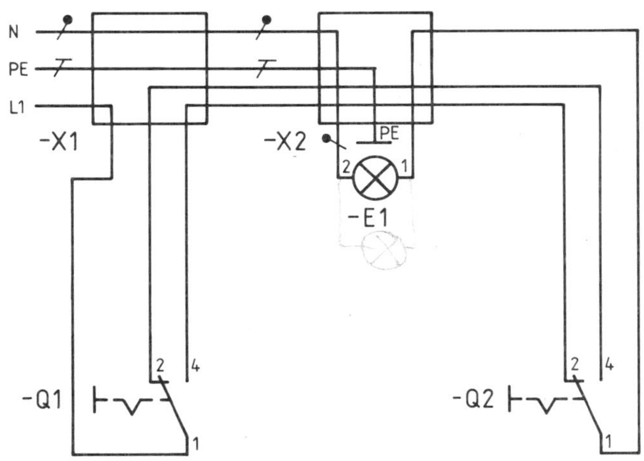

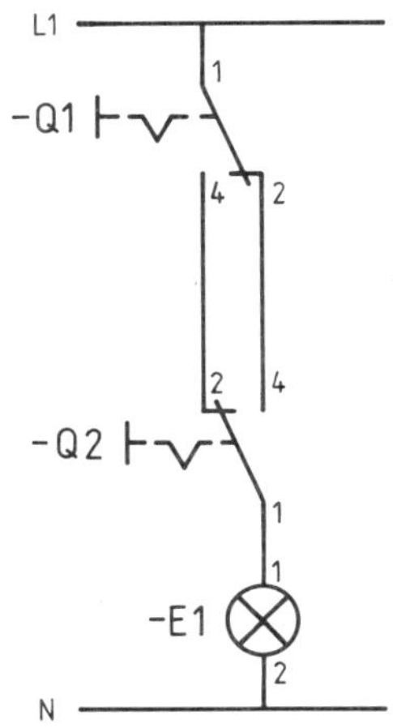

Kann eine Lampe oder eine Lampengruppe von **zwei** Schaltstellen aus sowohl ein- als auch ausgeschaltet werden, so heißt diese Schaltung **Wechselschaltung.**

Lampenschaltungen mit Installationsschaltern: Ausschaltung, Serienschaltung und Wechselschaltung

Aufgaben
Nr. 19.1 und 19.2

Stromlaufpläne

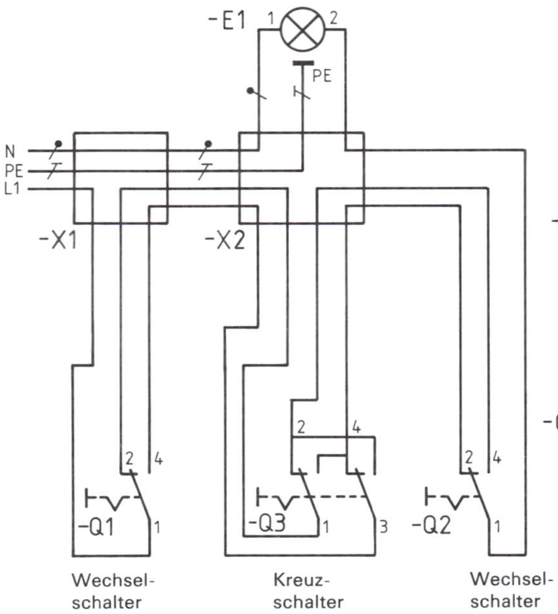

zusammenhängende Darstellung

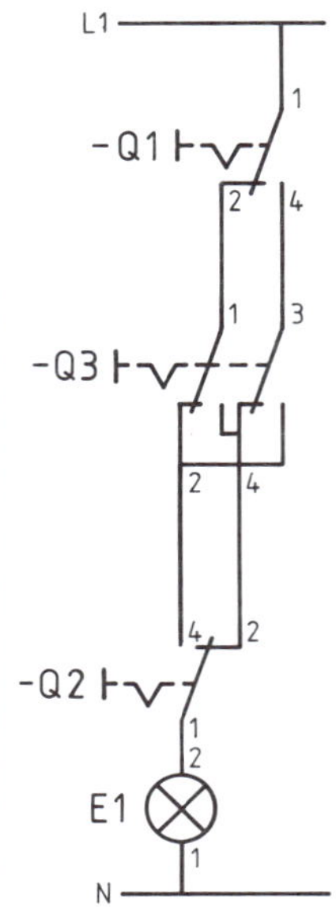

aufgelöste Darstellung

Die **Kreuzschaltung** ermöglicht das Schalten einer Lampe oder einer Lampengruppe von mehr als zwei Stellen aus.

Bildliche Darstellung

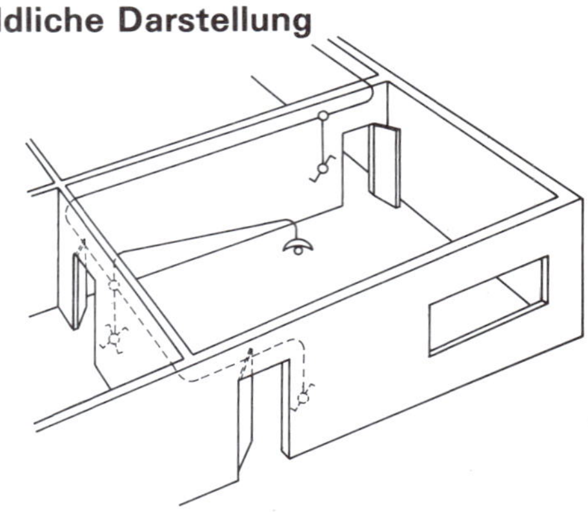

Installationsplan

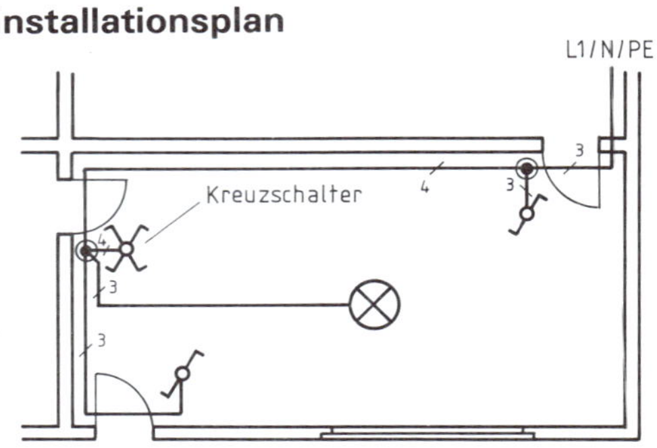

Funktionsprinzip der Kreuzschaltung

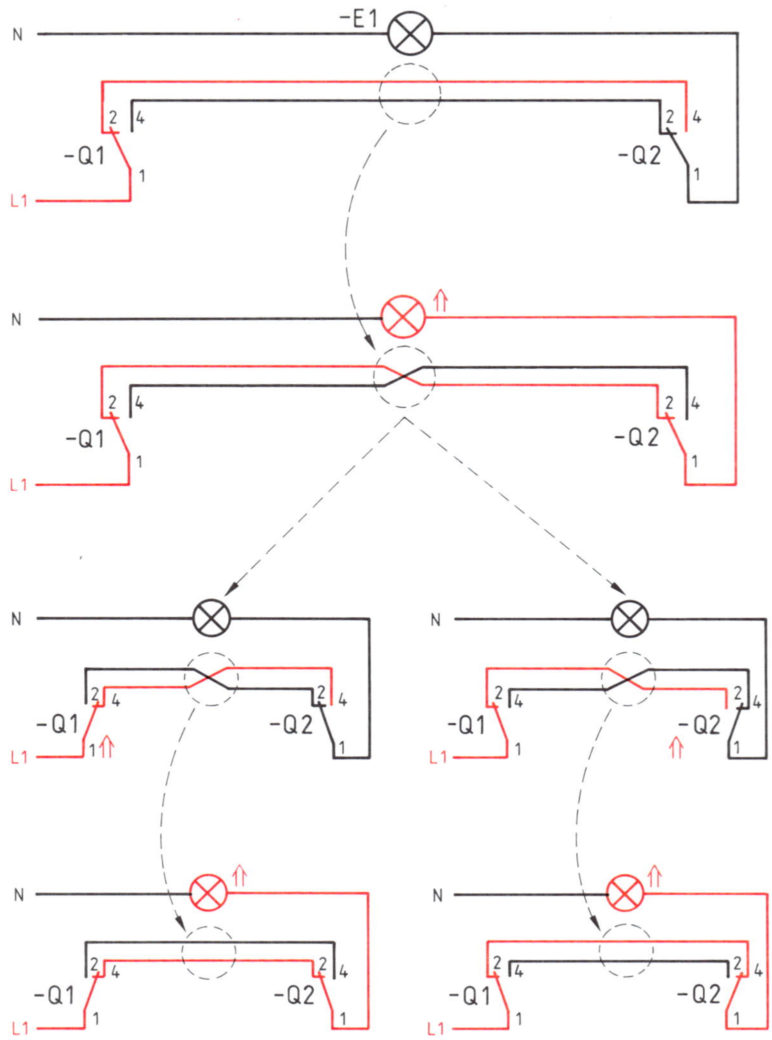

In dieser Wechselschaltung ist die Lampe E1 ausgeschaltet.
Kann an der durch den Kreis markierten Stelle die Lampe eingeschaltet werden?

Durch eine „Über-Kreuz-Verbindung" kann die Lampe E1 eingeschaltet werden.

Funktionsdarstellung des Schalters

Die Lampe kann sowohl mit Q1 als auch mit Q2 ausgeschaltet und wieder eingeschaltet werden.

Ist die Lampe durch Q1 oder Q2 ausgeschaltet, so kann sie durch Rückgängigmachen der „Über-Kreuz-Verbindung" wieder eingeschaltet werden.

20	**Lampenschaltungen mit Installationsschaltern: Kreuzschaltung: Schaltpläne und Funktionsprinzip**	Aufgaben Nr. 20.1, 20.2, 20.3 und 20.4

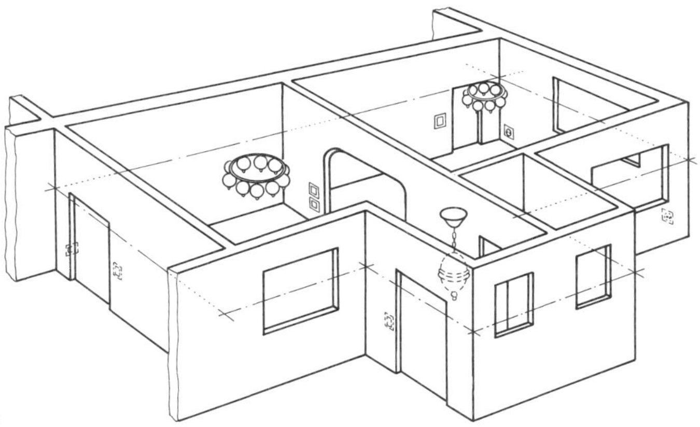

Grundrisse sind waagerechte Schnitte durch Gebäude oder Gebäudeteile.
Die Schnitte werden so gelegt, daß alle Durchbrüche, Fenster, Türen usw. erkennbar sind.

In den Grundriß des Gebäudes oder des Gebäudeteils wird der **Installationsplan** lagerichtig eingezeichnet.

Für das Zeichnen von Elektroinstallationen gelten vorwiegend folgende Normen:
Schaltungsunterlagen, DIN 40719 Teil 5; Schaltzeichen, DIN 40900, hier hauptsächlich Teil 11.

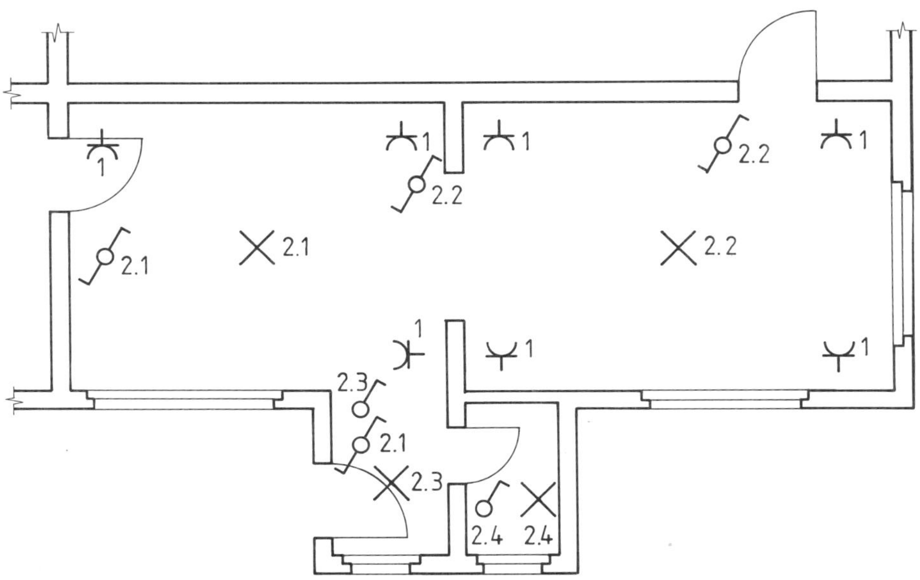

Einige Beispiele:

Ausschalter

Wechselschalter

Serienschalter

Schutzkontaktsteckdose

Infrarot-Strahler

Leuchtenauslaß

(Weitere Beispiele für Schaltzeichen nach DIN 40900 im Normteil dieses Buches.)

In der einfachsten Form zeigt der Installationsplan, wo in den Räumen Schalter, Steckdosen und Anschlüsse für Lampen und Elektrogeräte vorgesehen sind.
(Die Stromkreisnummern in dem Beispiel besagen: Alle Steckdosen sind an den Stromkreis „1" angeschlossen, alle Lampenanschlüsse an den Stromkreis „2". Die Kennziffern zeigen, welche Schalter zu welchem Lampenanschluß gehören.)

Installationsplan mit eingezeichneter Leitungsführung, Art der Leitungen, Zahl der Leiter und Art der Verlegung.

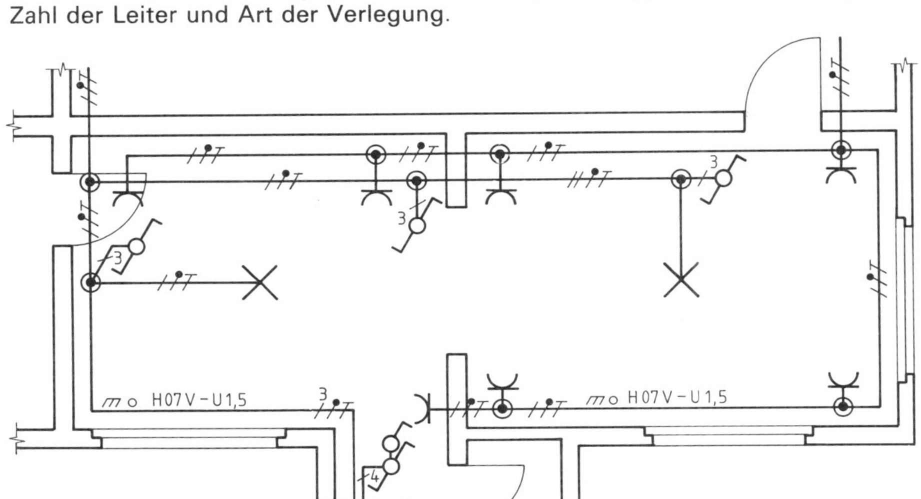

Beispiele für Leiterart und Leiterverlegung:

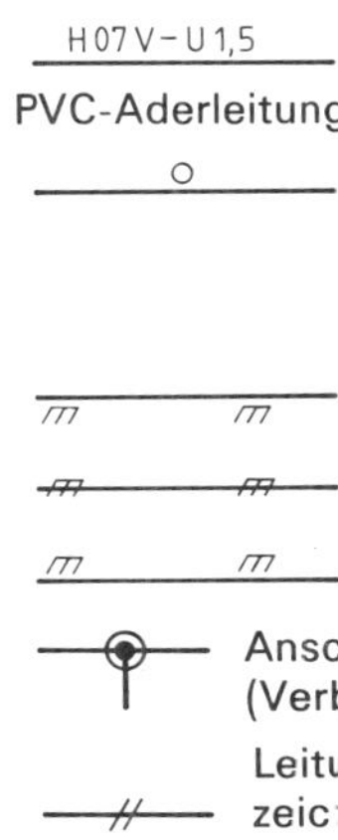

PVC-Aderleitung, ∅ 1,5 mm²

isol. Leiter in Installationsrohr

auf Putz

im Putz

unter Putz

Anschlußdose (Verbindungsdose)

Leitung mit Kennzeichnung der Leiteranzahl

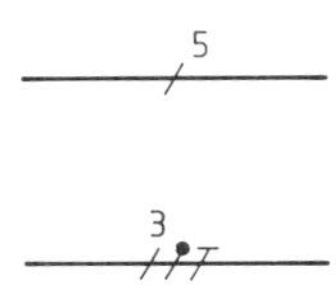

Bei mehr als 2 Leitern kann die Leiteranzahl durch eine entsprechende Zahl an einem Querstrich angegeben werden.

Beispiel mit Kennzeichnung der Leiterarten.

21	**Lampenschaltungen mit Installationsschaltern: Grundriß; Installatinspläne**	Aufgaben Nr. 21.1, 21.2, 21.3 und 21.4

Relais und Schütze sind Schaltgeräte mit elektromagnetischem Antrieb

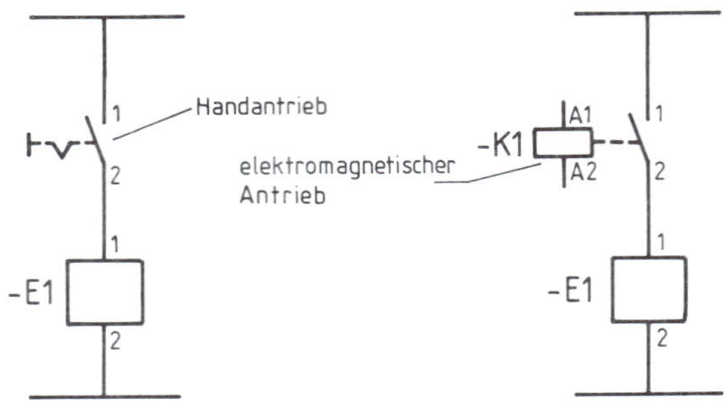

Relais wurden in der Nachrichtentechnik zum Übertragen von Signalen entwickelt.
Schütze wurden in der Energietechnik zum Schalten von Motoren entwickelt.
Heute gibt es zwischen den beiden Schaltgerätearten keine eindeutige Grenze. Es gibt Steuer- und Leistungsrelais und Steuer- und Leistungsschütze.

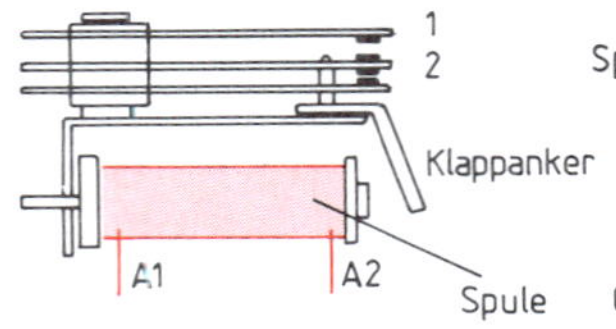

Relais mit Federsätzen

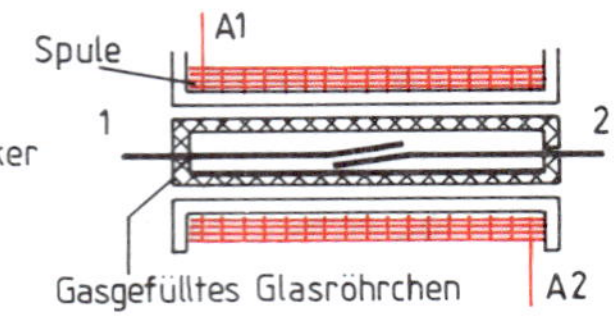

Zungenkontaktrelais (Reed-Relais)

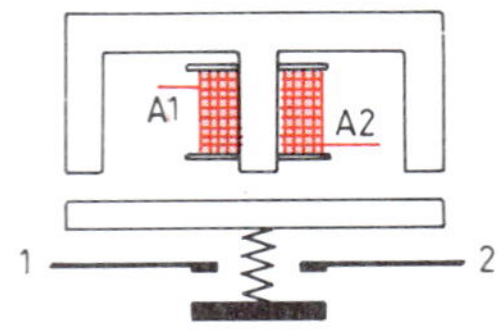

Schütz (Konstruktionsprinzip)

Beispiele für elektromagnetische Antriebe.

Steuerkreis – Leistungskreis

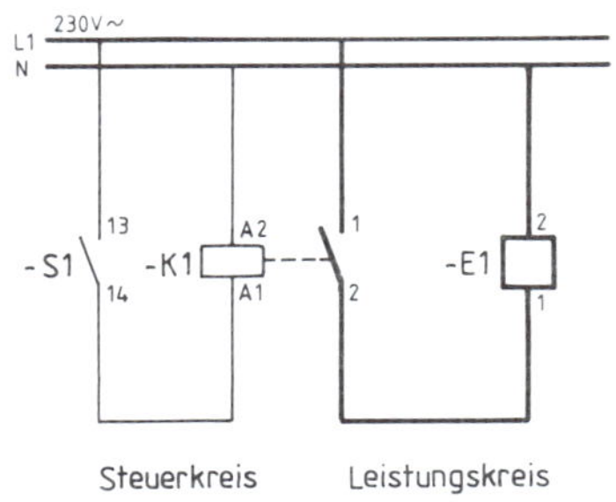

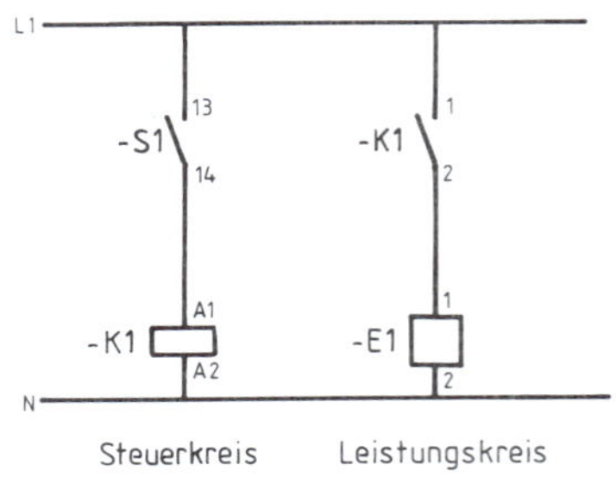

An der Betriebsmittel-Kennzeichnung kann man erkennen, welcher Schaltkontakt zu welcher Relaisspule gehört.

In jeder Relaisschaltung gibt es einen Steuerkreis und einen Leistungskreis. Im Steuerkreis wird die Relaisspule oder Schützspule mit einem Steuerschalter geschaltet.

Steuersicherungen

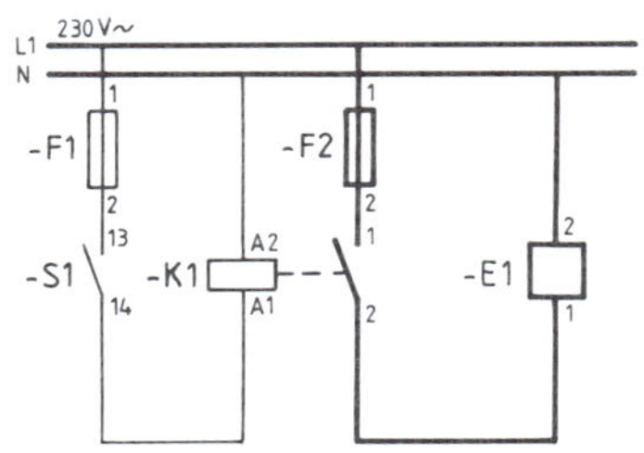

Hier sind Steuerkreis und Leistungskreis separat abgesichert.

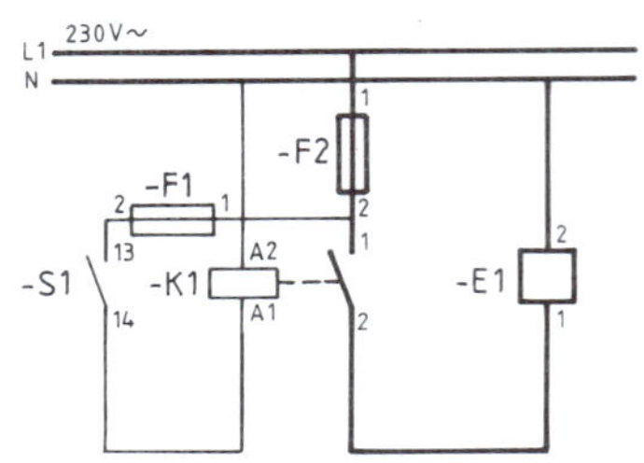

Hier ist die Sicherung im Leistungskreis Hauptsicherung. Mit ihr können beide Kreise zugleich spannungsfrei geschaltet werden.

Kennzeichnung von Steuerkontakten

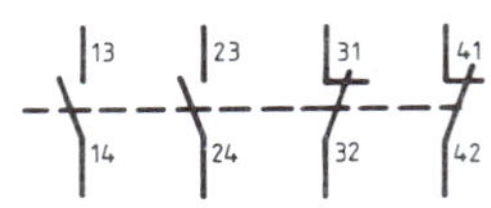

Steuerkontakte werden von links nach rechts fortlaufend nummeriert (1. Ziffer).
Die zweite Ziffer kennzeichnet die Funktion:
1-2 = Öffner,
3-4 = Schließer.

In Motorstromkreisen sind Steuerkreise stets abgesichert

Steuerspannungen

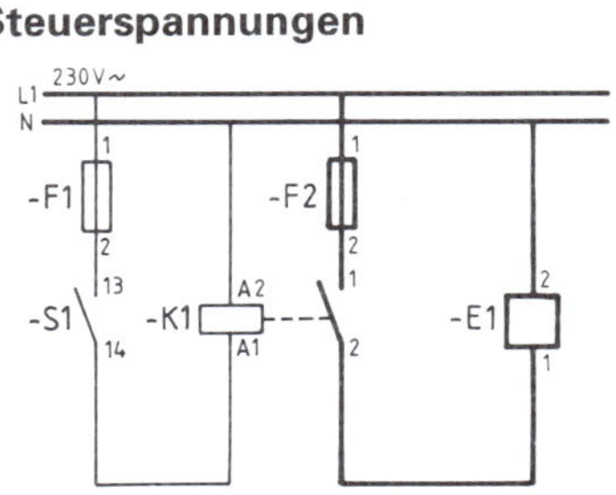

Steuerkreis und Leistungskreis liegen an derselben Spannung.

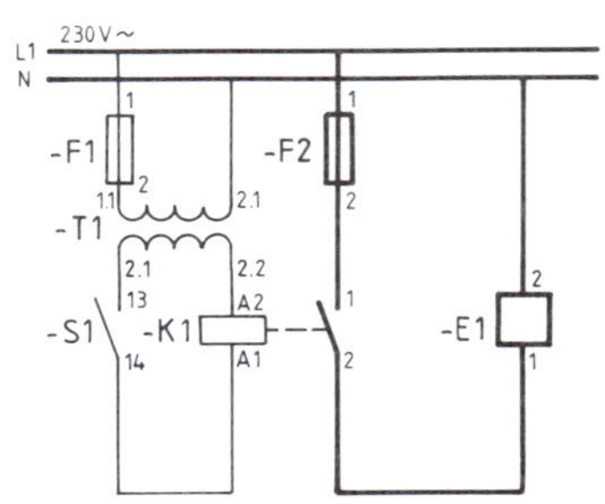

Die Steuerspannung wird von einem Steuertransformator abgenommen.

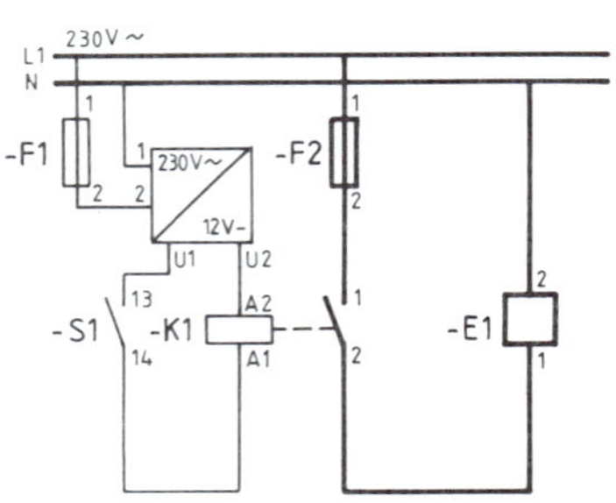

Die Steuerspannung wird von einem Netzgerät abgenommen (Kleinspannung).

22	**Gesteuertes Schalten 1: Relais und Schütze: Steuerkreis und Leistungskreis**	Aufgaben Nr. 22.1 und 22.2

Stellbetrieb und Tippbetrieb

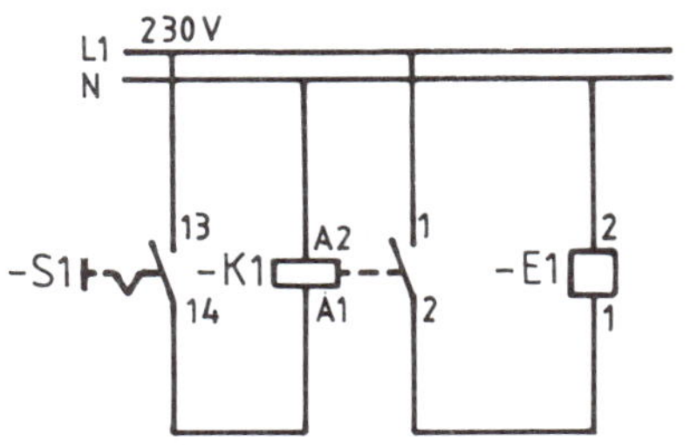

Stellbetrieb

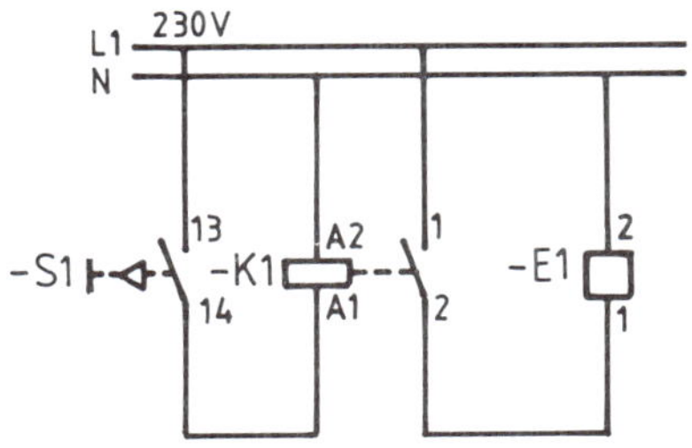

Tippbetrieb

Stellbetrieb
Der Steuerschalter ist ein Stellschalter. Der Steuerkreis hat zwei stabile Schaltzustände: Ein und Aus.

Tippbetrieb
Der Steuerschalter ist ein Testschalter. Der Steuerkreis hat nur einen stabilen Schaltzustand: Aus.

Selbsthaltung: Stellbetrieb mit Tastschaltern

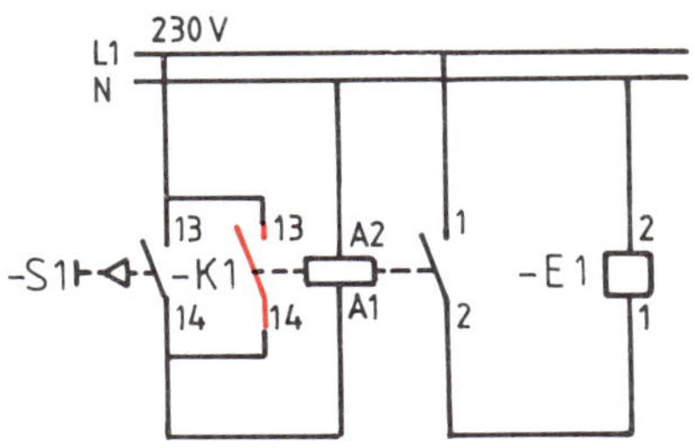

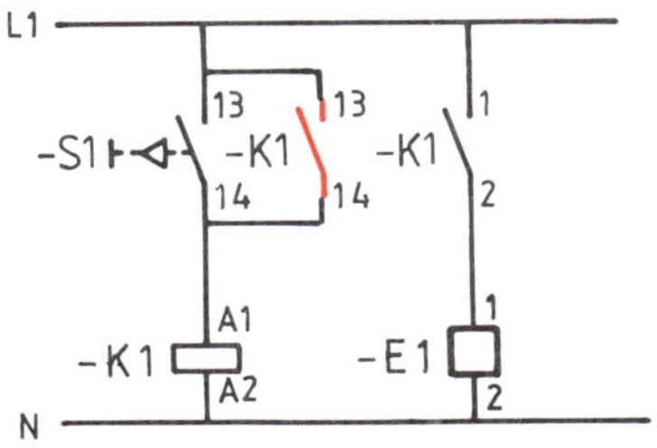

Ein zweiter Schließer am Relais wird dem Eintaster parallel geschaltet. Dieser parallel geschaltete Schließer wird **Selbsthaltekontakt** genannt.

Einschalten

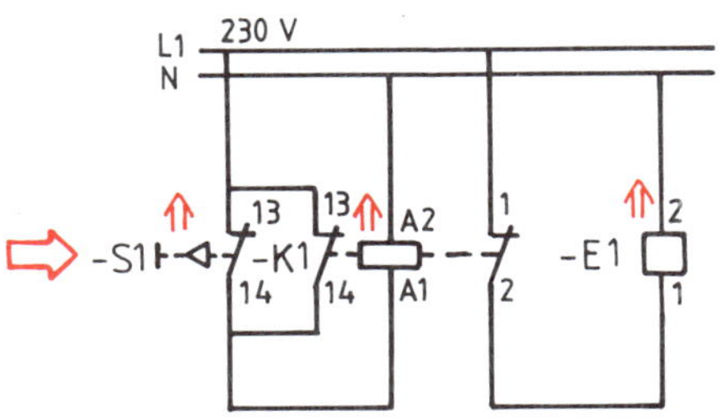

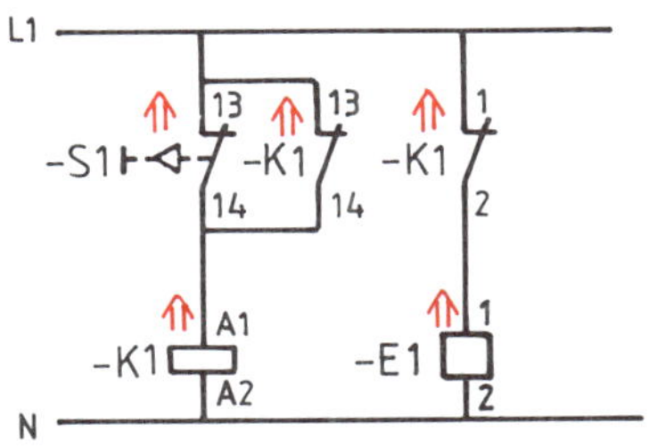

Durch Betätigung des Eintasters wird das Relais eingeschaltet. Das Relais schaltet den Verbraucher ein.

Halten

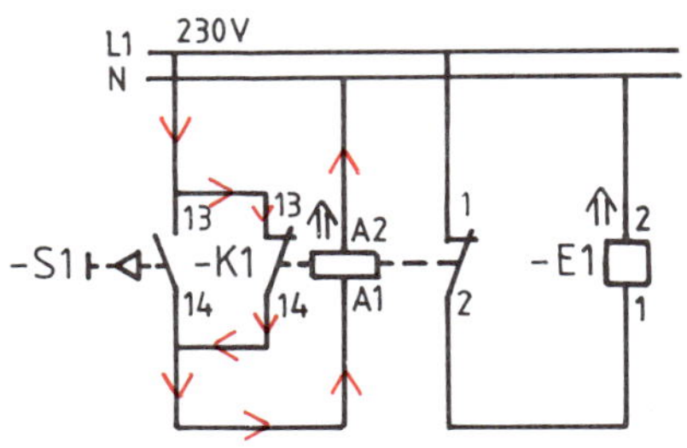

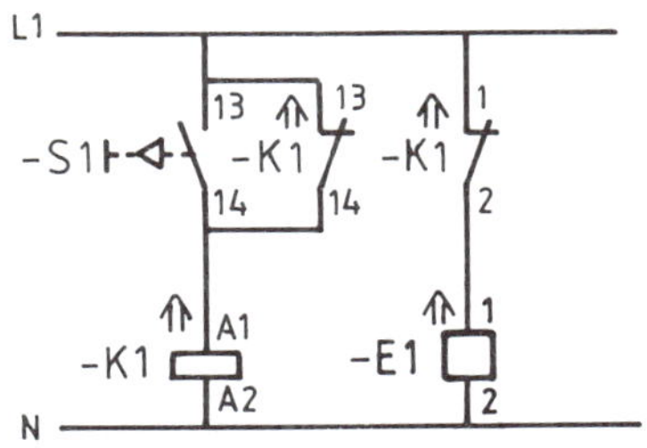

Wird der Eintaster freigegeben, kann das Relais nicht abfallen. Es bleibt über den Selbsthaltekontakt eingeschaltet (es hält sich selbst).

Ausschalten

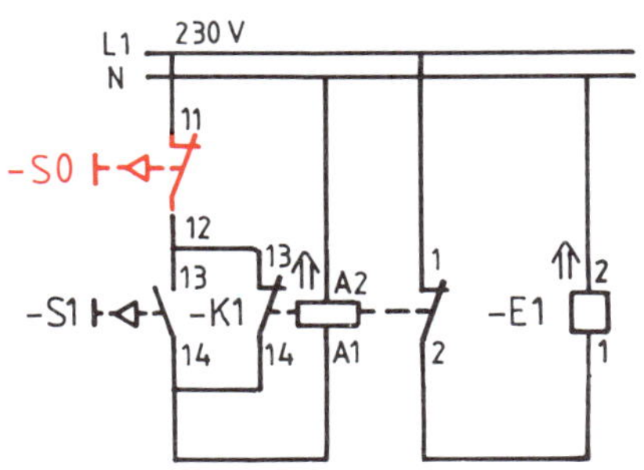

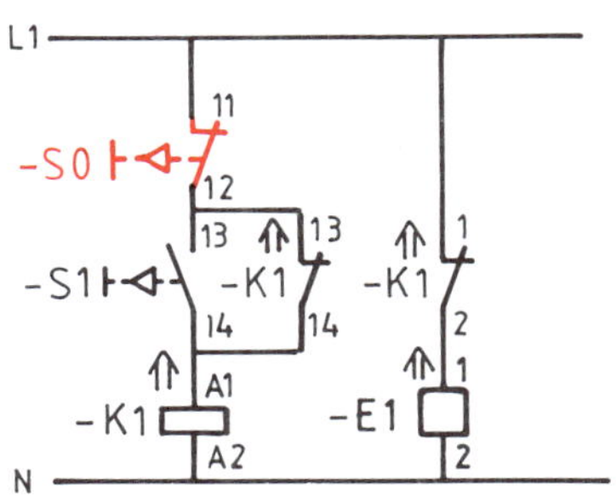

Damit das Relais abgeschaltet werden kann, muß in den Steuerkreis ein zusätzlicher Öffner eingebaut werden.

Wird dieser Öffner betätigt, fällt das Relais ab und der Leistungskontakt K1, 1-2 schaltet die Last ab.

Stromstoßschalter

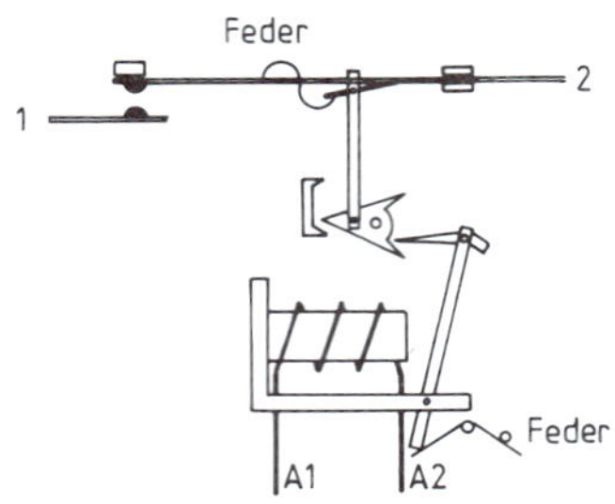

Ein Stromstoßschalter hat zwei stabile Schaltzustände. Bei jedem Schaltimpuls springt er von einem Zustand in den anderen.

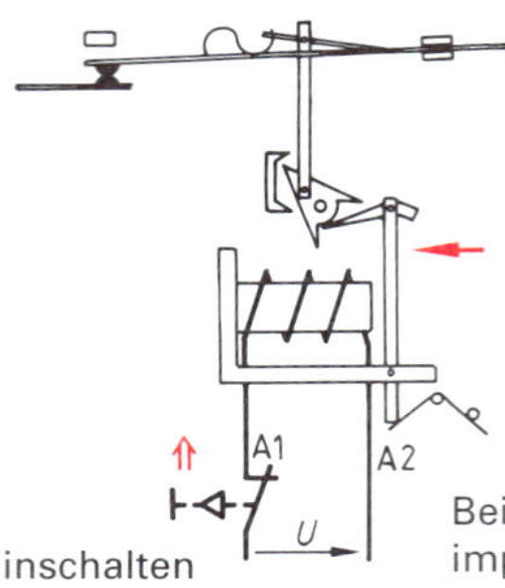

Einschalten

Beim nächsten Schaltimpuls wird ausgeschaltet.

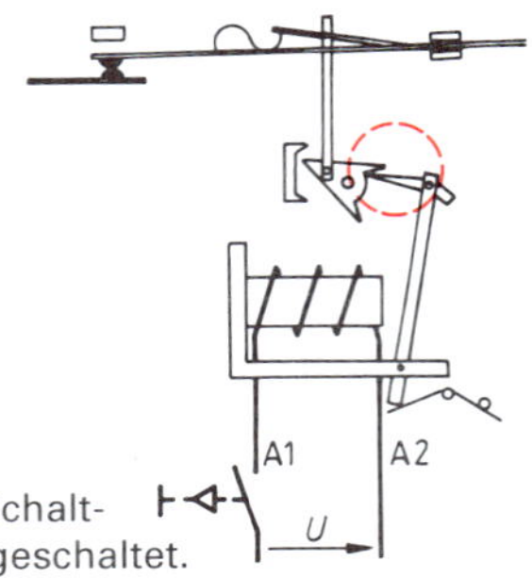

Stromlaufpläne mit lagerichtiger Anordnung der Betriebsmittel

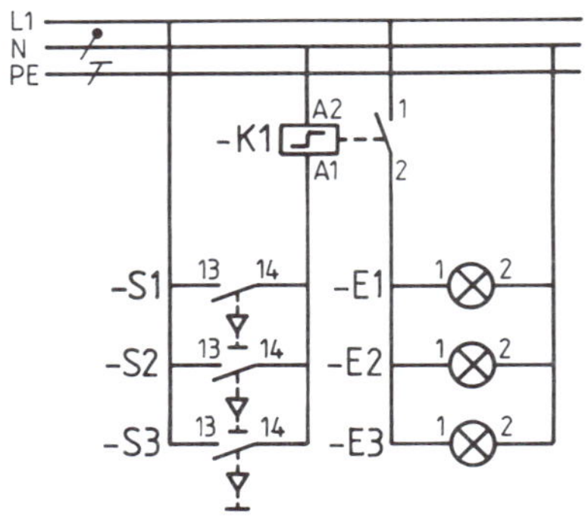

Von beliebig vielen Schaltstellen kann die Lampengruppe jeweils ein- und ausgeschaltet werden.

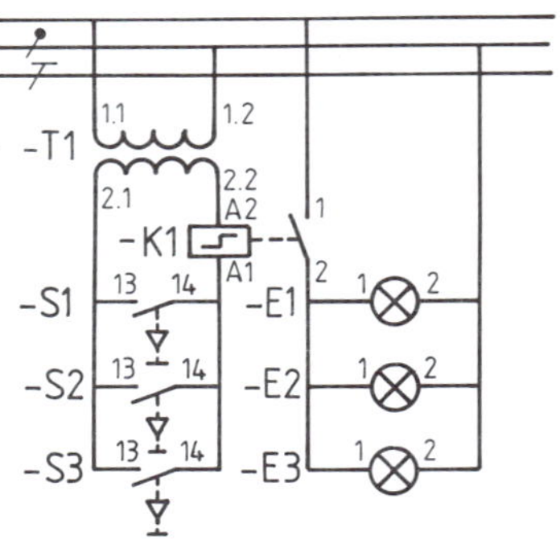

Hier ist die Steuerspannung gleich der Netzspannung.

Hier wird mit Kleinspannung geschaltet.

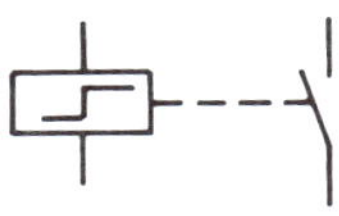

Schaltzeichen: Stromstoßschalter

Treppenlichtzeitschalter mit pneumatischer Verzögerung

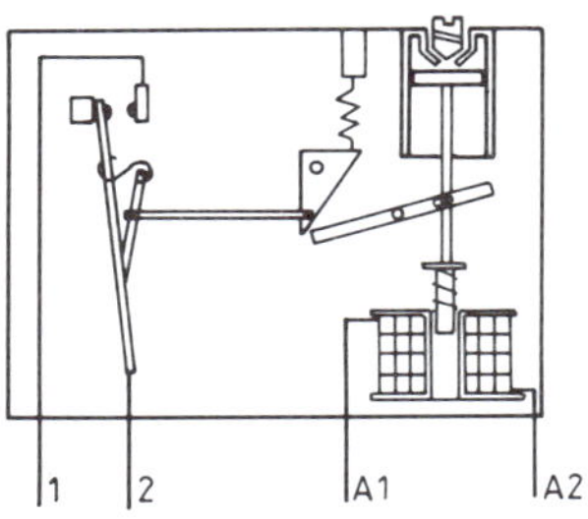

Neben diesem häufig verwendeten pneumatischen Schalter gibt es auch Uhrwerke und elektronische Schalter.

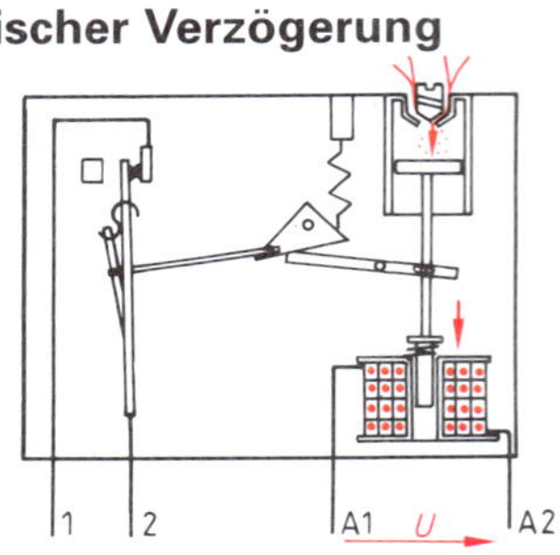

Durch einen Schaltimpuls wird die Magnetspule erregt. Der Eisenkern wird in die Spule gezogen, und der Kolben zieht Luft in den Zylinder. Der Schalter springt in die Ein-Stellung.

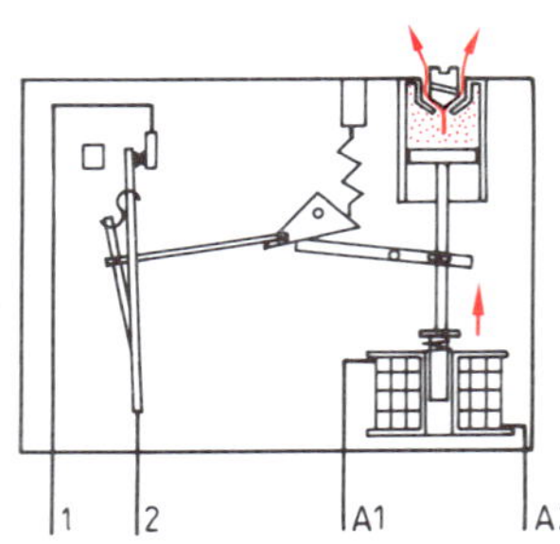

Nach Freigabe des Einschalt-Tasters wird der Kolben durch die Rückstellfeder nach oben gedrückt und die Luft langsam aus dem Zylinder gepreßt. Mit der Schraube am Ausgangsventil kann die Zeit eingestellt werden.

Stromlaufplan mit lagerichtiger Anordnung der Betriebsmittel

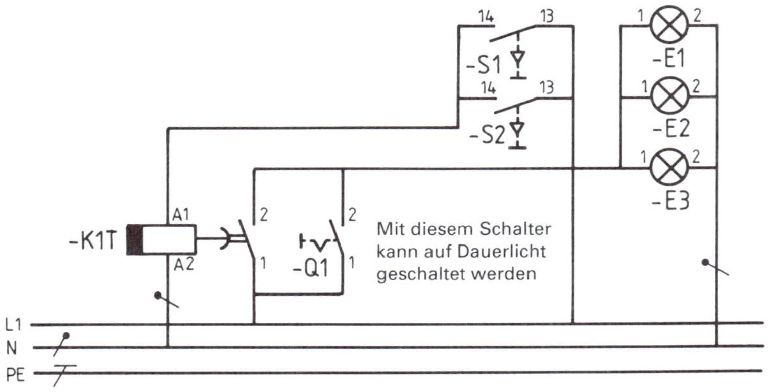

Schaltzeichen

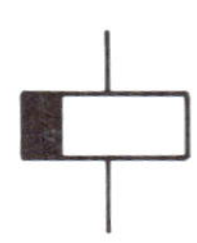

Elektromagnetischer Antrieb mit Abfallverzögerung

Schalter öffnet verzögert

23	**Gesteuertes Schalten 1: Relais für Lampenschaltungen: Stromstoßschalter, Treppenlichtzeitschalter**	Aufgaben Nr. 23.1, 23.2, 23.3 und 23.4

Hörmelder

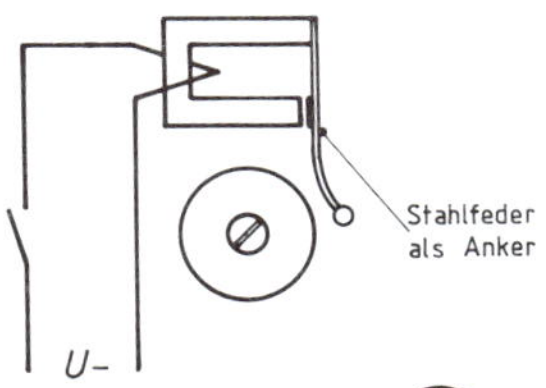

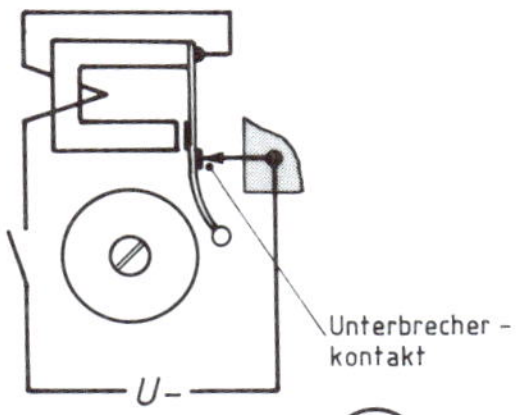

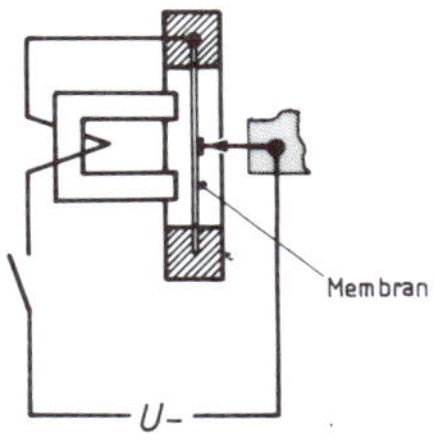

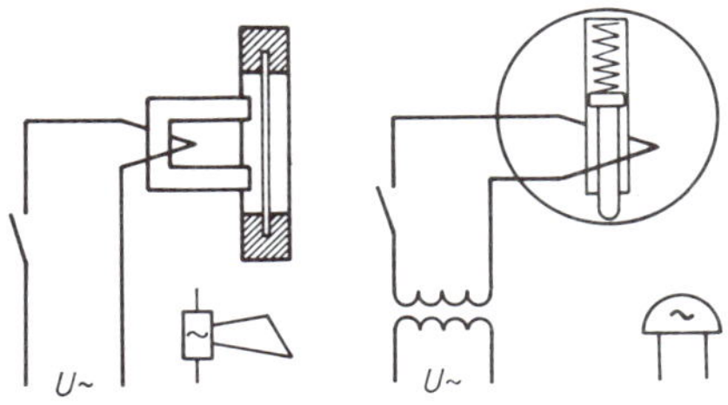

Einschlagwecker 

Bei Erregung der Spule wird der Anker (Federstahl) angezogen. Beim Abschalten schnellt er wieder zurück.

Rasselwecker  **Summer** 

Rasselwecker und Summer haben einen Federkontakt. Wird der Anker oder wird die Federmembran angezogen, wird der Stromkreis unterbrochen. Der Kontakt schließt sich wieder und Anker und Membran werden erneut angezogen usf.

Wechselstromhupe **Wechselstromwecker**

Bei Wechselstromhörmeldern schwingt ein Bolzen oder eine Metallmembran bei erregter Spule in der Frequenz des Wechselstroms.

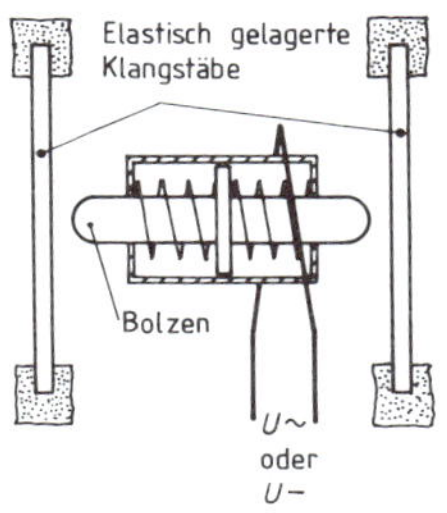

Zweiklang-Gong

Wird die Spule erregt, schwingt der Bolzen nach rechts, wird die Spule abgeschaltet, schwingt der Bolzen nach links.

Türöffner

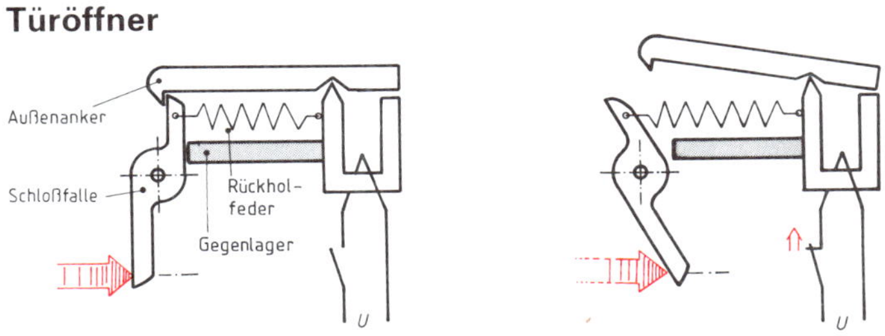

Wenn die Spule erregt wird, gibt der Außenanker die Schloßfalle, die den Türriegel sperrt, frei. Die Türe kann aufgedrückt werden, solange die Spule erregt ist.

Stromversorgungsgeräte

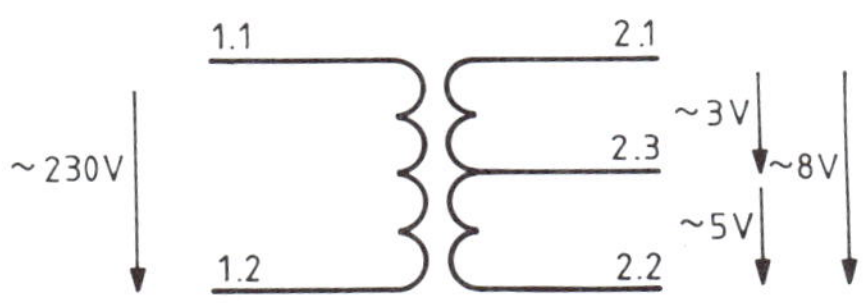

Klingeltransformator

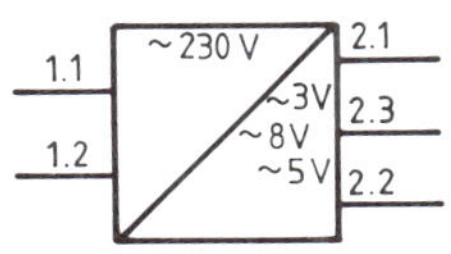

Blockschaltbild:
Klingeltransformator

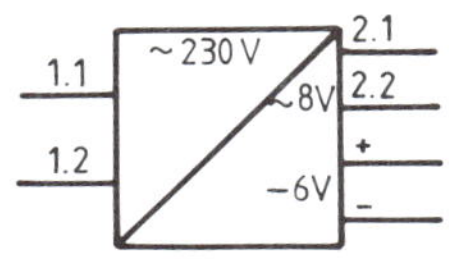

Blockschaltbild:
Netzgerät für Gleich- und Wechselspannung

Signalanlagen werden meist mit Kleinspannung betrieben. Im einfachsten Fall ist das Stromversorgungsgerät ein Klingeltransformator. Für Anlagen mit Gleichspannung enthalten die Netzgeräte zusätzlich Gleichrichter und Glättungsglieder. Blockschaltbilder enthalten keine Information über die Innenschaltung.

Klingelanlage mit Türöffner

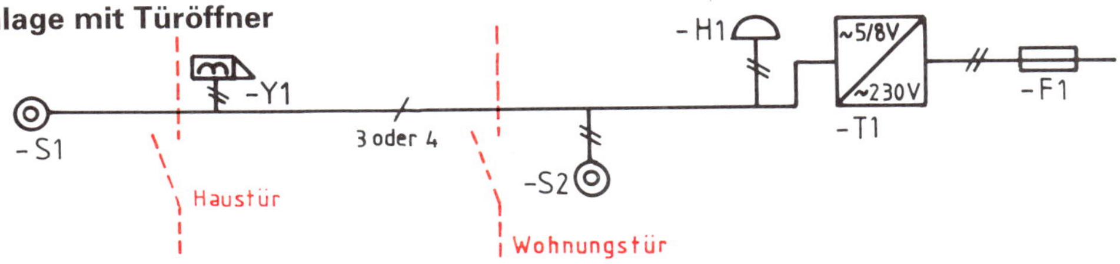

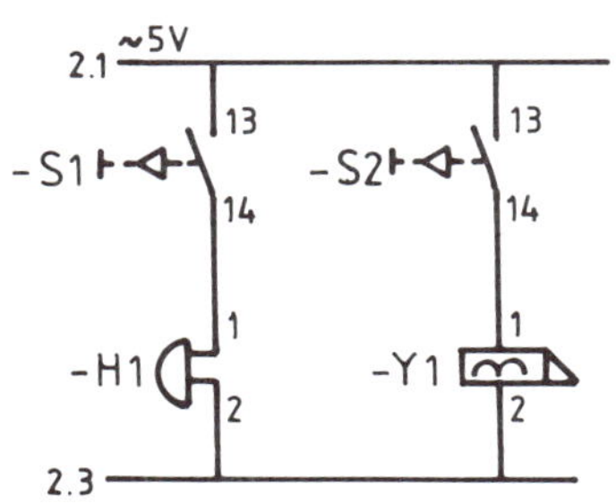

Bei dieser Schaltung werden zwischen Wohnungstür und Haustür vier Leiter benötigt.

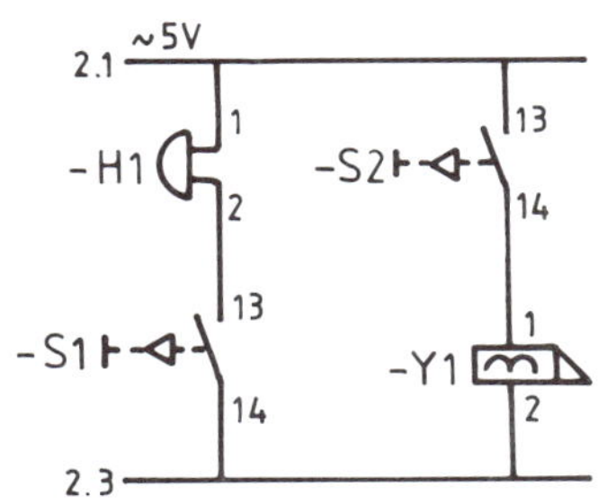

Bei dieser Schaltung werden zwischen Wohnungstür und Haustür nur drei Leiter benötigt. Diese Schaltung ist nur bei Kleinspannung zulässig.

Verdrahtungspläne haben **nicht** die Aufgabe, darüber zu informieren, wie eine Schaltung funktioniert, sondern wie die Anschlußstellen in einer elektrischen Anlage miteinander verbunden sind. Es gibt drei Arten von Verdrahtungsplänen: den Geräteverdrahtungsplan, den Verbindungsplan und den Anschlußplan.

Der Unterschied zwischen diesen Plänen soll am Beispiel einer Signalanlage deutlich gemacht werden.

Wirkungsweise einer Signalanlage zur Drucküberwachung

Aufbau

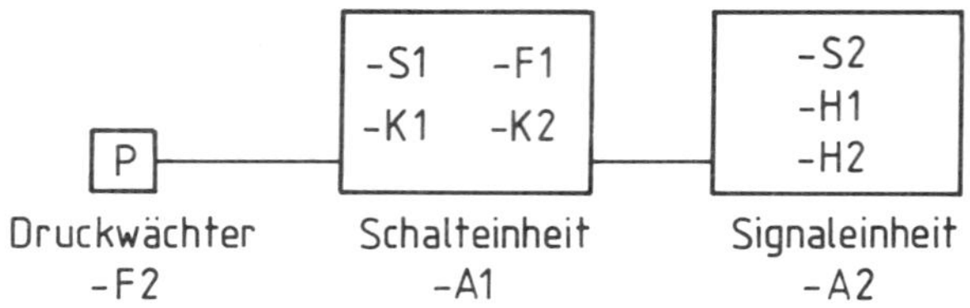

Stromlaufplan

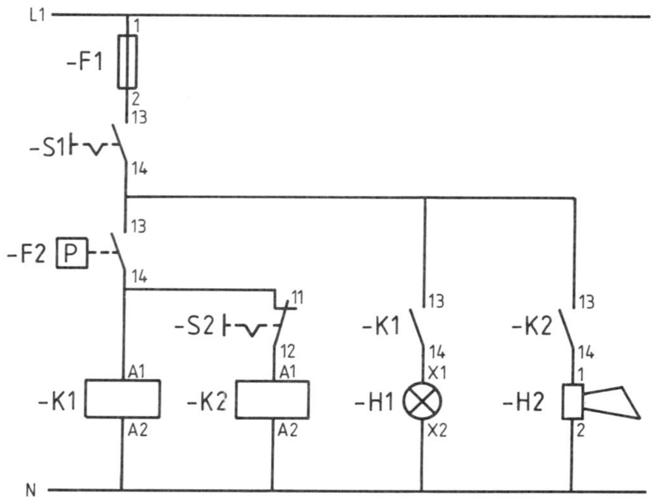

Der Druckwächter F2 mißt den Druck im Druckgefäß. Übersteigt der Druck den Grenzwert, so werden in der Schalteinheit A1 beide Relais eingeschaltet. In der Signaleinheit A2 geben Sicht- und Hörmelder Alarm. Mit dem Schalter S2 kann der Hörmelder abgeschaltet werden. Mit dem Schalter S1 wird die Anlage betriebsbereit geschaltet.

Beispiele: Geräteverdrahtungspläne für die Schalteinheit – A1:

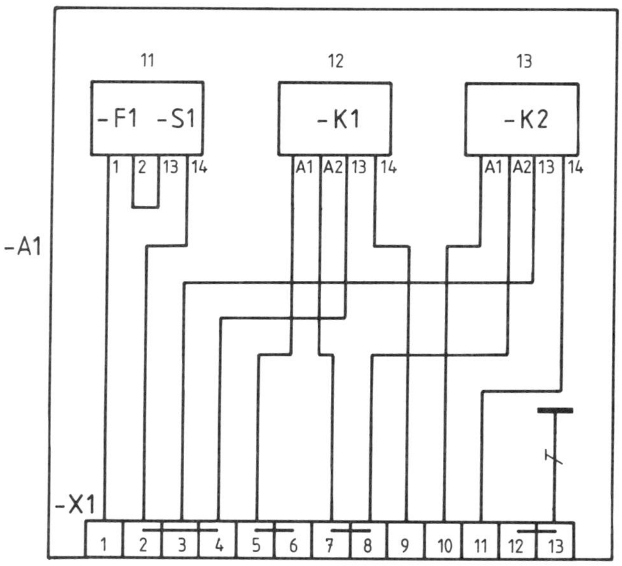

oder :

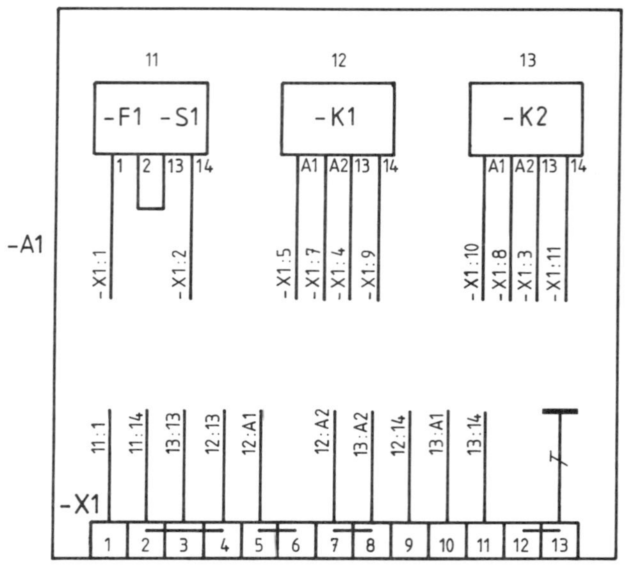

Nach IEC 113, Teil 6 enthalten Geräteverdrahtungspläne alle Informationen über die elektrischen **Innenverbindungen.**
Die Betriebsmittel werden in ungefähr lagerichtiger Anordnung dargestellt.

Werden die Leitungen nicht ausgezeichnet, so wird an jede Leitung das Ziel geschrieben. Der Doppelpunkt bedeutet Anschluß.

Beispiel:
Die Angabe 11:14 bedeutet: Die Leitung geht zum Betriebsmittel 11 an den Anschluß 14.

25	**Verdrahtungpläne: Geräteverdrahtungsplan, Verbindungsplan, Anschlußplan**	Aufgaben Nr. 25.1 und 25.2

Beispiele für Verbindungspläne

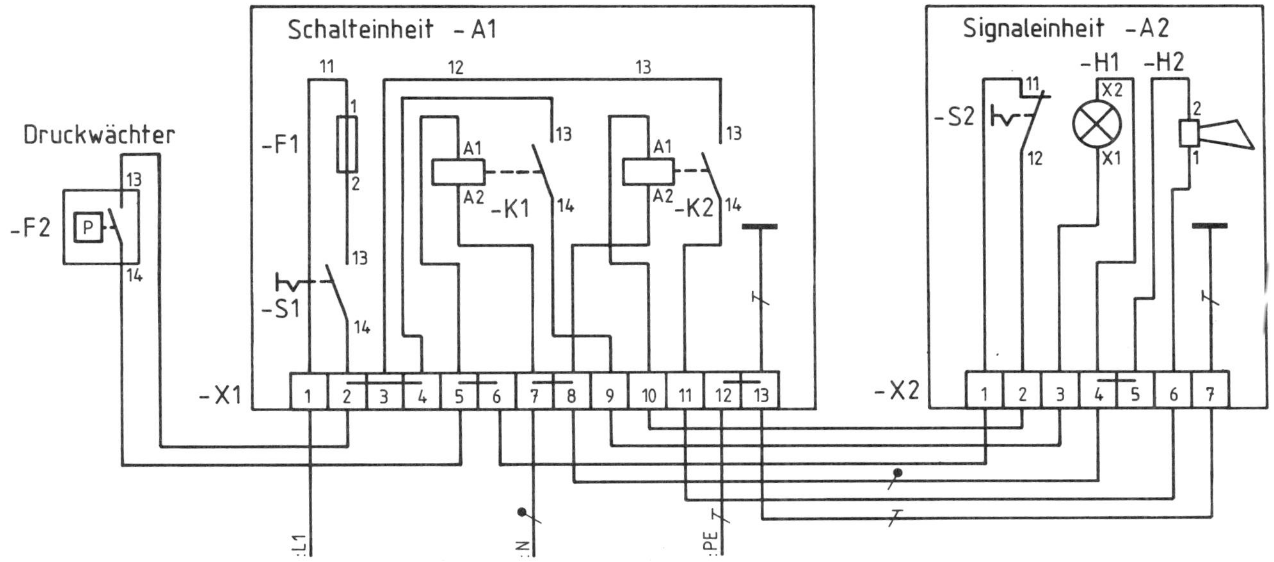

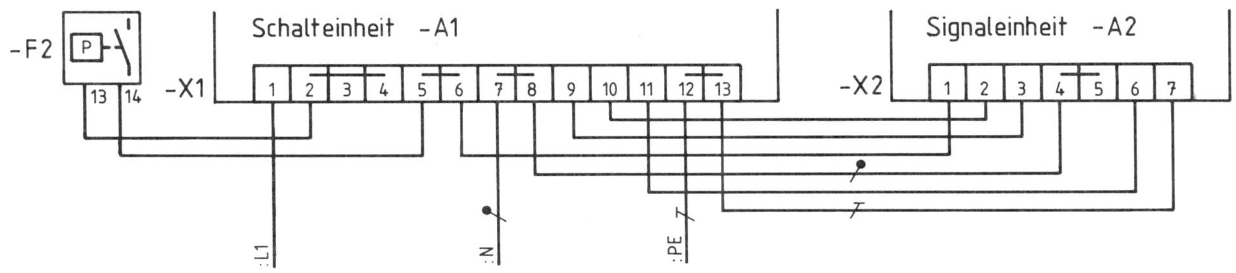

oder

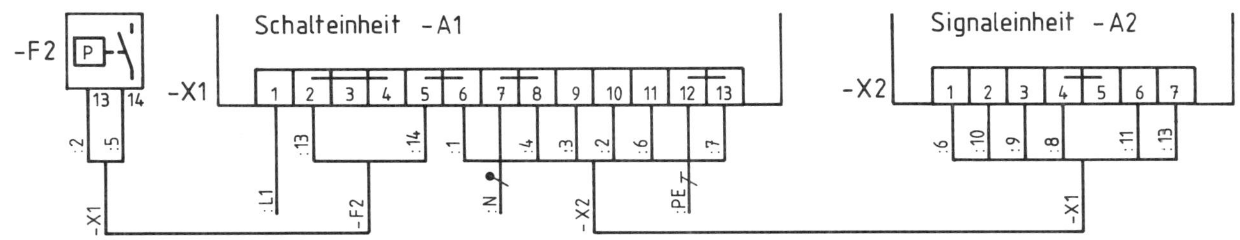

Nach DIN IEC 113, Teil 5 enthalten Verbindungspläne die Informationen über **elektrische Außenverbindungen.** Leitungen, die zum gleichen Gerät gehen, können durch nur eine Linie dargestellt werden. Durch Zielbezeichnungen an den Einzelleitern und den Sammelleitungen wird der Verbindungsplan sehr übersichtlich. Falls erforderlich, können Angaben wie z. B. Funktion, Querschnitt, Länge, Nennspannung usw. an die Leiter geschrieben werden.

Beispiele für Anschlußpläne

Nach DIN 40719, Teil 9 enthalten Anschlußpläne die Informationen über den Anschluß der inneren **und** äußeren elektrischen Verbindungen.

Auch im Anschlußplan können zusätzliche Angaben (wie Querschnitt u. ä.) an die Leiter geschrieben werden.

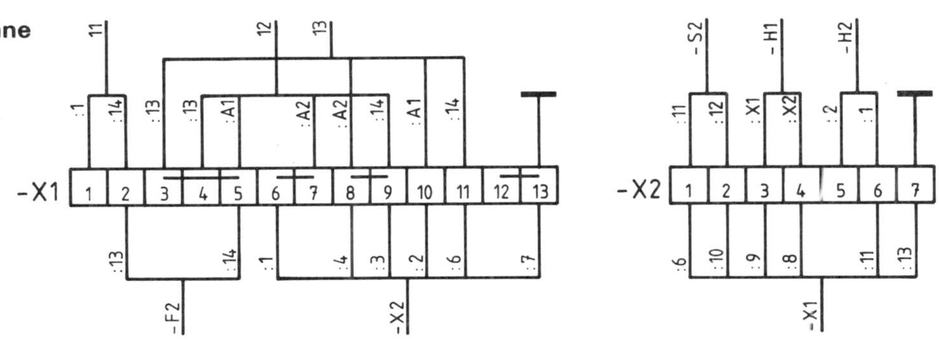

Anschlußpläne der Klemmleisten X1 und X2 der beiden Geräte: Schalteinheit A1 und Signaleinheit A2

25

Verdrahtungpläne: Verbindungsplan und Anschlußplan einer Meldeanlage

Aufgaben 25.1 und 25.2

Direktes und gesteuertes Schalten

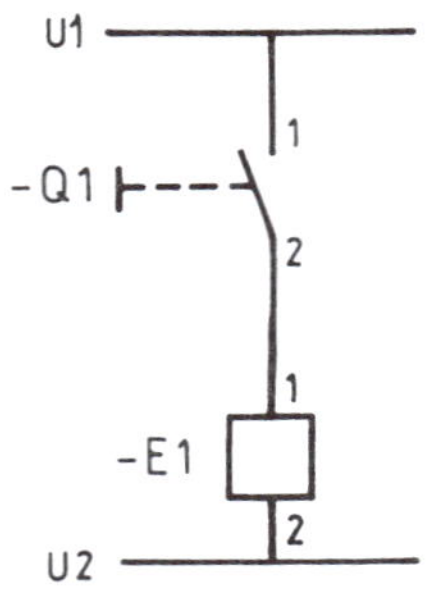

Beim direktem Schalten wird der Lastschalter direkt betätigt.

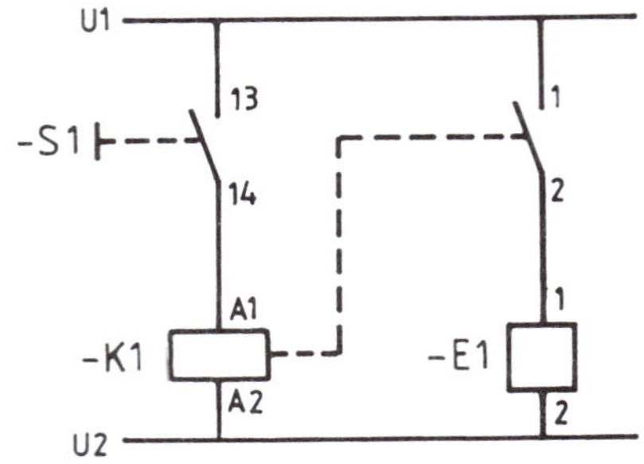

mechanisches Schalten mit Relais

Beim gesteuerten Schalten werden die Lastschalter nicht direkt betätigt, sondern mit Steuerschaltern angesteuert.

Der Transistor als gesteuerter elektronischer Schalter

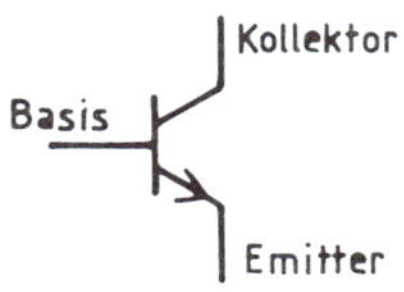

NPN-Transistor

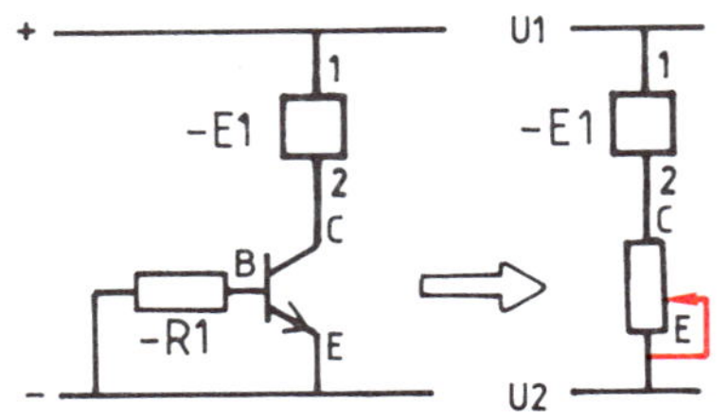

Wird die Basis eines NPN-Transistors mit dem Minuspol der Spannungsquelle verbunden (R1 ist ein Schutzwiderstand), ist er nicht angesteuert. Der Widerstand zwischen C und E ist dann sehr hoch.

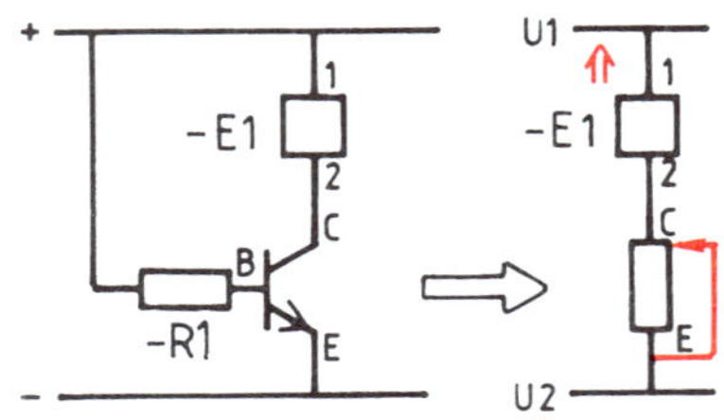

Wird die Basis eines NPN-Transistors mit dem Pluspol der Spannunsquelle verbunden, dann ist er durchgesteuert. Der Widerstand zwischen C und E ist dann sehr klein, und die Last ist eingeschaltet.

Mechanisches und elektronisches Schalten

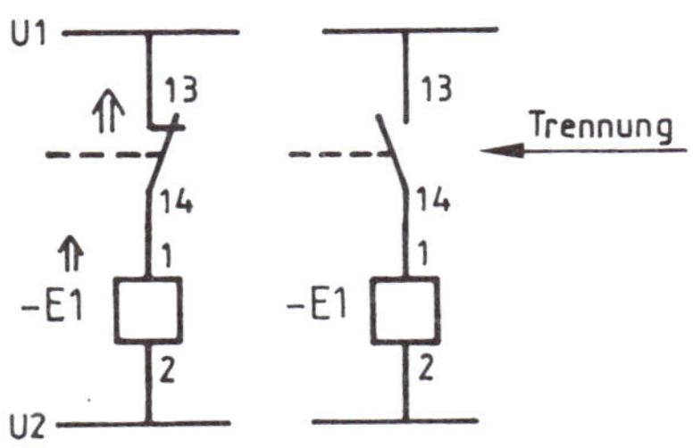

Beim mechanischen Schalten wird beim Abschalten der Stromweg mechanisch unterbrochen. Die Last ist galvanisch vom Netz getrennt.

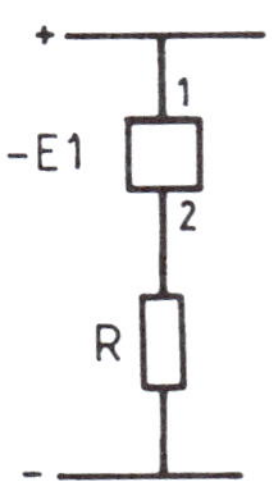

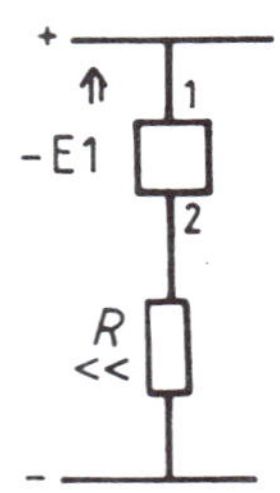

Der Reihenwiderstand ist sehr klein, die Last eingeschaltet.

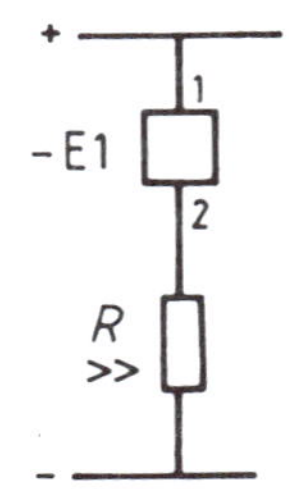

Der Reihenwiderstand ist sehr groß, die Last ist ausgeschaltet.

Beim elektronischen Schalten wird die Last durch die Veränderung eines Reihenwiderstandes ein- und ausgeschaltet. Die Last ist deshalb nicht galvanisch vom Netz getrennt.

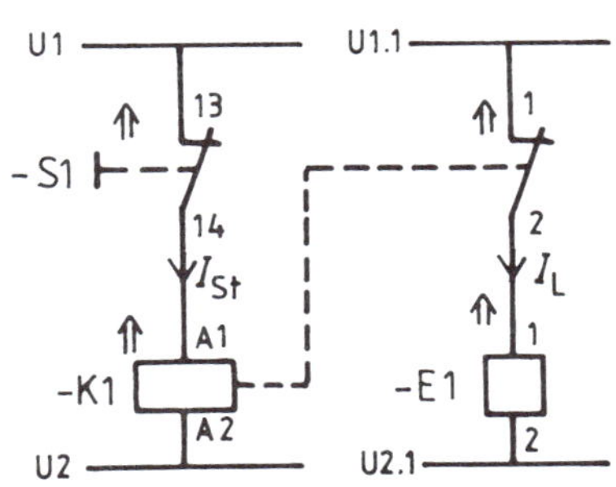

Beim mechanischen Schalten können Steuerstrom und Laststrom galvanisch getrennt (entkoppelt) werden.

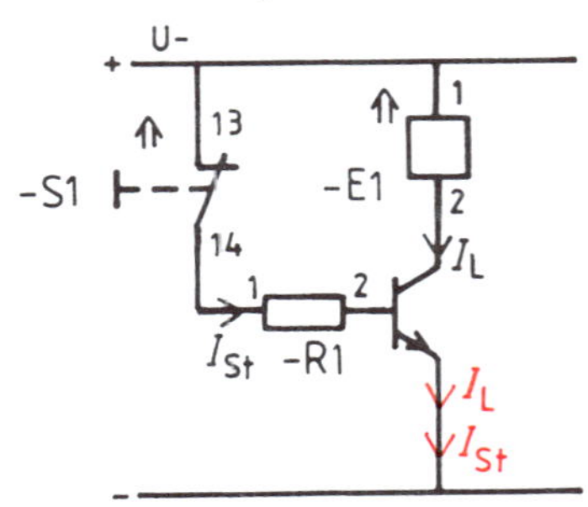

Beim elektronischen Schalten sind Steuer- und Laststrom nicht voneinander galvanisch getrennt.

Das gesteuerte Schalten hat gegenüber dem direkten Schalten viele technische Vorteile. So kann z. B., wenn Betriebsort und Schaltort weit auseinander liegen, trotzdem mit geringen Leitungsverlusten geschaltet werden.
Ein weiterer wichtiger Vorteil ist, daß große Lasten mit kleinen und kleinsten Schaltsignalen geschaltet werden können.

1. Schalten über große Entfernungen mit geringem Energieverlust

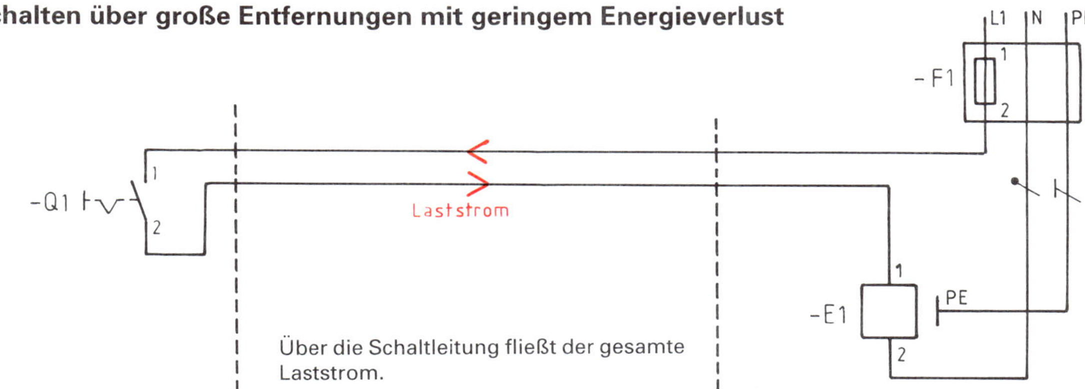

Über die Schaltleitung fließt der gesamte Laststrom.

Nachteile: großer Querschnitt (hoher Materialeinsatz), große Energieverluste auf der Leitung.

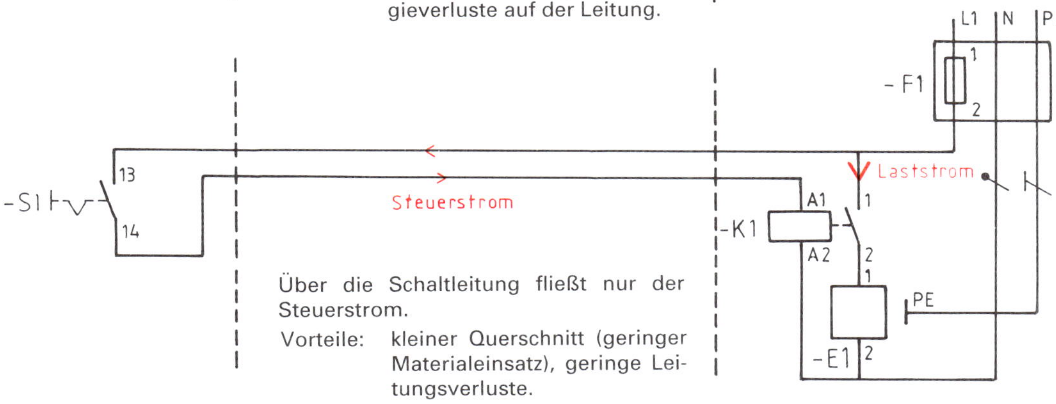

Über die Schaltleitung fließt nur der Steuerstrom.

Vorteile: kleiner Querschnitt (geringer Materialeinsatz), geringe Leitungsverluste.

2. Schalten mit kleinen Schaltsignalen (Relais als Schaltverstärker)

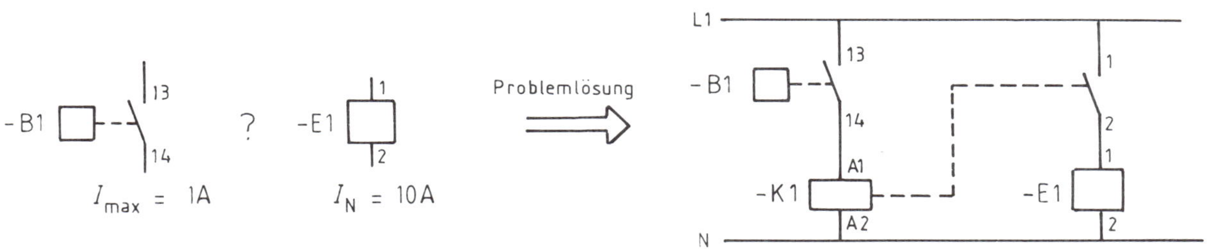

Problem:
Häufig tritt das Problem auf, daß die Schaltleistung eines Schaltgerätes zu gering ist, um die Last schalten zu können.

Das Schaltgerät mit der geringen Schaltleistung schaltet die Relaisspule. Der Leistungskontakt des Relais schaltet die Last. Das Relais wirkt als Schaltverstärker.

3. Schalten mit sehr kleinen Schaltsignalen (Elektronische Schaltverstärker)

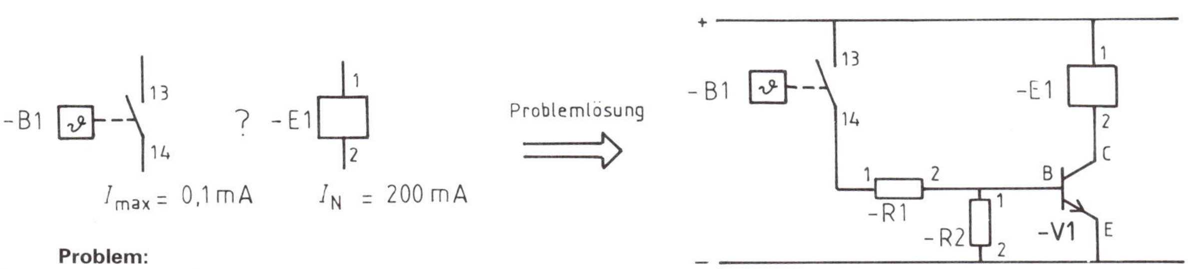

Problem:
Der Temperaturfühler hat eine so geringe Schaltleistung, daß er kein Relais ansteuern kann.

Das Schaltgerät mit der sehr kleinen Schaltleistung schaltet den Transistor. Der Transistor schaltet die Last. Der Transistor wirkt als Schaltverstärker.

26	**Gesteuertes Schalten 2: Schalten über große Entfernungen, Schaltverstärker**	Aufgaben Nr. 26.1 und 26.2

Wirkungsweise und Gehäuseformen von Dioden

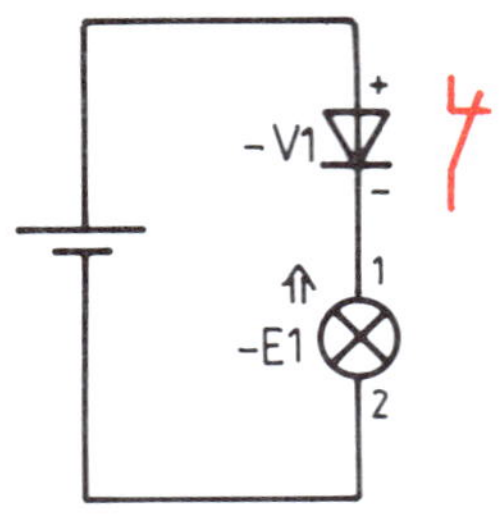

Eine Diode in Durchlaßrichtung gepolt, wirkt wie ein geschlossener Schalter.

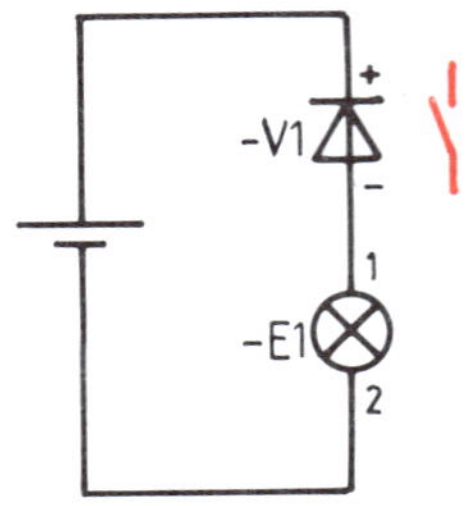

Eine Diode in Sperrrichtung gepolt, wirkt wie ein offener Schalter.

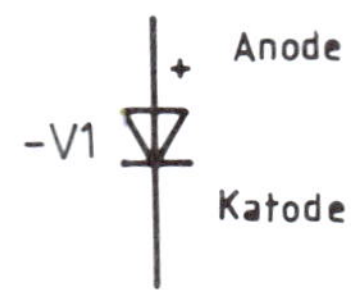

Eine Diode ist in Durchlaßrichtung gepolt, wenn die Anode am Pluspool liegt.

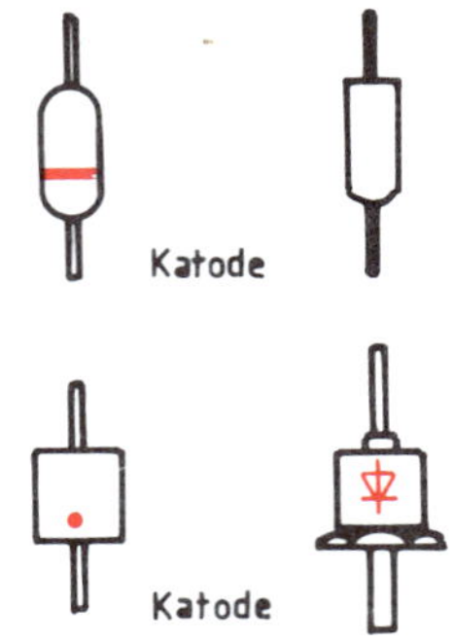

Gehäuseformen

Diodenkennlinie (vereinfachte Darstellung)

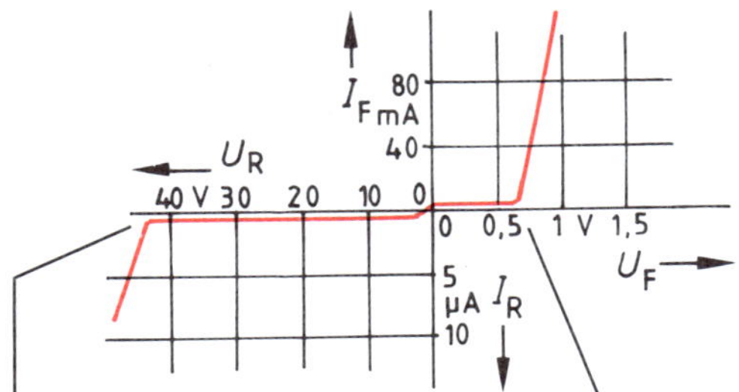

Durchbruch
Die Diode verliert ihre Sperrwirkung.
Die meisten Dioden werden in diesem Betriebszustand zerstört.

Schleusenspannung
Bis zu dieser Spannung leitet die Diode auch in Durchlaßrichtung nicht.

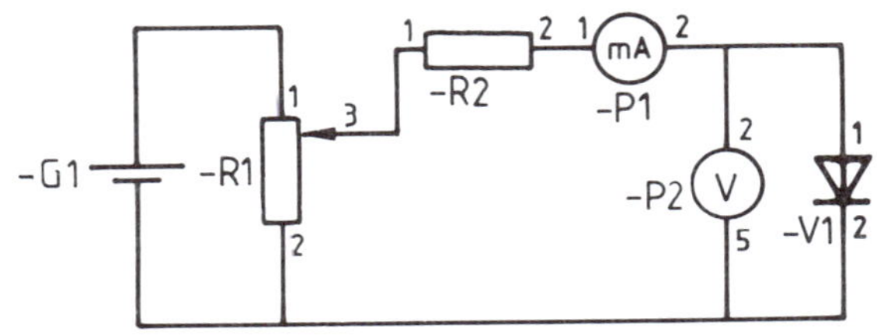

Messen der Vorwärts-(Durchlaß) Kennlinie

U_F Vorwärtsspannung
I_F Vorwärtsstrom

F = forward, engl. – vorwärts
R = reverse, engl. – rückwärts

Schaltbeispiele

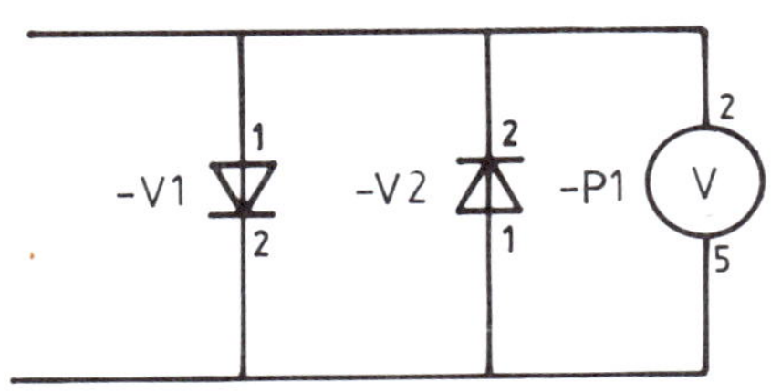

Dioden-Schutz für Meßwerke
Die Spannung am Meßwerk kann nie größer werden als die Schleusenspannung (bei Silizium-Dioden 0,6–0,7 V).

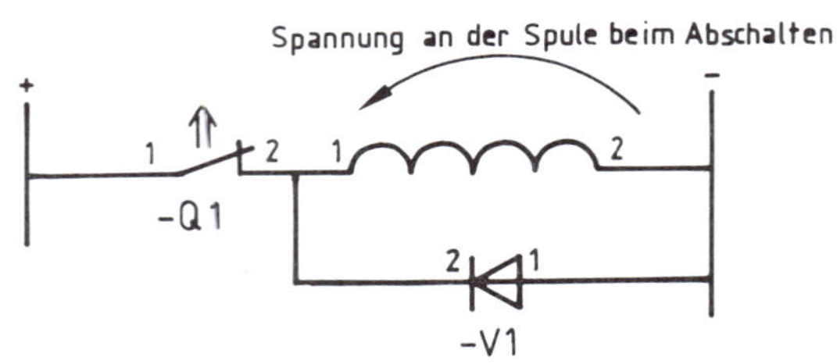

Schutz-Diode für den Schalter (Freilaufdiode)
Wenn der Schalter geöffnet wird, bricht in der Spule das Magnetfeld zusammen. Hierdurch entsteht eine hohe Spannung (Induktionsspannung). Damit diese Spannung für den Schalter nicht gefährlich wird, wird sie durch die Diode kurzgeschlossen.

Entkopplung von Steuerbefehlen
Verbindet der Steuerschalter S1 die Anschlüsse 1-2, dann schaltet Relais K2.
Verbindet der Steuerschalter 1-4, dann schaltet das Relais K1.

27	**Gesteuertes Schalten 2: Schaltdioden**	Aufgaben Nr. 27.1 und 27.2

Z-Diode

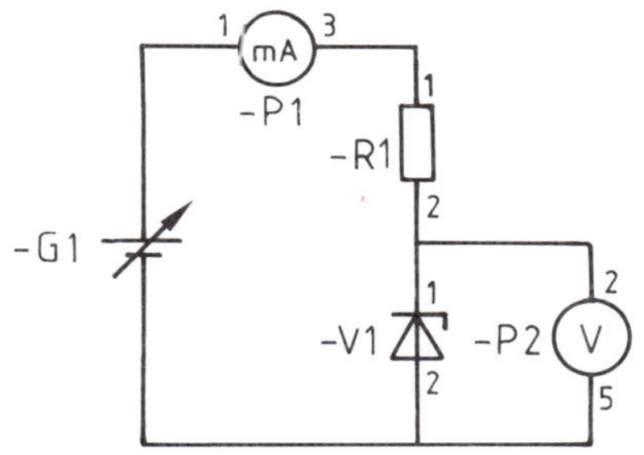

V1 : Z-Diode mit U_Z = 12 V

Wird in der nebenstehenden Schaltung die Spannung von 0 V an hochgeregelt, dann fließt so lange kein Strom bis der Spannungsmesser 12 V anzeigt. Bei dieser Spannung bricht die Diode durch, d. h. sie geht aus dem hochohmigen Zustand in den niederohmigen über. Eine Z-Diode wird bei diesem Zustand nicht zerstört. Wird nun die Spannung an G1 weiter erhöht, dann erhöht sich auch die Stromstärke, die Spannung an der Z-Diode bleibt aber nahezu konstant. Mit zunehmender Stromstärke sinkt der Widerstand der Z-Diode. Deshalb fällt der Betrag um den die Spannung an G1 erhöht wurde an dem Widerstand R1 ab.

U_Z ist die Spannung bei der eine Z-Diode ihre Sperrwirkung verliert.

Kennlinie (vereinfacht)

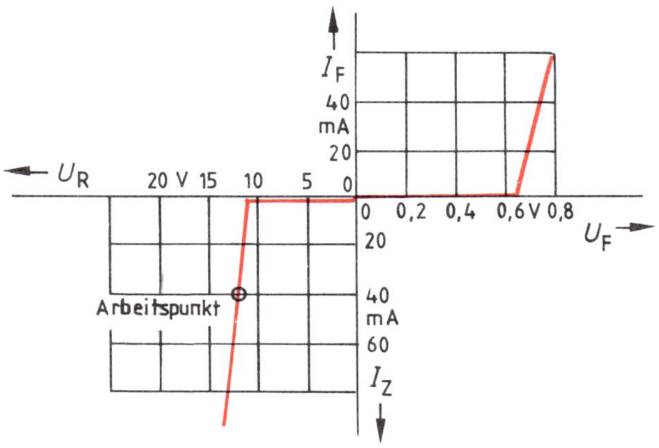

Spannungsstabilisierung

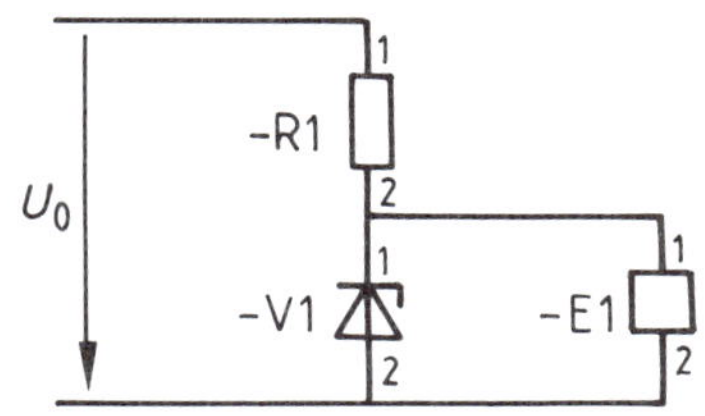

Ist U_0 so hoch, daß die Diode die Arbeitspunktwerte in der nebenstehenden Kennlinie hat, dann liegt die Last E1 an 13 V.
Schwankt nun die Spannung U_0 um einige Volt nach oben oder nach unten, dann bleibt die Spannung an E1, bis auf kleine Abweichungen, bei 13 V.

Leuchtdioden (LED = Lichtemittierende Dioden)

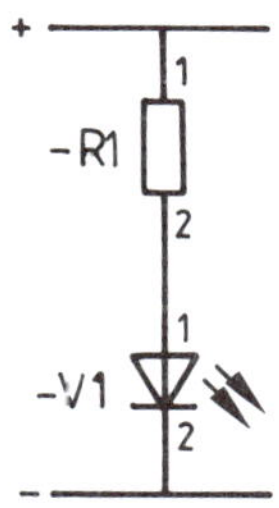

Leuchtdioden (LED) leuchten, wenn sie in Vorwärtsrichtung (Durchlaßrichtung) betrieben werden.

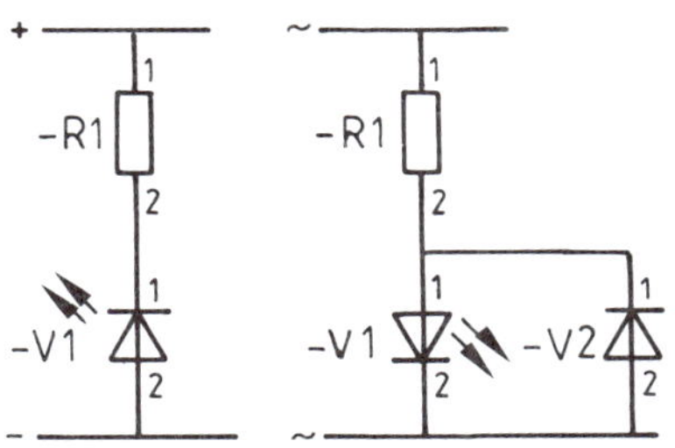

In Sperrichtung betrieben, bleiben LED dunkel.
Da sie eine geringe Rückwärtsspannung (Sperrspannung) (3 V) haben, müssen sie im Wechselstrombetrieb durch eine Diode geschützt werden.

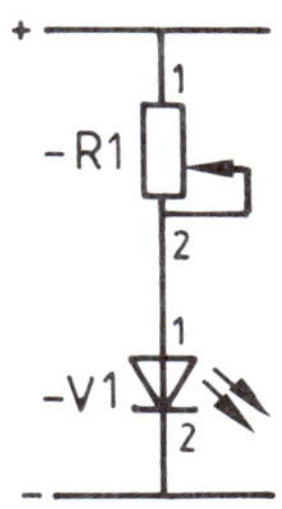

Die Helligkeit einer LED hängt von der Stromstärke ab. Deshalb kann die Helligkeit mit dem Potentiometer eingestellt werden.
Die Stromstärken liegen zwischen 2 mA und 60 mA.

Kennlinie (vereinfacht)

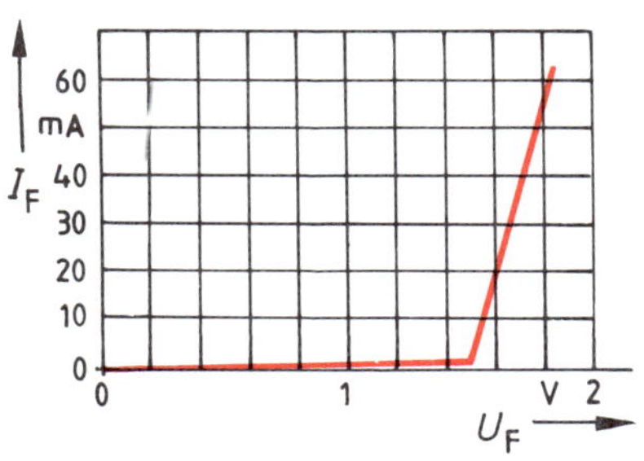

Für jeden LED-Typ gibt es eine spezifische Kennlinie.

Bestimmen des Vorwiderstandes

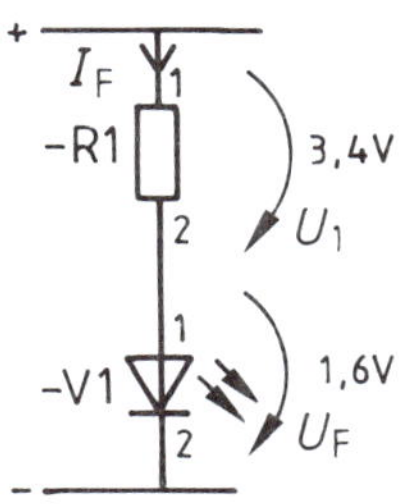

1. Bestimmen der Helligkeit durch die Wahl der Stromstärke. Hier nimmt man meist Erfahrungswerte, zum Beispiel 20 mA.
2. Ermittlung der Diodenspannung anhand der Kennlinie. Die Diodenspannung beträgt 1,6 V bei 20 mA.
3. Bestimmen des Spannungsfalls am Vorwiderstand. Bei einer Betriebsspannung von 5 V fallen am Vorwiderstand 3,4 V ab.
4. Ausrechnen des Vorwiderstandes.

$$R_1 = \frac{U_1}{I_F} = \frac{3{,}4\ \text{V}}{20\ \text{mA}} = 170\ \Omega$$

Sensoren wandeln Änderungen nichtelektrischer Größen in Änderungen elektrischer Größen um. Sie haben in der modernen Technik eine große Bedeutung.

Fotodioden

Änderungen in der Beleuchtungsstärke führen zu Änderungen in der Stromstärke.

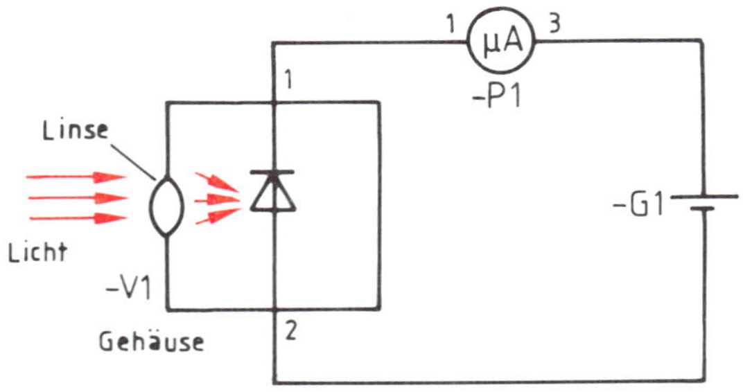

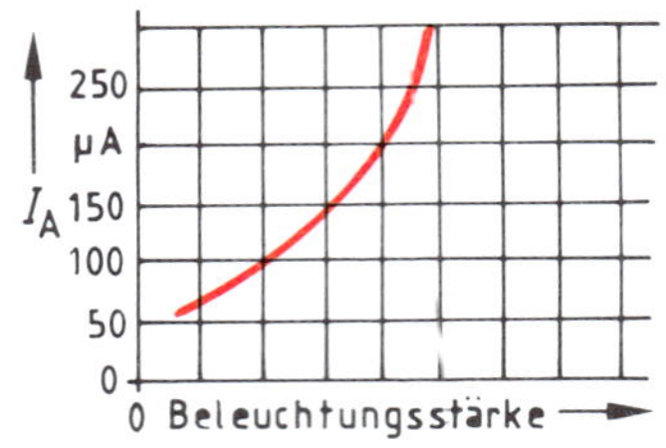

Kennlinie

Eine Fotodiode wird in Sperrichtung betrieben. Nimmt die Beleuchtungsstärke zu, steigt der Sperrstrom.

Signalverarbeitung und -verstärkung

(Meßbare Veränderungen von physikalischen Größen werden Signale genannt.)

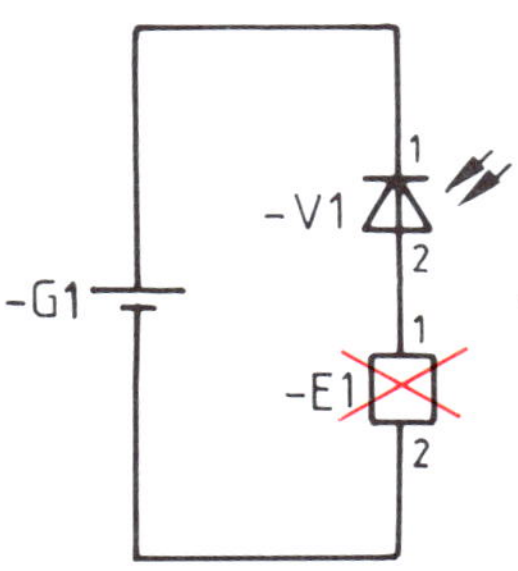

1. Das Stromsignal einer Fotodiode liegt im Bereich von 10–100 µA. Mit dieser geringen Stromstärke kann keine Last direkt geschaltet werden.

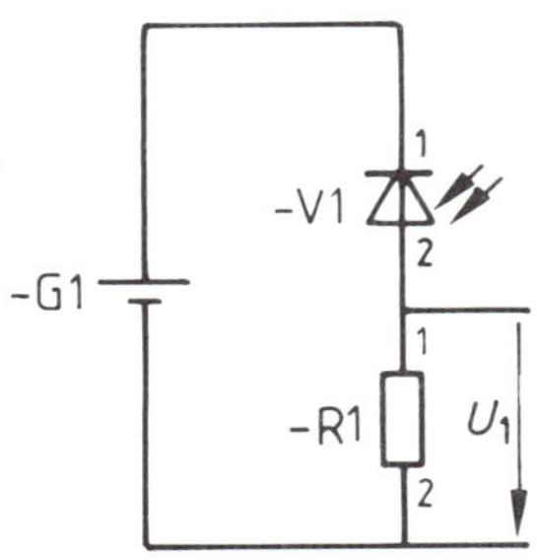

2. Mit einem hochohmigen Widerstand kann das Stromsignal in ein Spannungssignal umgewandelt werden.

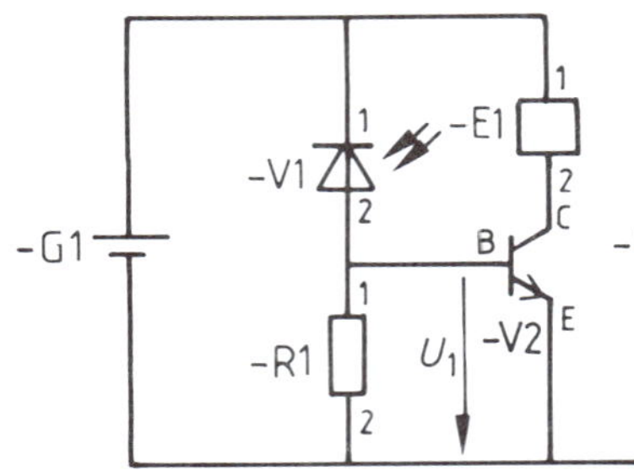

3. Mit dem Spannungssignal kann ein Transistor angesteuert werden. Der Laststrom eines Transistors liegt im Bereich von mA (z.B. 50 mA). Damit kann eine kle ne Last geschaltet werden.

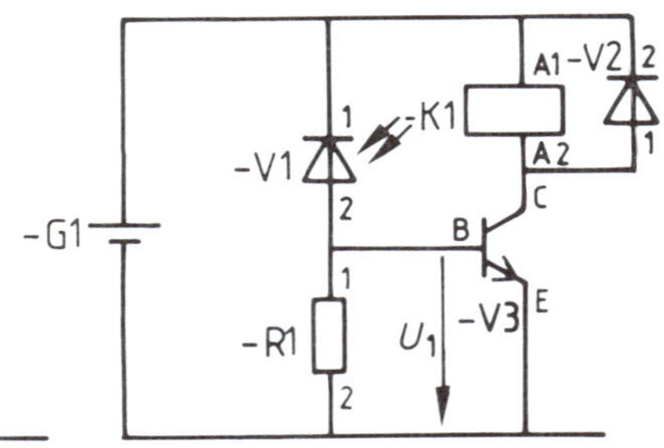

4. Wird mit dem Transistor ein Relais geschaltet, dann kann damit eine Last im Ampere-Bereich geschaltet werden. Die Freilauf-Diode V2 schützt den Transistor.

Heißleiter (NTC-Widerstände) – Kaltleiter (PTC-Widerstände)

Temperaturänderungen führen zu Widerstandsänderungen

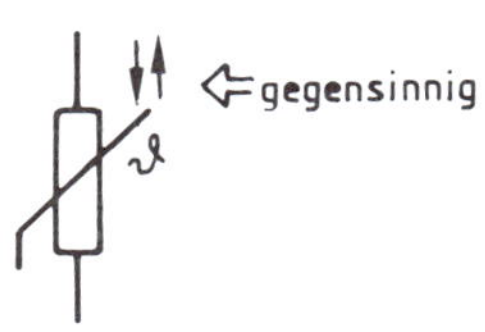

Heißleiter

Bei Erwärmung wird der Widerstand kleiner (3%–6% pro °C).
NTC = **N**egativer **T**emperatur-**C**oeffizient

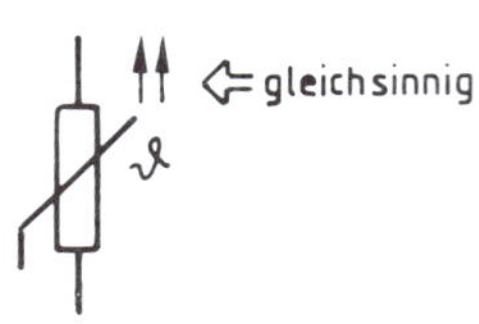

Kaltleiter

Bei Erwärmung wird der Widerstand größer (ca. 10% pro °C).
PTC = **P**ositiver **T**emperatur-**C**oeffizient

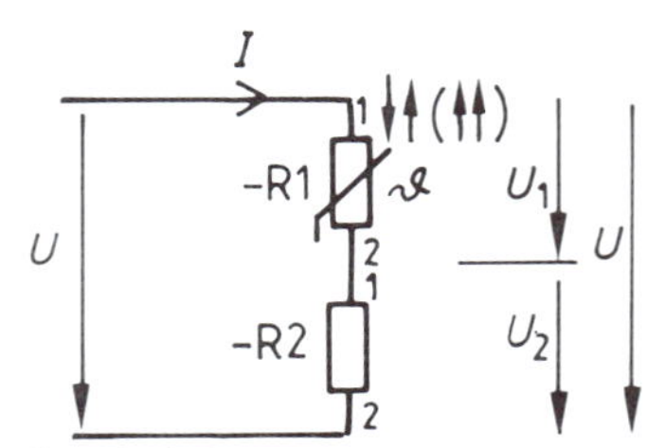

Grundschaltung

Heißleiter und Kaltleiter können sowohl an Gleichspannung als auch an Wechselspannung betrieben werden.
Bei einer Temperaturänderung verändert sich die Stromstärke. An beiden Widerständen kann ein entsprechendes Spannungssignal oder im Stromkreis ein Stromsignal abgenommen werden.

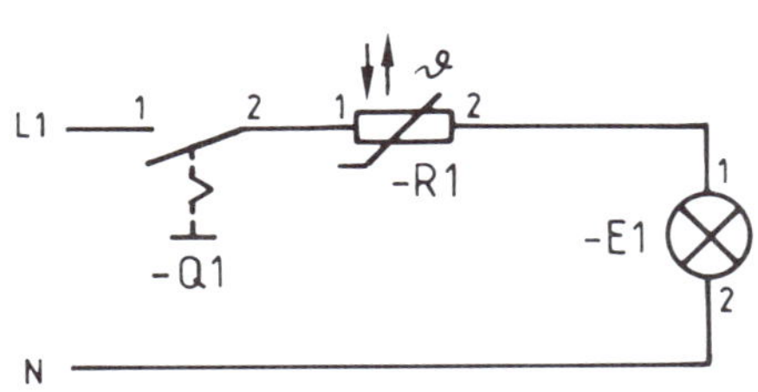

Schaltungsbeispiel Heißleiter

Je nach Typ arbeiten Heißleiter im mA- oder im A-Bereich. Sie können deshalb ohne Verstärker betrieben werden.
In dieser Schaltung wird die Lebensdauer der Lampe erhöht, weil beim Einschalten der Strom nur langsam ansteigt.

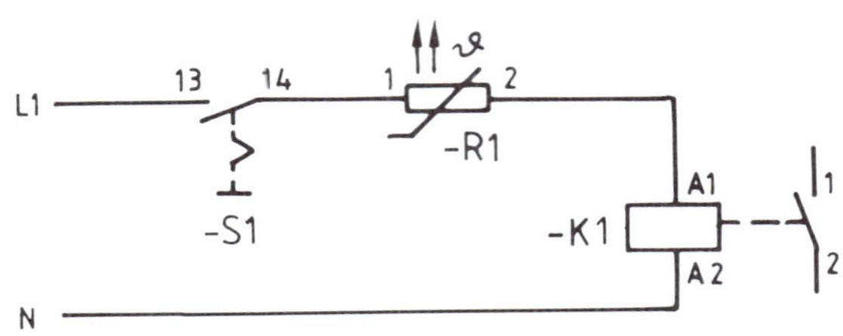

Schaltungsbeispiel Kaltleiter

Bei normaler Raumtemperatur kann das Relais eingeschaltet werden. Steigt jedoch die Temperatur über einen Grenzwert, dann fällt das eingeschaltete Relais ab.

28	**Gesteuertes Schalten 2: Schalten mit Sensoren: Signalverstärkung**	Aufgaben Nr. 28.1 und 28.2

Infrarot-Sensoren Temperaturänderungen erzeugen Spannungssignale

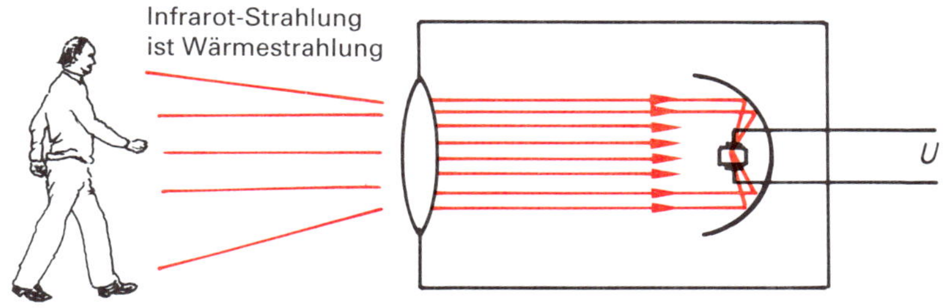

Spannungssignal

Infrarot-Sender

Optisches Fenster läßt nur die gewünschte Strahlung durch

Infrarot-Detektor

Im Brennpunkt eines Spiegelreflektors befindet sich ein Infrarot-Sensor.
Ein Infrarot-Sensor ist eine – mit einem speziellen Kunststoff – doppelseitig beschichtete Folie.
Bei Erwärmung entsteht zwischen den beiden Seiten eine elektrische Spannung.

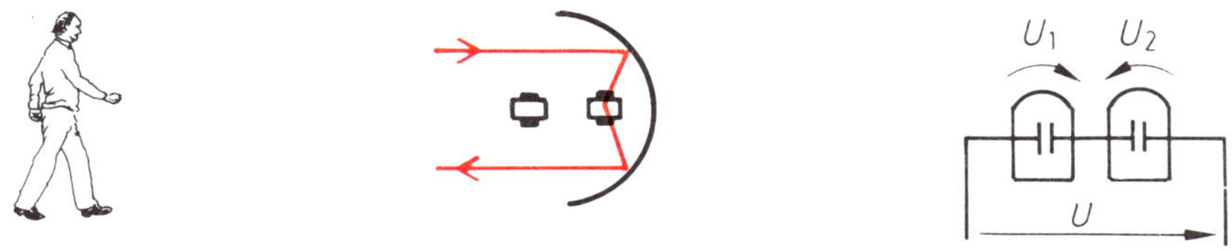

Damit der Detektor die Wärme einer sich nähernden Person von der Umgebungstemperatur unterscheiden kann, wird ein zweiter Infrarot-Sensor außerhalb des Brennpunktes des Spiegelreflektors dazu geschaltet. Die beiden Sensoren werden gegeneinander geschaltet.
Die Wirkung der Umgebungstemperatur hebt sich so auf.

Infrarot-Detektor

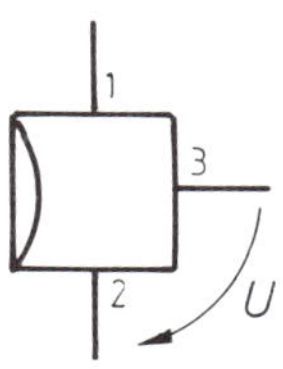

Infrarot-Detektor
(noch nicht genormte aber empfohlene Darstellung)

Dieses Signal muß
- zum Schalten eines Relais verstärkt werden.
- ein Zeitglied ansteuern, wenn das Ausgangssignal zeitlich begrenzt sein soll.
- mit einem Lichtsensor gekoppelt werden, damit nur im Dunklen geschaltet wird.

Umfangreiche elektronische Schaltungen werden häufig mit Blocksymbolen dargestellt.

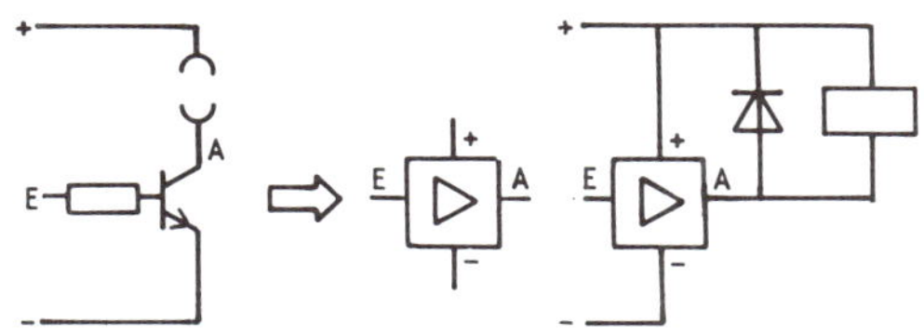

Beispiel: Blocksymbol-Verstärker

Zum Verarbeiten des Detektorsignals ist eine aufwendige Elektronik erforderlich.

Blockschaltbild des Infrarot-Bewegungsmelders (Ohne Lichtsensor)

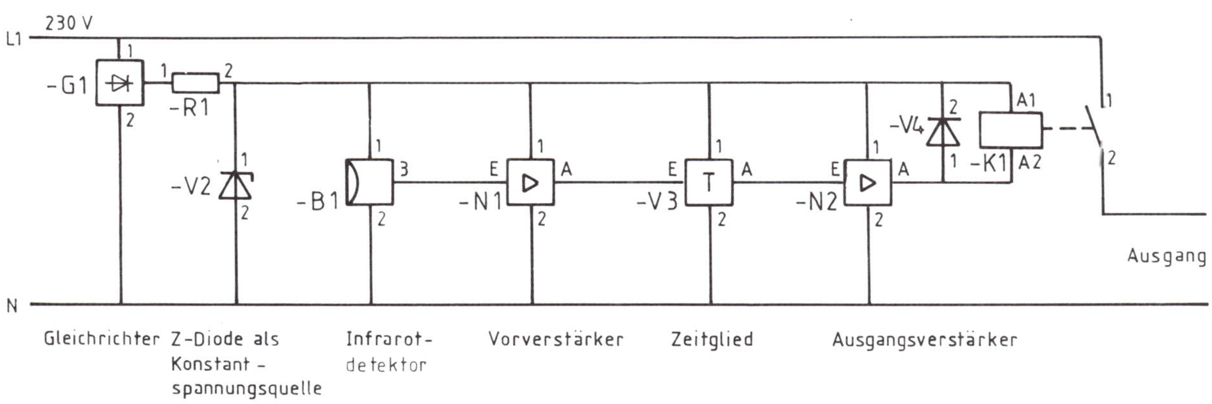

29	**Gesteuertes Schalten 2: Schalten mit Sensoren: Infrarot-Bewegungsmelder**	Aufgaben Nr. 29.1 und 29.2

Digitale Schaltungselemente mit mehreren Eingängen

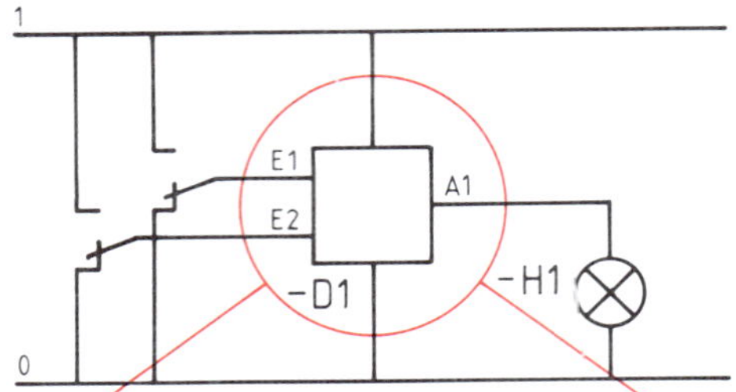

UND-Verknüpfung

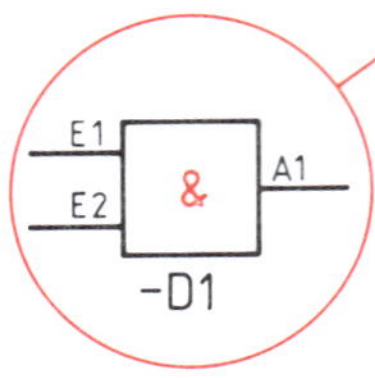

ODER-Verknüpfung

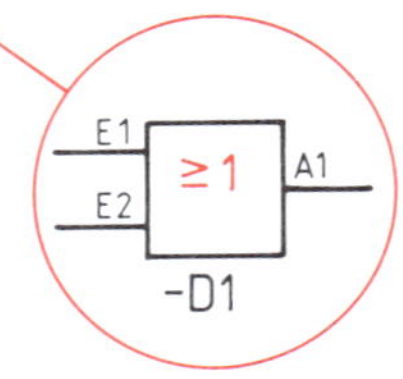

Am **Schaltzeichen** erkennt man die Funktion:

& bedeutet UND-Verknüpfung

≥1 bedeutet ODER-Verknüpfung

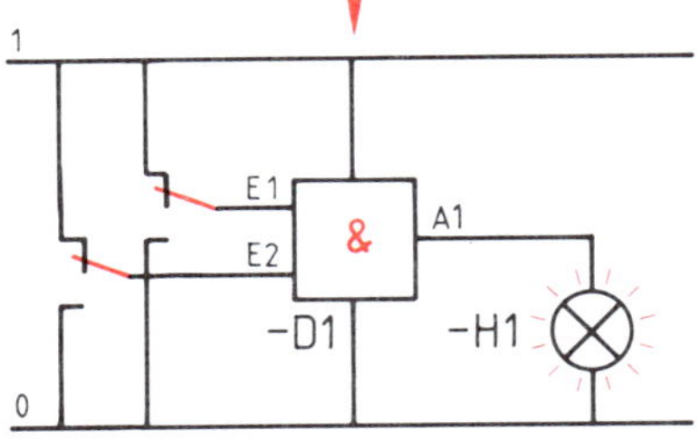

Die **Schaltung** zeigt die beiden Möglichkeiten:

& Der Ausgang schaltet, wenn beide Eingänge – E1 **und** E2 – auf 1 liegen.

≥1 Der Ausgang schaltet, wenn einer der Eingänge – E1 **oder** E2 – auf 1 liegt.

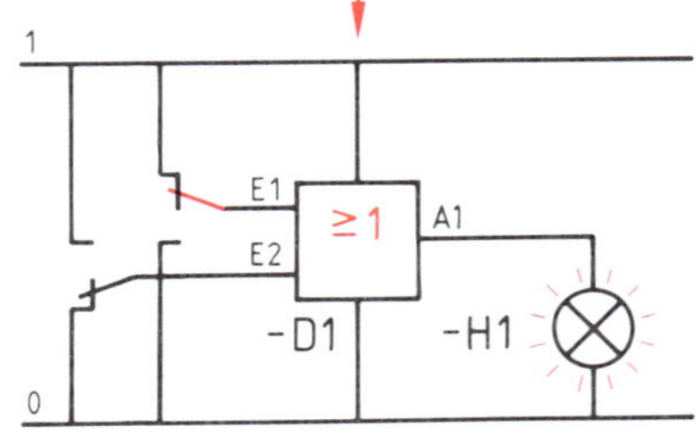

E2	E1	A1
0	0	0
0	1	0
1	0	0
1	1	1

Die **Funktionstabelle** erfaßt alle Schaltmöglichkeiten der Eingänge und der Ausgänge.

E2	E1	A1
0	0	0
0	1	1
1	0	1
1	1	1

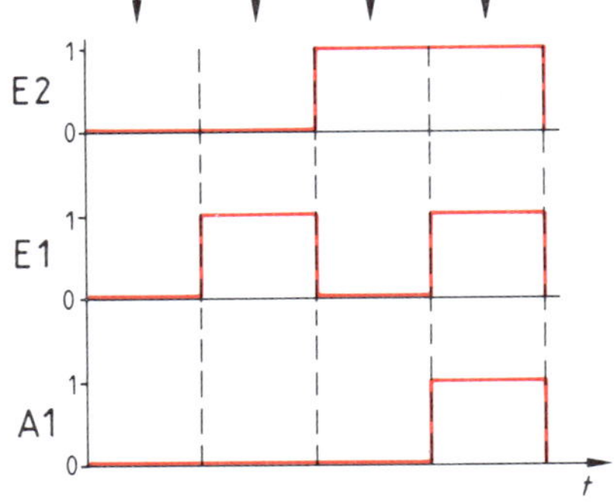

Im **Funktions-Zeitdiagramm** kann man sehr schnell erkennen, bei welchen Eingangszuständen der Ausgang „schaltet".

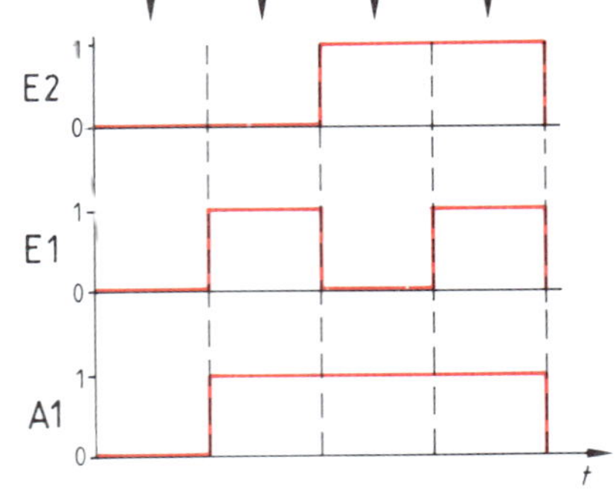

A1 = E1 ∧ E2

∧ bedeutet UND

wenn E1 = 1 **UND** E2 = 1 dann A1 = 1

In einer **Funktionsgleichung** kann man das Zusammenwirken von Eingängen und Ausgängen in der kürzesten Form darstellen.

A1 = E1 ∨ E2

∨ bedeutet ODER

wenn E1 = 1 **ODER** E2 = 1 dann A1 = 1

1-Verknüpfung

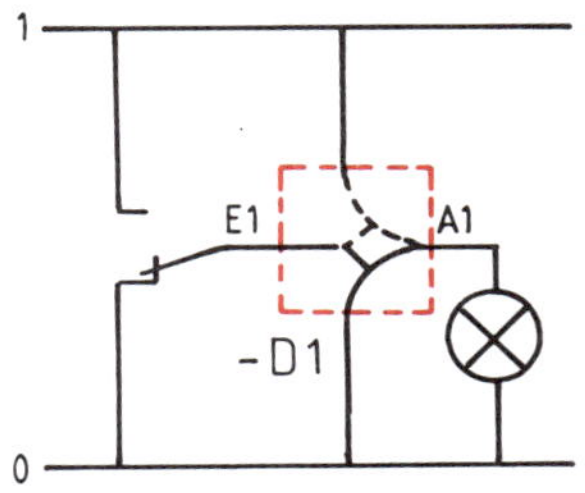

Modell der Innenschaltung

E1	A1
0	0
1	1

Funktionstabelle

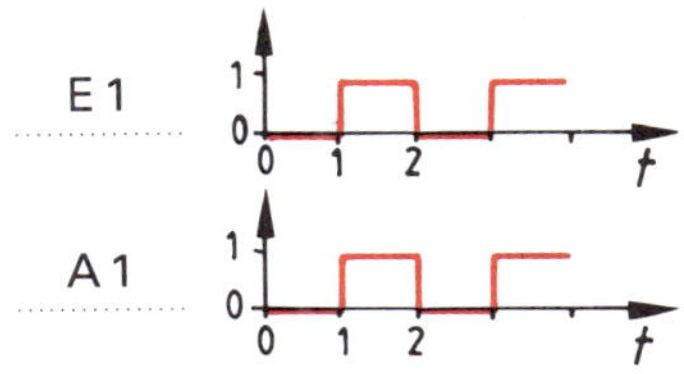

Funktions-Zeitdiagramm

$A1 = E1$

Funktionsgleichung

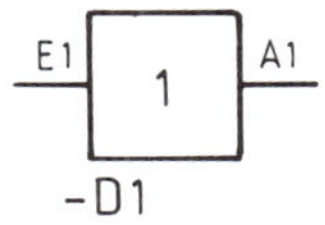

Schaltzeichen

Bei diesem Schaltelement hat der Ausgang stets den gleichen Signalzustand wie der Eingang.

Umkehr-Verknüpfung

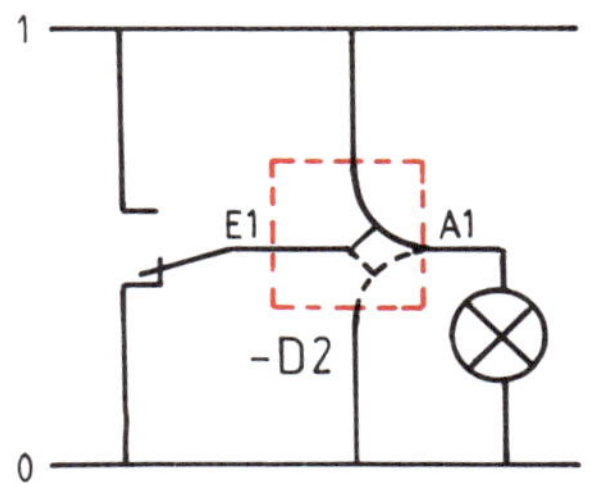

Modell der Innenschaltung

E1	A1
0	1
1	0

Funktionstabelle

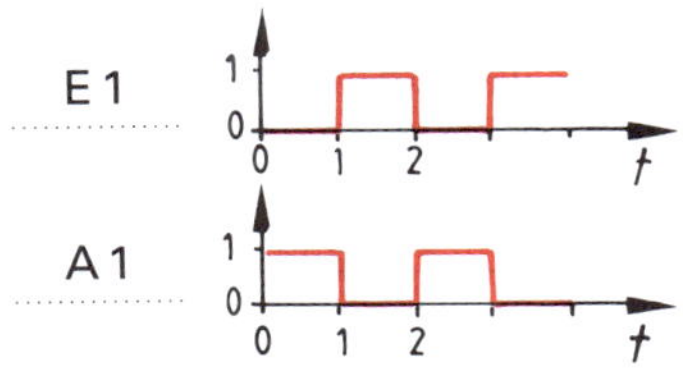

Funktions-Zeitdiagramm

$A1 = \overline{E1}$

Funktionsgleichung

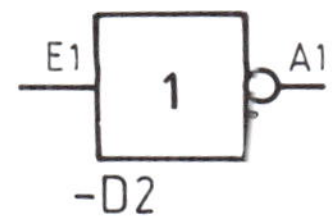

Schaltzeichen

Bei diesem Schaltelement hat der Ausgang stets den umgekehrten (invertierten) Signalzustand wie der Eingang. Für die Umkehr-Verknüpfung sind auch die Bezeichnungen **Inverter, Nicht-Element, NOT-Gatter** üblich (Gatter = Gitter).

Kombination einer UND-Verknüpfung mit einem Inverter

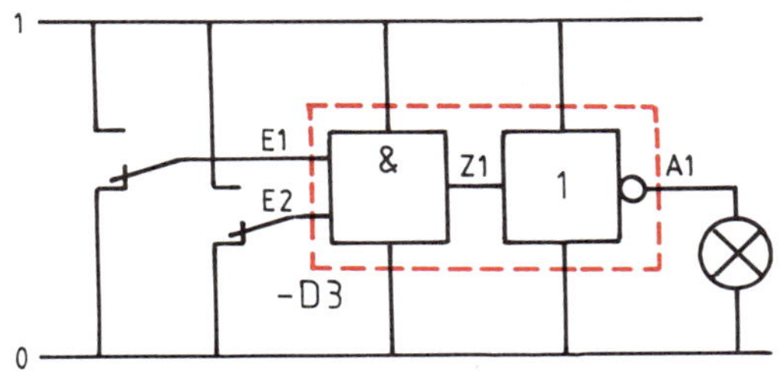

Z1 = Zwischenfunktion

$A1 = \overline{E1 \wedge E2}$

Funktionsgleichung

E2	E1	Z1	A1
0	0	0	1
0	1	0	1
1	0	0	1
1	1	1	0

Funktionstabelle

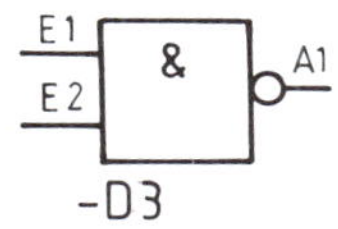

Schaltzeichen

Die Kontrollampe zeigt an, wenn ein Eingang oder beide Eingänge auf 0-Signal liegen.

Die Verschaltung einer UND-Verknüpfung mit einem Inverter wird **NAND-Verknüpfung** (NOT **AND**) oder **NAND-Gatter** genannt und als integriertes Bauteil hergestellt.

Kombination einer ODER-Verknüpfung mit einem Inverter

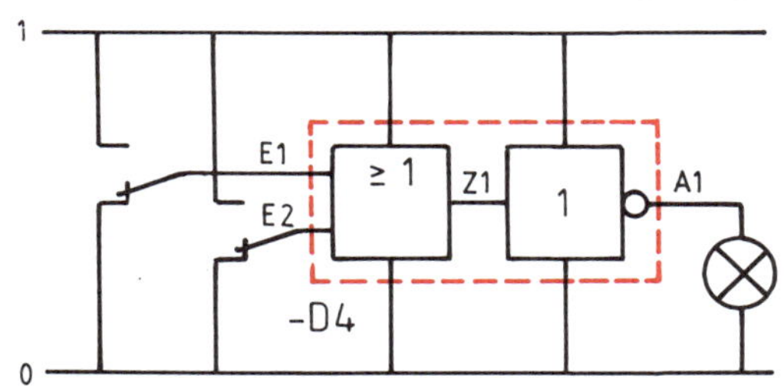

Z1 = Zwischenfunktion

$A1 = \overline{E1 \vee E2}$

Funktionsgleichung

E2	E1	Z1	A1
0	0	0	1
0	1	1	0
1	0	1	0
1	1	1	0

Funktionstabelle

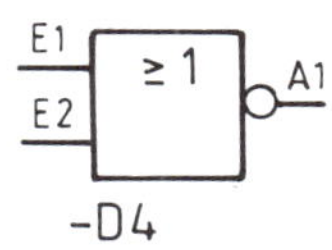

Schaltzeichen

Die Kontrollampe zeigt an, wenn beide Eingänge auf 0-Signal liegen.

Die Verschaltung einer ODER-Verknüpfung mit einem Inverter wird **NOR-Verknüpfung** (NOT **OR**) oder **NOR-Gatter** genannt und als integriertes Bauteil hergestellt.

Der Entwurf der Steuerung für eine Maschine oder Anlage verlangt eine systematische Vorgehensweise. Die vollständige Beachtung der Schritte 1–7 ist dabei oft hilfreich.

1. Technologieschema

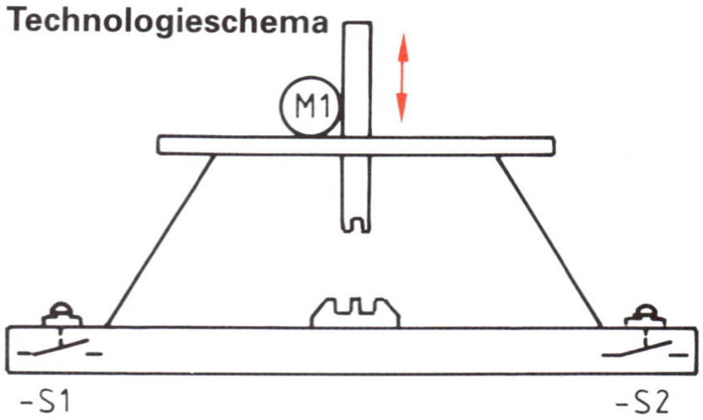

Im Technologieschema wird in stark vereinfachter Form der Aufbau einer Maschine oder Anlage dargestellt.
Die für die Steuerungsaufgabe wichtigen Betriebsmittel, z. B. Ein-/Ausschalter, Meldeleuchten, Antriebsmotoren, usw. werden eingezeichnet.

2. Funktionsbeschreibung

Der Stanzstempel darf nur abfahren, wenn sichergestellt ist, daß beide Hände aus dem Gefahrenbereich entfernt sind.

In der Funktionsbeschreibung wird das Zusammenwirken der im Technologieschema dargestellten Maschine oder Anlage mit den jeweiligen Betriebsmitteln beschrieben.

3. Zuordnungsliste

Betriebsmittel	Betriebsmittelkennzeichnung	Steuerungskennzeichnung	logische Zuordnung
Pilztaster	-S1	E1	Handsicherheit links = 1
Pilztaster	-S2	E2	Handsicherh. rechts = 1
Stempelmotor	-M1	A1	Stanzen = 1

Die Betriebsmittel werden den Eingängen und den Ausgängen der Steuerschaltung zugeordnet.
Zusätzlich wird festgelegt, ob eine Funktion mit „0"-Signal oder mit „1"-Signal ausgelöst werden soll.

4. Funktionstabelle

E2	E1	A1
0	0	0
0	1	0
1	0	0
1	1	1

In der Funktionstabelle werden alle möglichen Betriebszustände einer Maschine oder Anlage systematisch erfaßt.

5. Funktions-Zeit-Diagramm

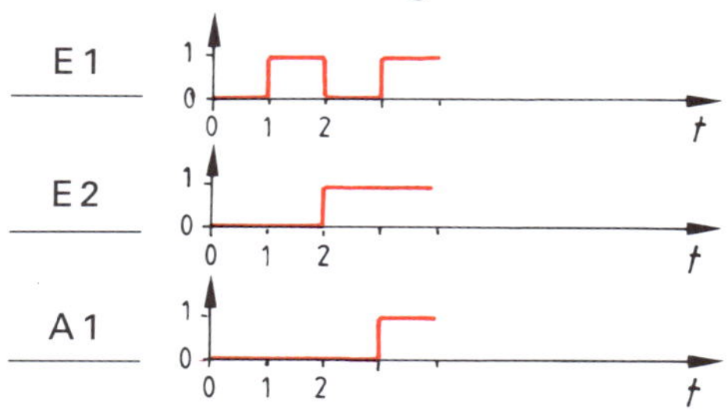

Das Funktions-Zeitdiagramm erlaubt einen vollständigen Überblick über die Betriebszustände einer Maschine oder Anlage. Die Betriebszustände werden entsprechend der Funktionstabelle in das Diagramm eingezeichnet.

6. Funktionsgleichung

$$A1 = E1 \wedge E2$$

Die Auswertung der Funktionstabelle führt zur Funktionsgleichung der Steuerschaltung.

7. Logikplan

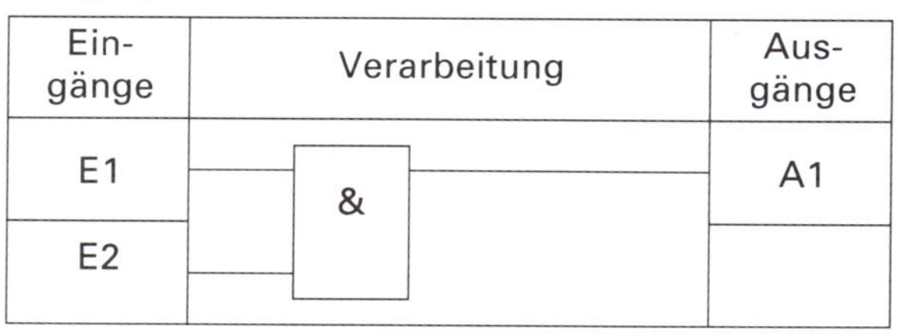

Im Logikplan werden die für die Steuerungsaufgabe erforderlichen Verknüpfungen der Ein- und Ausgänge durch genormte Schaltzeichen dargestellt.

TTL-Schaltkreise: Anschlußkennzeichnung

perspektivische Darstellung

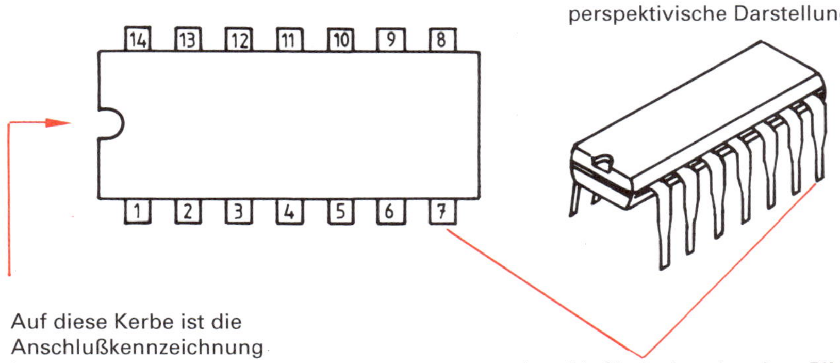

Auf diese Kerbe ist die Anschlußkennzeichnung bezogen

Anschlußbeinchen (engl. = PIN)

In der Entwicklung elektronischer Bauelemente werden immer mehr Funktionen auf kleinstem Raum in einem Bauteil zusammengefaßt (integriert).

Bauteile, die mit ihren elektrischen Daten besonders gut zusammenpassen, werden Schaltkreisfamilien genannt.

Eine weitverbreitete Schaltkreisfamilie ist die TTL-74-Serie. (TTL = Transistor-Transistor-Logik)

TTL-Schaltkreise: Spannungsversorgung

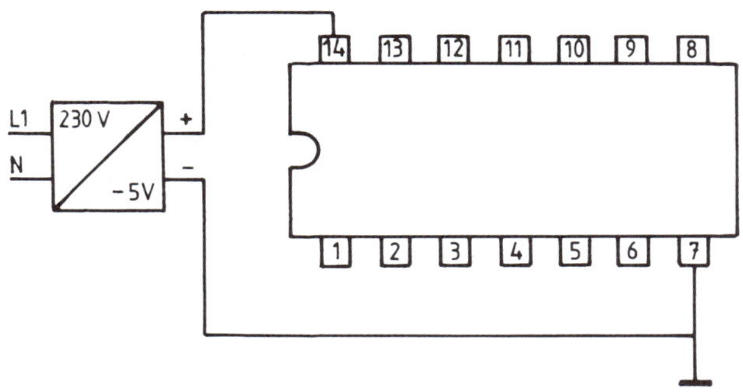

Die TTL-Schaltkreise benötigen eine stabilisierte Gleichspannung von 5 V.

Bei den meisten TTL-Schaltkreisen liegt der +5 V-Anschluß an PIN 14, der 0 V-Anschluß an PIN 7.

Es ist üblich, den 0 V-Anschluß mit Masse zu verbinden.

Eingangsstromstärke bei einem TTL-Element

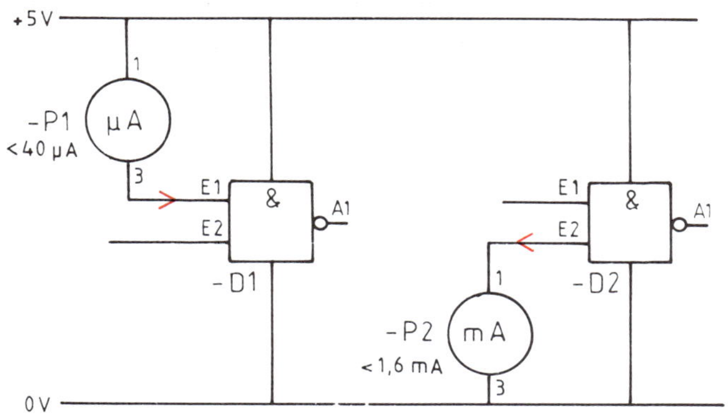

Wird der Eingang eines TTL-Elementes mit dem Pluspol verbunden (Signalzustand 1), dann fließt ein kleiner Strom in den Eingang.

Wird der Eingang mit dem 0 V-Anschluß verbunden (Signalzustand 0), fließt ein Strom aus dem Eingang des Schaltelementes heraus. (Fan-In = 1)

Ausgangsbelastung bei einem TTL-Element

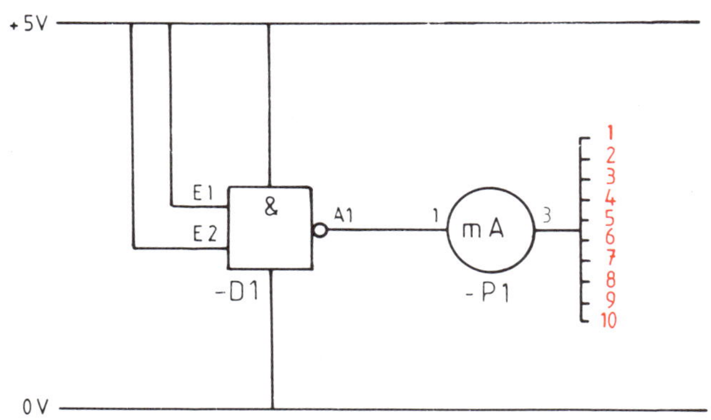

Der Ausgang eines TTL-Elements kann mit bis zu 10 Standard-Eingängen von weiteren Schaltelementen belastet werden. (Fan-Out = 10)

In dieser Schaltung hat der Ausgang den Signalzustand 0. Sind die Anschlüsse 1–10 weitere TTL-Elemente, so fließt ein maximaler Belastungsstrom von 10 · 1,6 mA.

33	**Grundlagen der digitalen Schaltungstechnik: Digitale Schaltkreise in TTL-Technik**	Aufgaben Nr. 33.1 und 33.2

Eingangsbeschaltung von TTL-Bausteinen

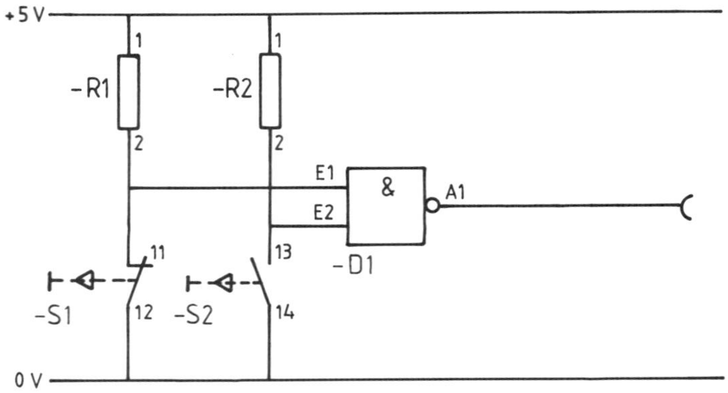

Offene Eingänge von TTL-Bausteinen verhalten sich so, als ob an ihnen 1-Signal anliegen würde.

Eingänge dürfen daher nicht unbeschaltet bleiben.

Steuerschalter werden über Widerstände (pull-up-Widerstände) mit +5 V verbunden.

Bei Betätigung von S1 liegt an E1 1-Signal; bei Betätigung von S2 liegt an E2 0-Signal.

Ausgangsbeschaltung von TTL-Bausteinen

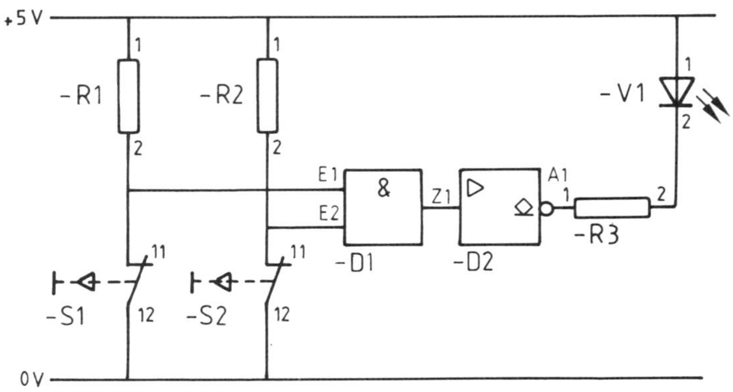

Die Ausgangsstufen von TTL-Bausteinen können nur mit einem Strom von maximal 16 mA belastet werden.
Größere Belastungen werden daher über Verstärkerstufen (Treiberstufen) angeschlossen.
Solche Treiberstufen werden in open-collector-Technik geschaltet und erlauben daher auch den Anschluß einer höheren Lastspannung (max. 30 V)
Treiberstufen dürfen parallelgeschaltet werden. Hierdurch wird die Schaltleistung erhöht.

▷ = Kennzeichen für Verstärkerstufe

◇ = Kennzeichen für open-collector-Technik (o.c.)

74 LS 00

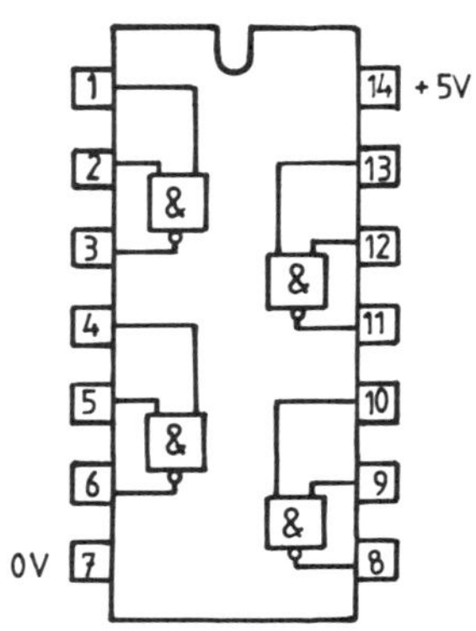

4 NAND-Gatter mit je 2 Eingängen

74 LS 02

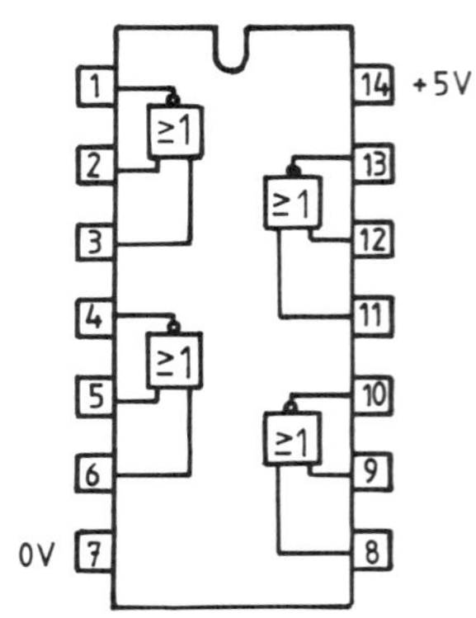

4 NOR-Gatter mit je 2 Eingängen

74 LS 04

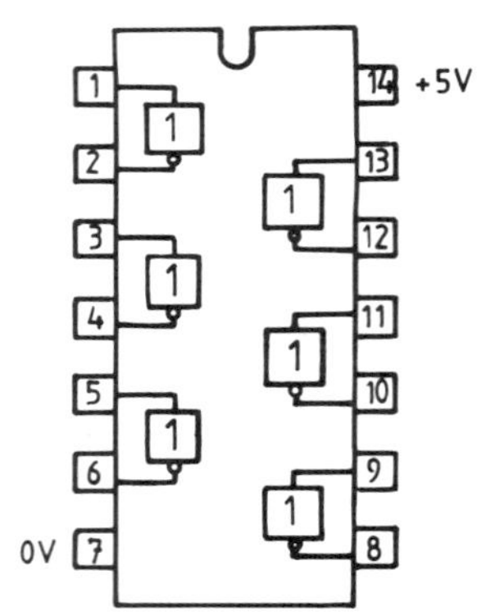

6 einstufige Inverter

74 LS 06

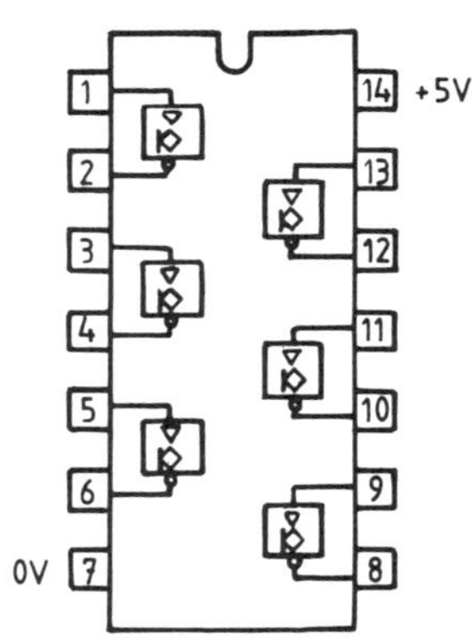

6 Treiberstufen je 30 V/40 mA

74 LS 08

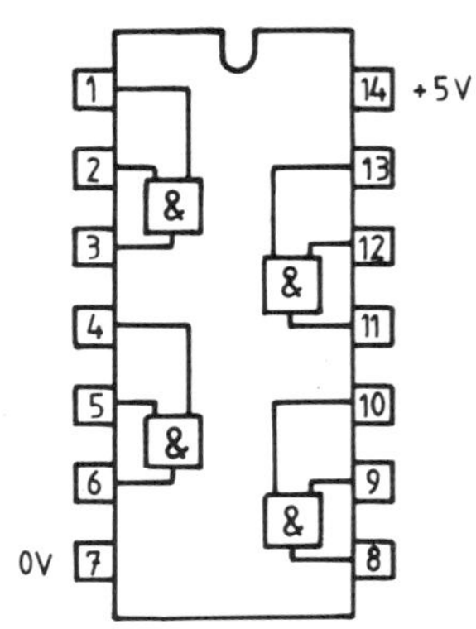

4 UND-Gatter mit je 2 Eingängen

74 LS 32

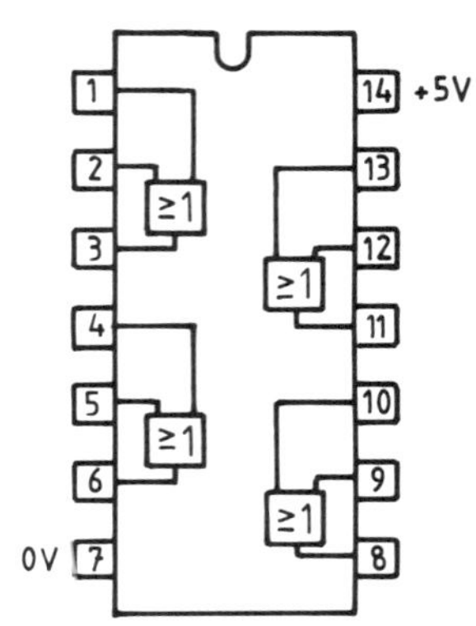

4 ODER-Gatter mit je 2 Eingängen

34	**Grundlagen der digitalen Schaltungstechnik: Beschaltung von Ein- und Ausgängen Anschlußbelegung wichtiger TTL-Bauteile**	

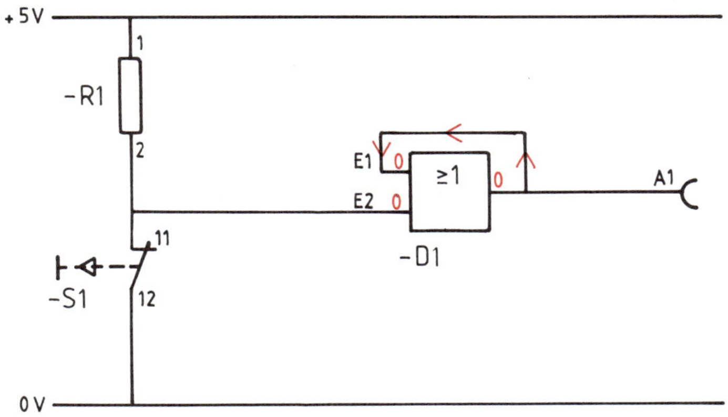

Schaltverbindungen

Der Ausgang A1 wird mit dem Eingang E1 verbunden.

Solche Verbindungen werden in der Elektrotechnik Rückkopplung genannt.

Bei einer Rückkopplung wirkt das Ausgangssignal auf den Eingang zurück.

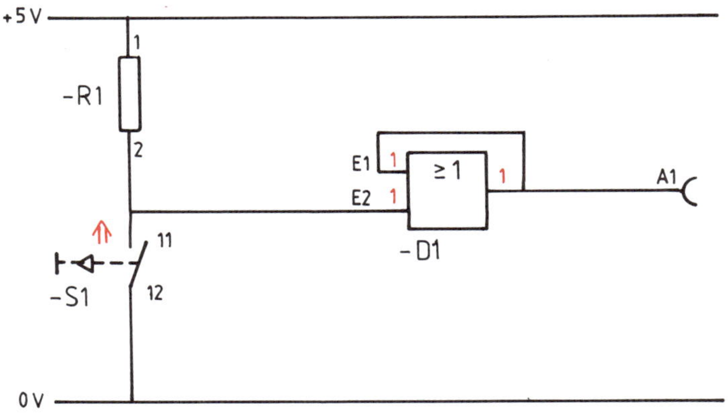

Setzen

Durch Betätigung von S1 wird der Eingang des ODER-Gatters auf 1-Signal geschaltet. Der Ausgang A1 schaltet dann ebenfalls auf 1-Signal.

Liegt an dem Eingang wieder 0-Signal an, bleibt der Ausgang wegen der Rückkopplung auf 1-Signal, das 1-Signal wird gespeichert.

In dieser einfachen Speicherschaltung kann der Ausgang nicht wieder auf 0-Signal zurückgesetzt werden.

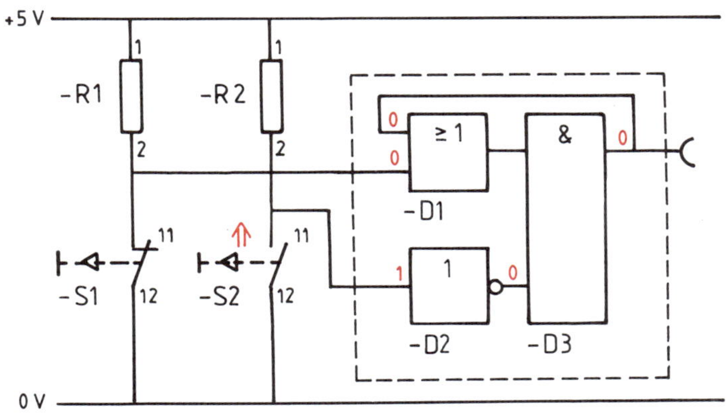

Rücksetzen

Die Schaltung wird durch ein UND-Gatter erweitert.

Mit einem 0-Signal an dem zweiten Eingang kann das UND-Gatter gesperrt werden. Der Ausgang schaltet dann auf 0-Signal und der Speicher wird zurückgesetzt.

Damit der Speicher mit einem 1-Signal zurückgesetzt werden kann, wird der Inverter D2 vorgeschaltet.

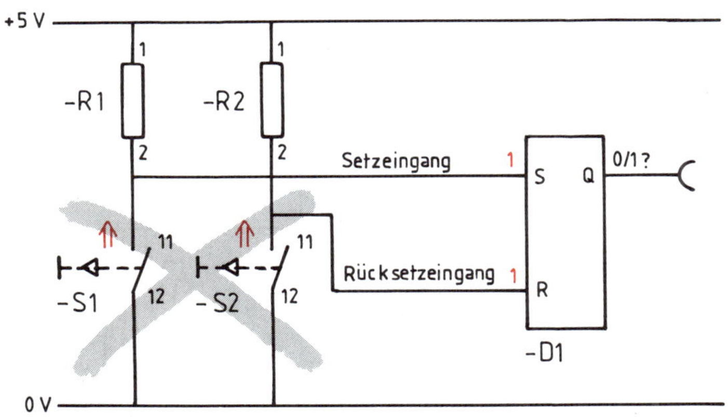

Wird sowohl der Setzeingang als auch der Rücksetzeingang auf 1-Signal gelegt, dann erfolgen Setz- und Rücksetzbefehl gleichzeitig.
Das Ausgangssignal ist unbestimmt.
Dieser Zustand muß vermieden werden.

Funktionstabelle

Zum Zeitpunkt t_1 hat der Ausgang Q diesen Signalpegel.

Wenn danach eine dieser Signalkombinationen an den Eingängen eingestellt wird,

dann hat der Ausgang Q zum Zeitpunkt t_2 diesen Signalpegel.

Q_{t1}	R	S	Q_{t2}	**Speicherfunktion**
0	0	0	0	0-Signal gespeichert
0	0	1	1	**setzen**
0	1	0	0	unverändert
0	1	1	x	verboten
1	0	0	1	1-Signal gespeichert
1	0	1	1	unverändert
1	1	0	0	**rücksetzen**
1	1	1	x	verboten

Messung der Stromstärke (Strommesser in den Stromkreis)

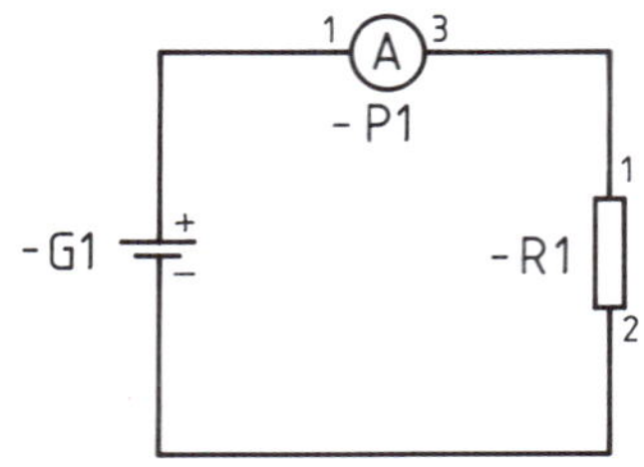

Damit der Innenwiderstand des Strommessers das Meßergebnis nur unwesentlich beeinflußt, soll dieser sehr klein sein. (Je kleiner der Innenwiderstand, je geringer der Meßfehler.)

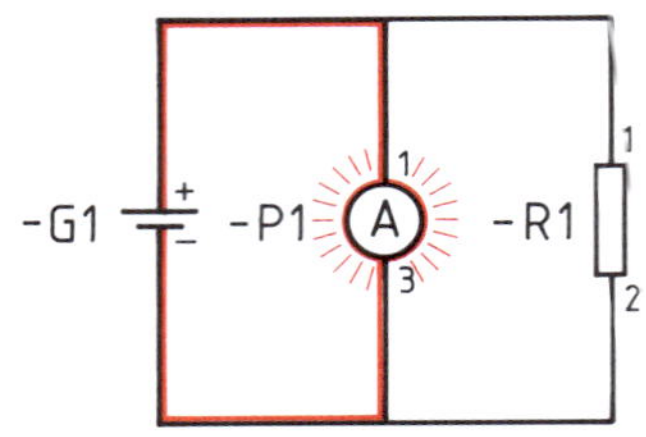

„Falsche Schaltung"
Der kleine Innenwiderstand des Strommessers bewirkt in dieser Schaltung einen **Kurzschluß**, der zur Zerstörung des Meßgerätes führt.

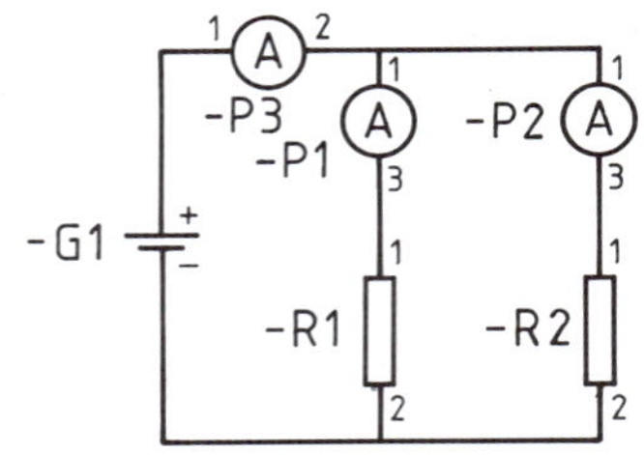

Strommessungen in einer Parallelschaltung
Hier mißt Strommesser P1 den Strom durch R1, P2 den Strom durch R2 und P3 den Gesamtstrom.

Meßbereichserweiterung

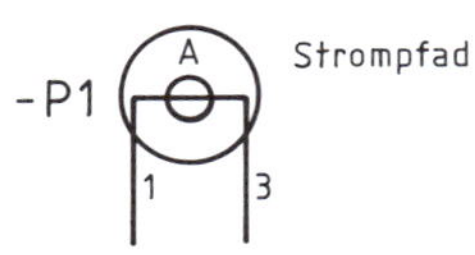

Strommesser mit Darstellung des Meßwerkes

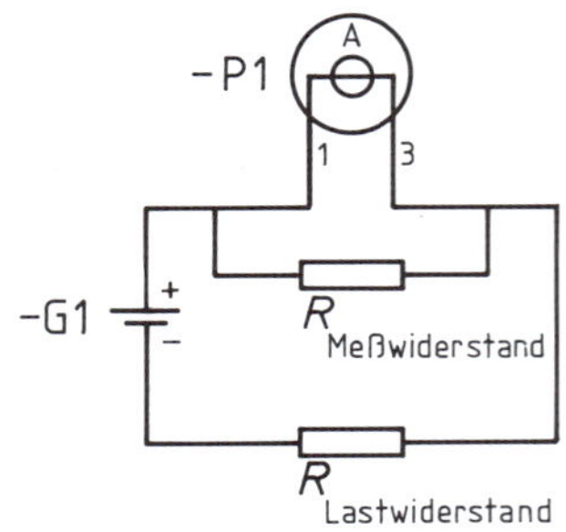

Durch einen zum Meßwerk parallel geschalteten **niederohmigen** Meßwiderstand wird der Meßbereich des Strommessers vergrößert.

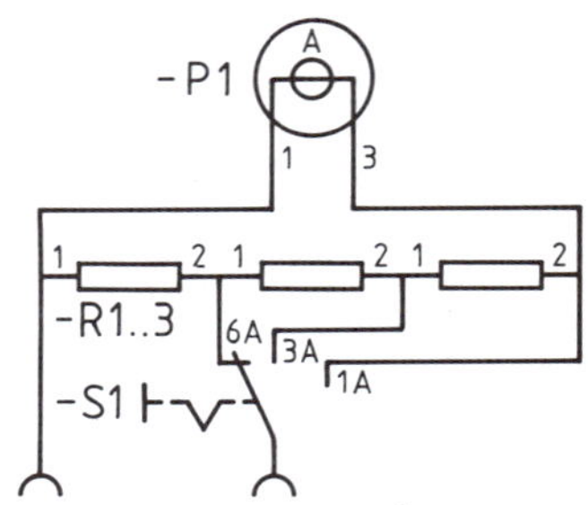

Strommesser mit mehreren Meßbereichen
Je nach Schalterstellung liegt ein anderer Widerstandswert parallel zum Meßwerk.

Messung der Spannung (Spannungsmesser an die beiden Meßpunkte)

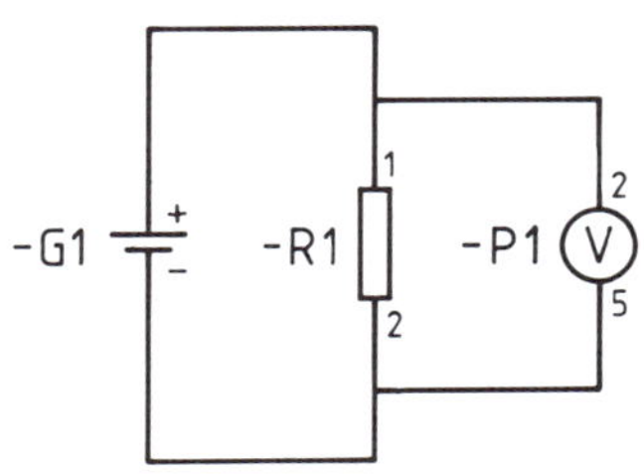

Damit der Innenwiderstand des Spannungsmessers das Meßergebnis nicht beeinflußt, soll dieser sehr hoch sein. (Je größer der Innenwiderstand, je geringer der Meßfehler.)

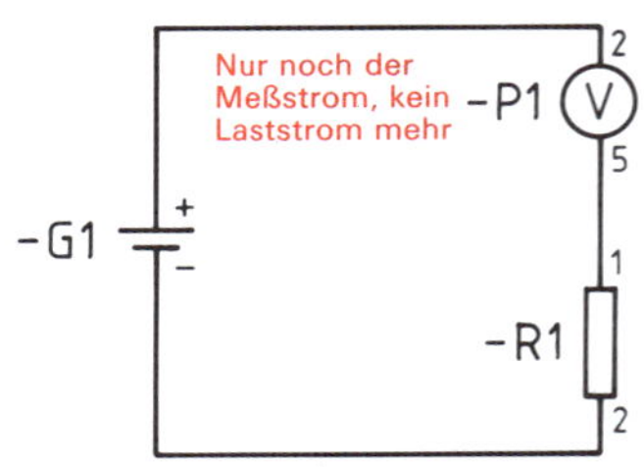

„Falsche Schaltung"
Der hochohmige Spannungsmesser schaltet den Lastwiderstand praktisch aus.

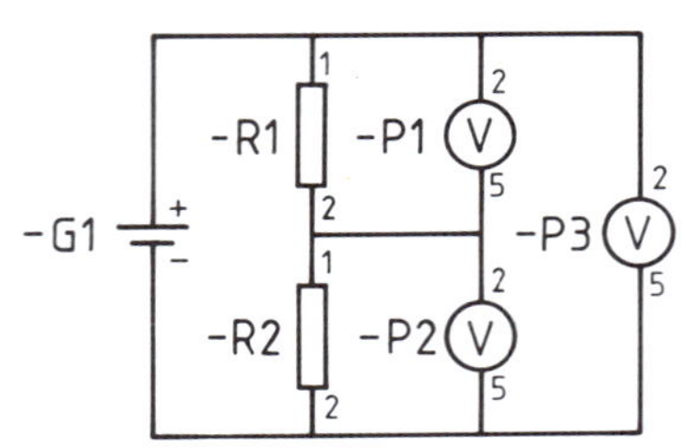

Spannungsmessungen in einer Reihenschaltung
Hier mißt Spannungsmesser P1 die Spannung an R1, P2 die Spannung an R2 und P3 die Gesamtspannung.

Meßbereichserweiterung

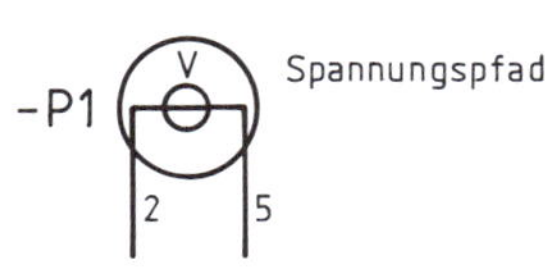

Spannungsmesser mit Darstellung des Meßwerkes

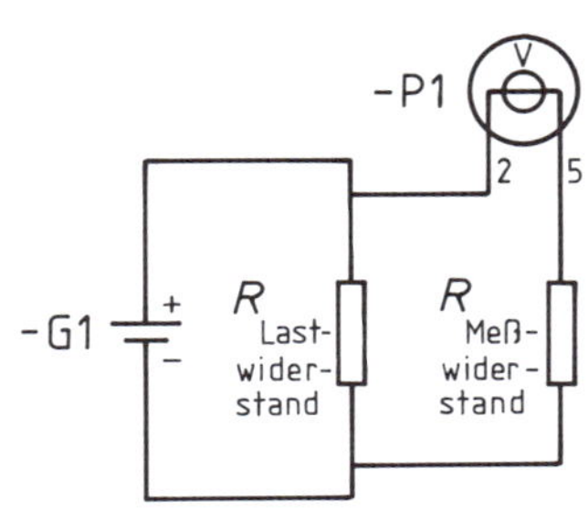

Durch einen zum Meßwerk in Reihe geschalteten **hochohmigen** Meßwiderstand wird der Meßbereich vergrößert.

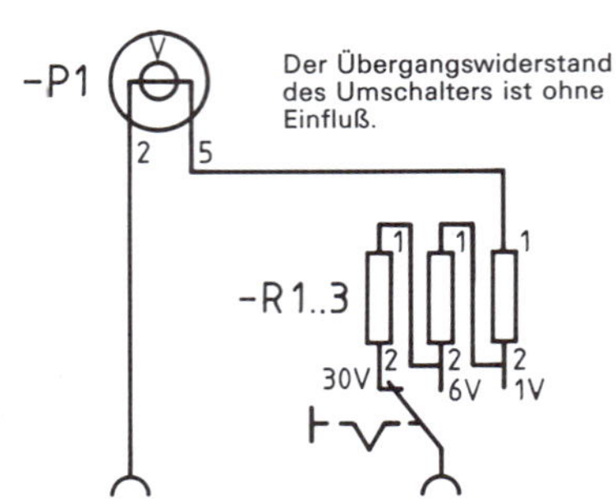

Spannungsmesser mit mehreren Meßbereichen
Je nach Schalterstellung liegt ein anderer Widerstandswert in Reihe zum Meßwerk.

36	**Meßtechnik: Messung von Stromstärke und Spannung**	Aufgaben Nr. 36.1 und 36.2

Messung des elektrischen Widerstandes

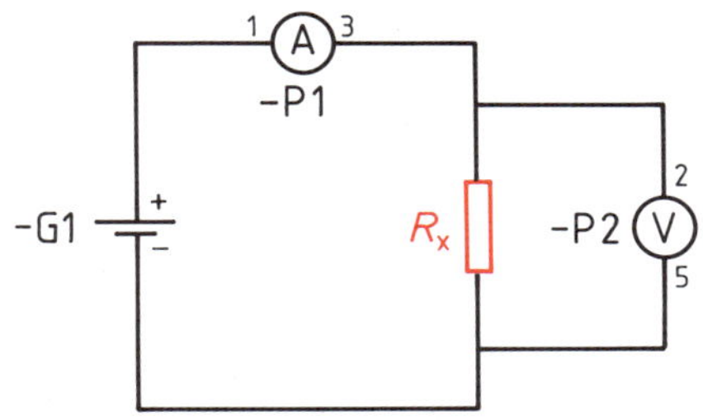

$$R_x = \frac{U}{I}$$

„Durch Strom- und Spannungsmessung“
Aus den Ergebnissen der Strom- und Spannungsmessung wird der Widerstand errechnet.

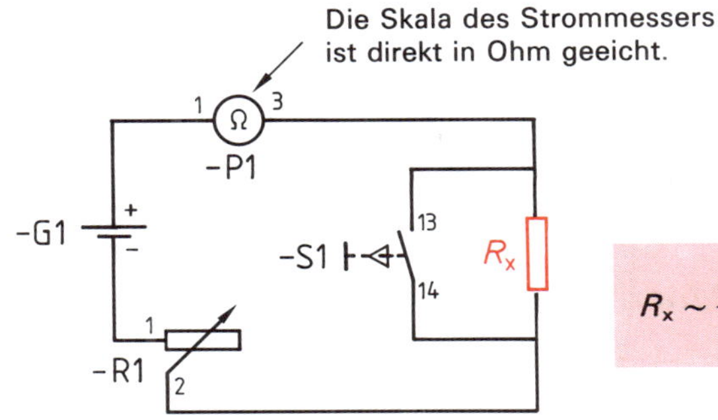

$$R_x \sim \frac{1}{I}$$

„Nur durch Strommessung“
Bei betätigtem Schalter S1 wird durch Verstellen von R1 der Strommesser P1 auf Endausschlag ($R_x = 0\ \Omega$) gebracht. Bei geöffnetem Schalter bestimmt jetzt der unbekannte Widerstand R_x den Stromrückgang.

Messung der elektrischen Leistung

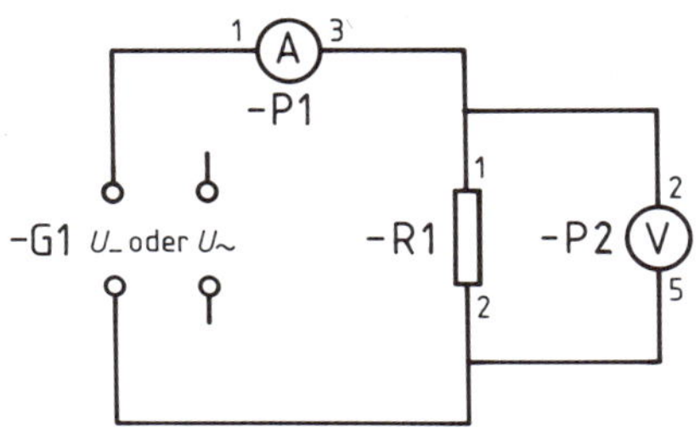

$$P = U \cdot I$$

Aus den Ergebnissen der Strom- und Spannungsmessung wird die Leistung berechnet. Diese Schaltung eignet sich auch für Messungen an Wechselspannung bei ohmscher Belastung.

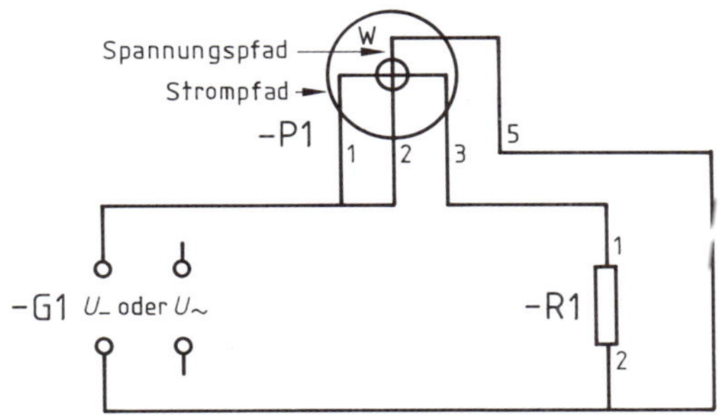

Ein Leistungsmesser mit angeschlossenem Strom- und Spannungspfad zeigt die Leistung ohne Rechnung direkt an. Diese Schaltung gilt für Gleich- und Wechselspannung.

Messung der elektrischen Arbeit

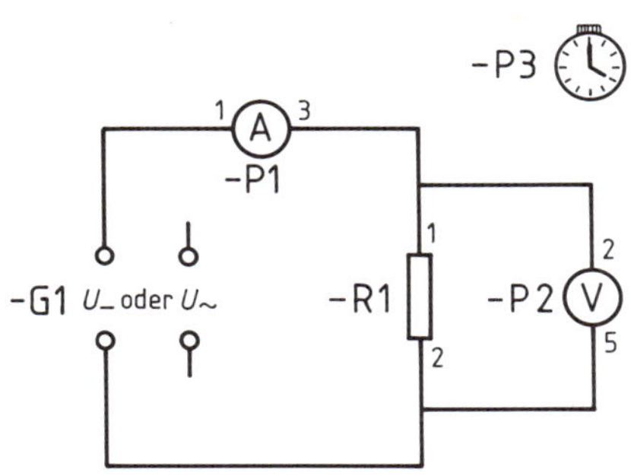

$$W = U \cdot I \cdot t$$

Aus den Ergebnissen der Strom-, Spannungs- und Zeitmessung wird die Arbeit (Energie) berechnet. Diese Schaltung eignet sich auch für Messungen an Wechselspannung bei ohmscher Belastung.

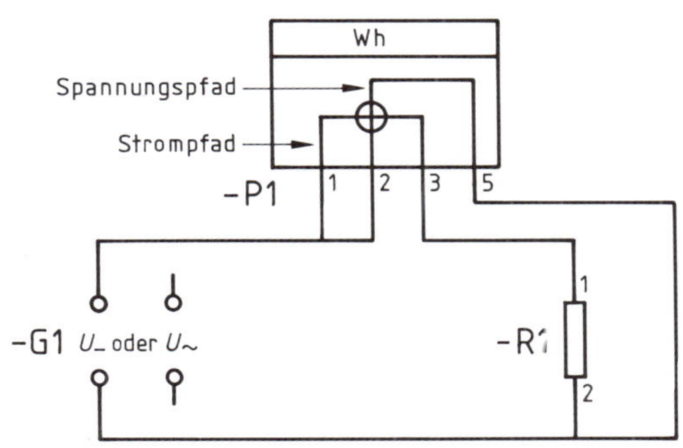

Ein Zählwerk addiert fortlaufend die elektrische Arbeit. Ein gewünschter Arbeitsbetrag wird aus der Differenz zweier Ablesungen ermittelt. Auch diese Schaltung gilt für Gleich- und Wechselspannung.

Wirkungsprinzip der Braunschen Röhre

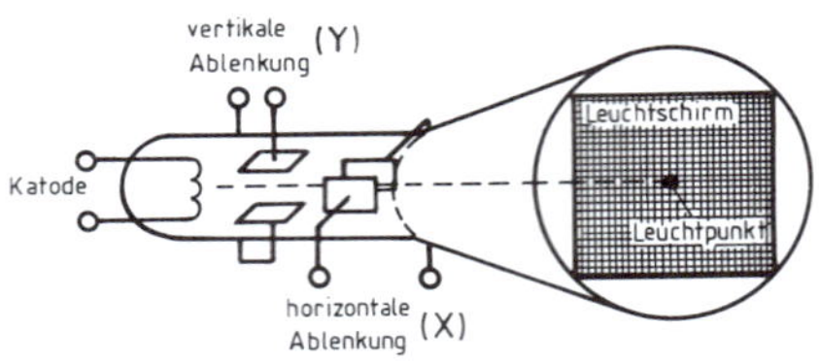

Die zentrale Baugruppe des Oszilloskops ist die Braunsche Röhre. Durch die Spannungen an den paarweise rechtwinklig zueinander angeordneten Kondensatorplatten wird der Elektronenstrahl horizontal (x-Achse) und vertikal (y-Achse) abgelenkt.

Grundprinzip und Anschlüsse

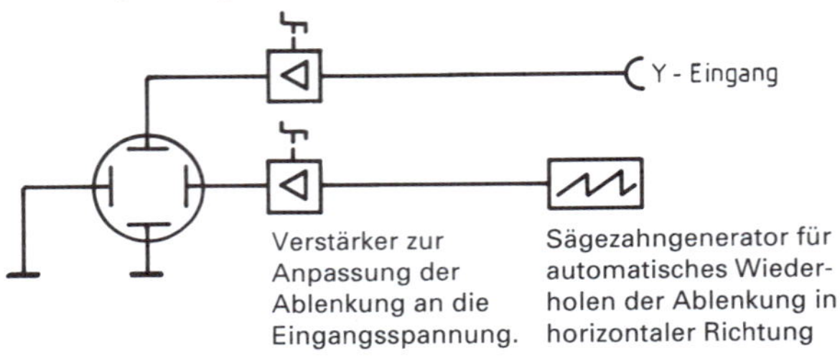

Die an den Y-Eingang angeschlossene Meßspannung verschiebt den Leuchtpunkt vertikal. Die Verschiebung in horizontaler Richtung erfolgt mit der Spannungsänderung des Sägezahngenerators.
Der Faktor, um den der Leuchtpunkt verschoben wird, kann durch die Einstellung der Verstärker vergrößert und verringert werden.

Entstehung des Schirmbildes

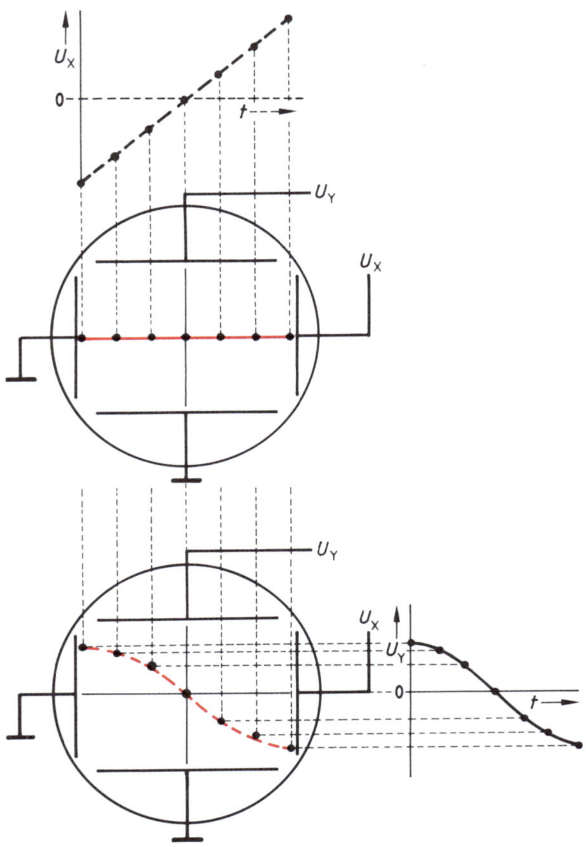

In Abhängigkeit von der Polarität und Höhe der Sägezahnspannung U_X wandert der Leuchtpunkt vom linken Rand bis zum rechten Rand des Bildschirmes. Dieser Vorgang wiederholt sich periodisch.

In Abhängigkeit von der Polarität und Höhe der angeschlossenen Meßspannung U_Y wird der Leuchtpunkt zusätzlich mehr oder weniger weit nach oben oder nach unten abgelenkt.

Bedienungselemente

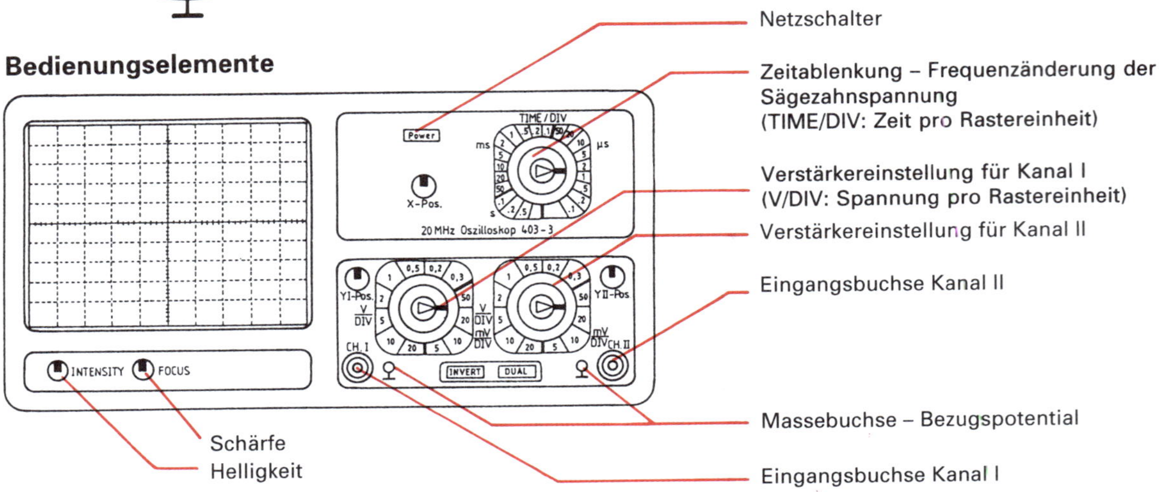

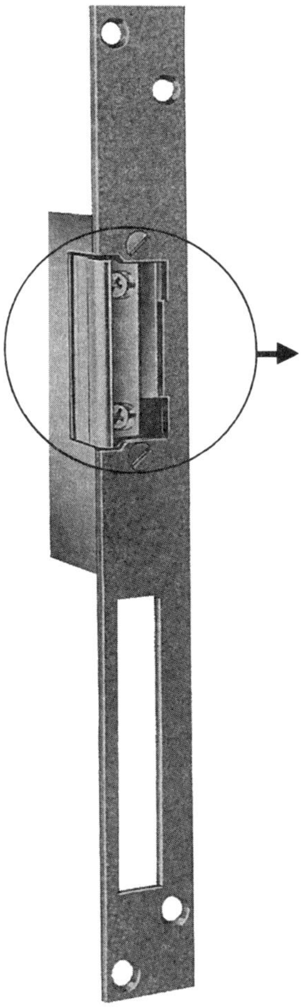

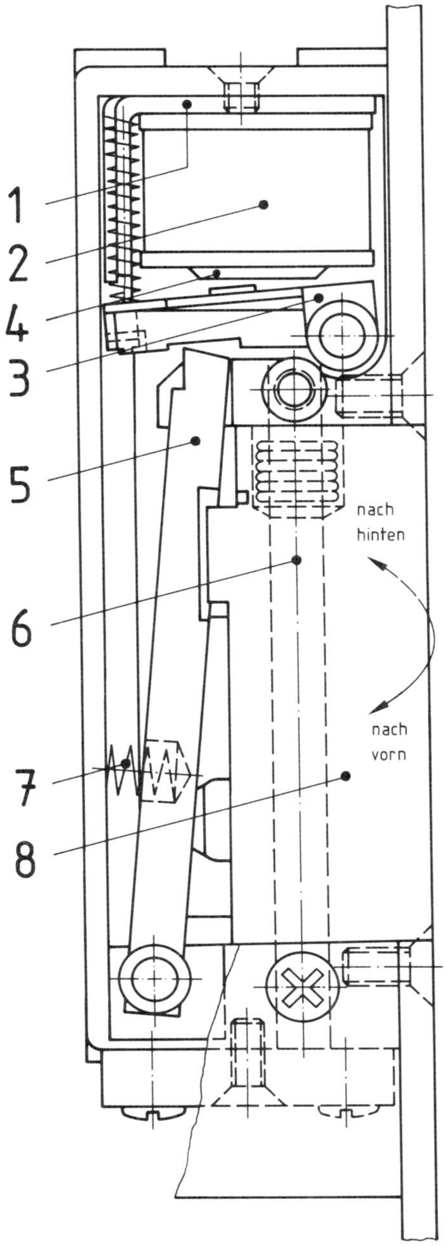

Funktionsanalyse

Der abgebildete Türöffner ermöglicht das fernbediente Öffnen einer Tür, die ins „Schloß" gefallen ist. Dazu wird die Spule (Nr. 2) an Spannung angeschlossen. Über Spulenkern und Jochplatte wird ein magnetischer Kreis gebildet und der Außenanker wird angezogen. Jetzt ist der Wechsel (Nr. 5) entriegelt und die Schloßfalle läßt sich auf der Achse (Nr. 6) bewegen. Dabei wird der Wechsel nach links gedrückt.

1. Markieren Sie in der Zusammenbauzeichnung die Bauteile mit einem Textmarker farbig, die in der unten abgebildeten Tabelle aufgeführt sind.
2. Der Türöffner ist eingeschaltet. Kreuzen Sie die Richtung an, in die sich die Schloßfalle bewegen läßt.
3. In welche Richtung muß die Kraft der Feder (Nr. 7) wirken, damit die Schloßfalle nach dem Öffnen wieder verriegelt wird? Markieren Sie die Richtung durch einen Pfeil.
4. Suchen Sie aus der Gesamtzeichnung die Bauteile heraus, die in der Tabelle aufgelistet sind und tragen Sie die zugehörigen Nummern in die Tabelle ein.

Bauteilnummer	Bauteilbezeichnung
	Außenanker
	Spulenkern
	Spulenjoch
	Wechsel
	Spule
	Schloßfalle
	Achse der Schloßfalle

1.1	**Darstellungsarten technischer Zeichnungen: Gesamtzeichnung eines Türöffners**	

Zuordnungsanalyse

Vier Darstellungsarten sind gegeben. Schreiben sie unter jeder dieser Darstellungen die richtige Bezeichnung.

Montagezeichnung für einen Transistor

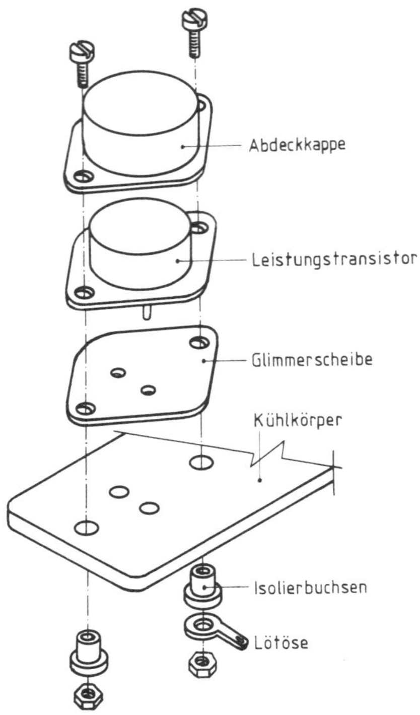

____

____

Abdeckkappe für einen Transistor

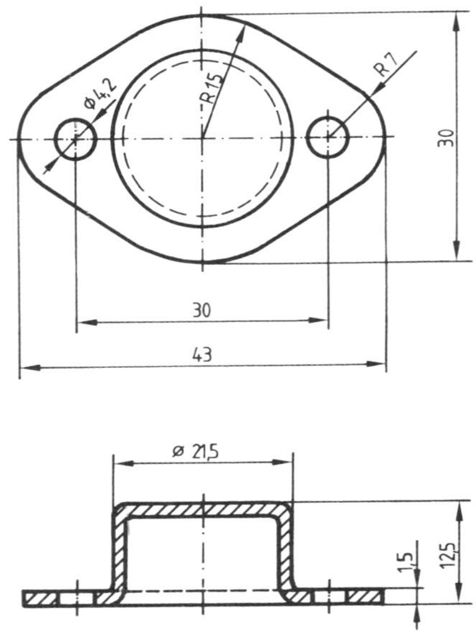

____

____

Abstandhalter für einen Blitzableiter

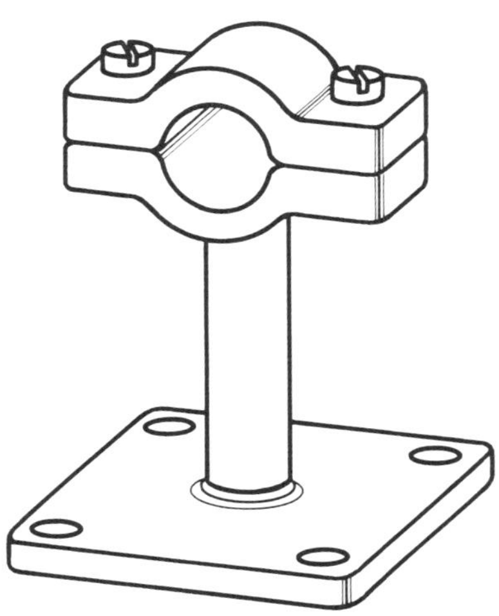

____

____

Erdungsschelle

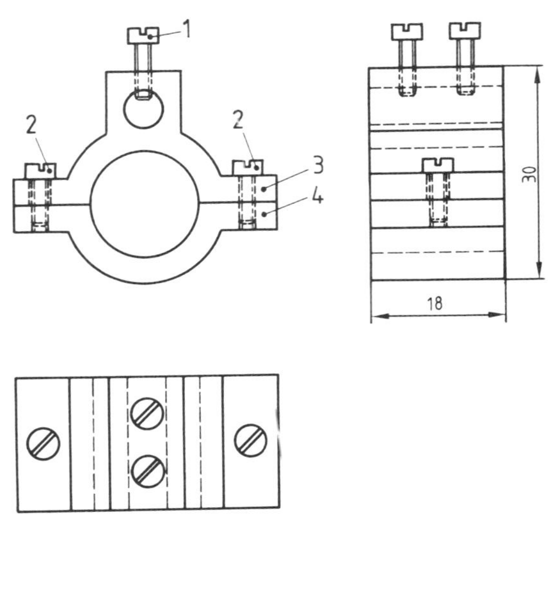

____

____

1.2	**Darstellungsarten technischer Zeichnungen: Bezeichnungen**	

Zeichnungsanalyse

Die Gesamtzeichnung zeigt eine Hauptpotentialausgleichsschiene, die aus mehreren Teilen besteht, in zusammengebautem Zustand. Bei Schnitten werden die einzelnen Teile durch verschiedene Schraffuren voneinander abgehoben.
Ordnen Sie die in der Explosionszeichnung dargestellten Einzelteile den entsprechenden Teilen in der Gesamtzeichnung zu. Schreiben Sie dazu in die vorgegebenen Kreise beider Zeichnungen die Nummern der Einzelteile aus der Stückliste.

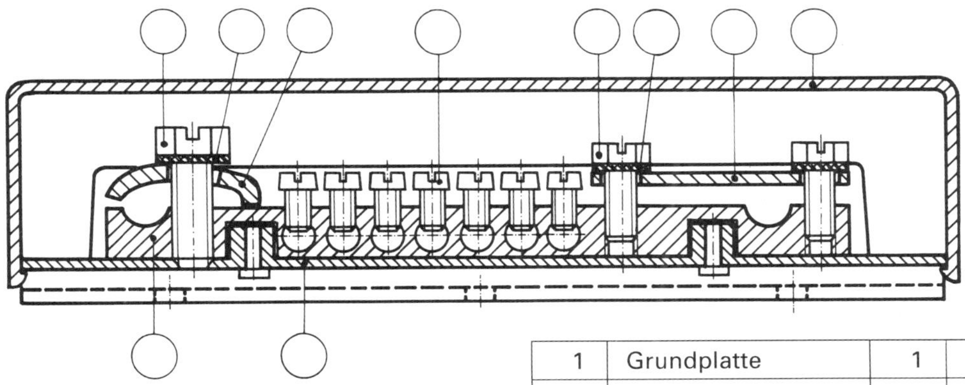

Anschlußmöglichkeiten:
1 × Rundstahl ∅ 8–10 mm
7 × Rundleiter bis 16 mm²
1 × Flachstahl bis 20 mm Breite oder
1 × Rundstahl ∅ 8–10 mm

Pos.	Benennung	Stück	Werkstoff/Bemerkung
1	Grundplatte	1	PS – schlagfest
2	Abdeckhaube	1	Polystrol, schlagfest
3	Sechskantschraube	1	M 8 × 20, Fe verzinkt
4	Sechskantschraube	2	M 6 × 15, Fe verzinkt
5	Fächerscheibe	2	A 6,4 V2A
6	Fächerscheibe	1	A 8,4 V2A
7	Kontaktleiste	1	MS 58
8	Klemmschelle	1	St galv. verzinkt
9	Überleger	1	St galv. verzinkt
10	Zylinderschraube	14	MS vernickelt

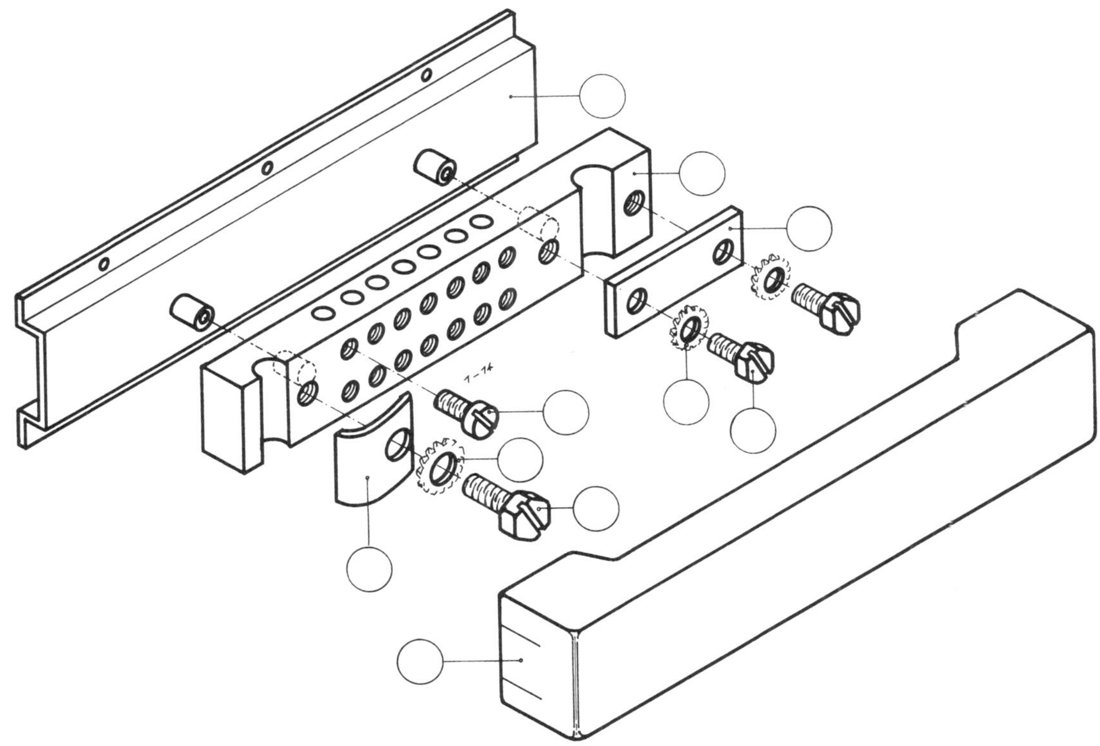

2.1

Explosionszeichnung: Hauptpotentialausgleichsschiene

Arbeitsplanung

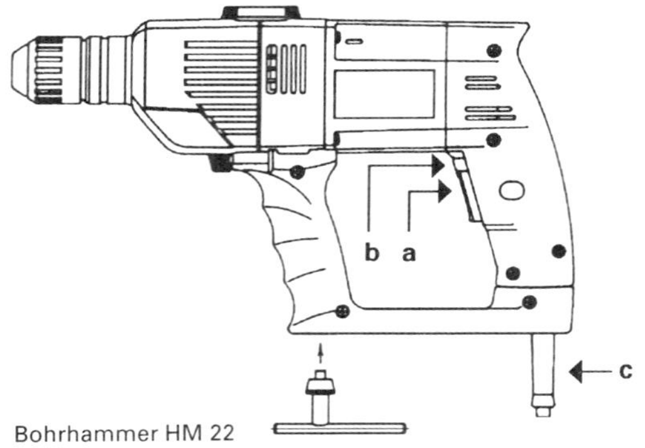

Bohrhammer HM 22

An dem Bohrhammer müssen der Schalter (a), der Schalter für R/L-Lauf (b) sowie die Netzzuleitung (c) erneuert werden.

1. Geben Sie die genauen Bestelldaten der für diese Reparatur erforderlichen Ersatzteile an.

2. Planen und beschreiben Sie die erforderlichen Arbeitsschritte.

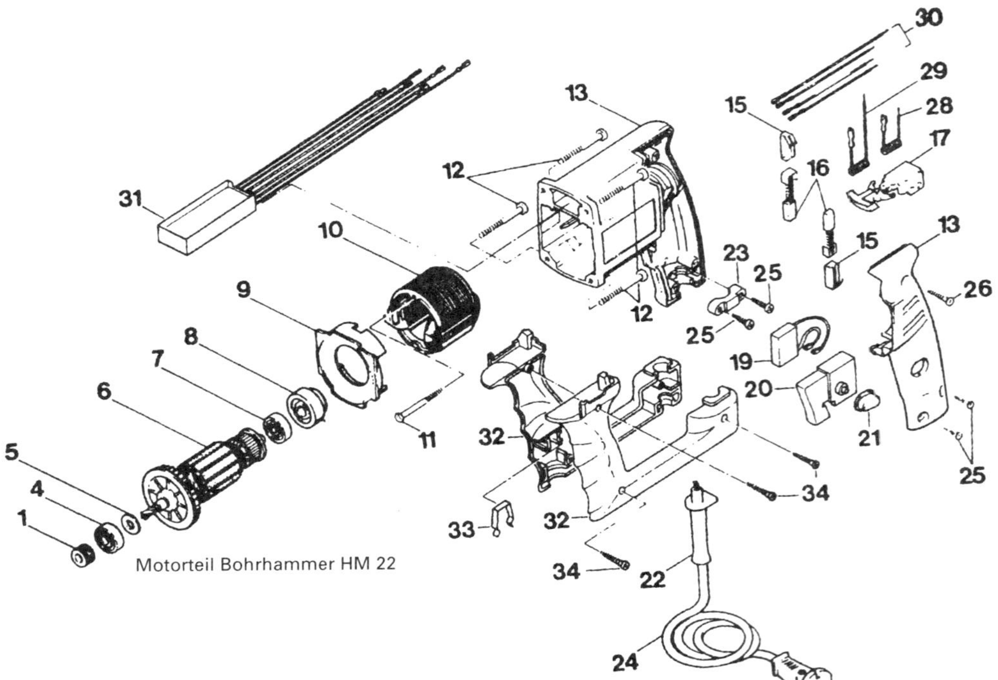

Motorteil Bohrhammer HM 22

zu 1:

Pos.	Teile-Nr.	Bezeichnung

zu 2:

____

____

____

____

____

____

____

____

Ersatzteilliste Bohrhammer HM 22

Pos.	Teile-Nr.	Bezeichnung
1	21501	Förderring
4	10028	Kugellager
5	18400	Paßscheibe DIN 988
6	16590	Anker 230 V
7	12422	Rillenkugellager
8	18182	Gummilagerteil
9	11741	Luftleitring
10	19630	Stator
11	13596	Linsenschraube 4 × 50
12	13597	Linsenschraube 4 × 60
13	25379	Gehäuse HM22-2E, blau
15	12006	Kohlehalter
16	18467	Kohlebürste
17	14250	Umschalter Links-Rechts
19	24812	Kondensator, HM22
20	24848	Poti-Schalter
21	12044	Arretierknopf, orange
22	14291	Knickschutztülle, Kema
23	15056	Zugentlastung
24	15063	Netzkabel, Semko
25	12090	Linsenschraube 4 × 19
26	12137	Schraube 4 × 19
28	12735	UKW-Drossel F 1756-05
29	12736	UKW-Drossel F 1756-06
30	19605	Schaltlitze 100 mm
31	24813	Vollwellenregler
32	24739	Handgriff HM22
33	24746	Haltefeder HM10.66
34	12137	Schraube 4 × 19

Nach Originalunterlagen eines Herstellers

2.2

Explosionszeichnung:
Instandsetzung eines Bohrhammers

Zeichnungsanalyse

Kennzeichnen Sie die Körperecken mit den vorgegebenen Zahlen. (Vornliegende Ecken: Zahlen außerhalb der Ansicht; dahinterliegende Ecken: Zahlen innerhalb der Ansicht in Klammern.)

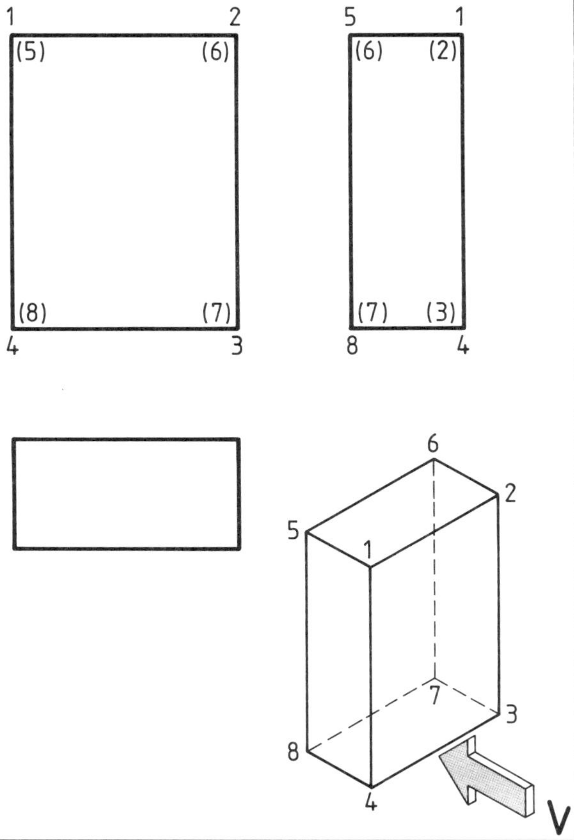

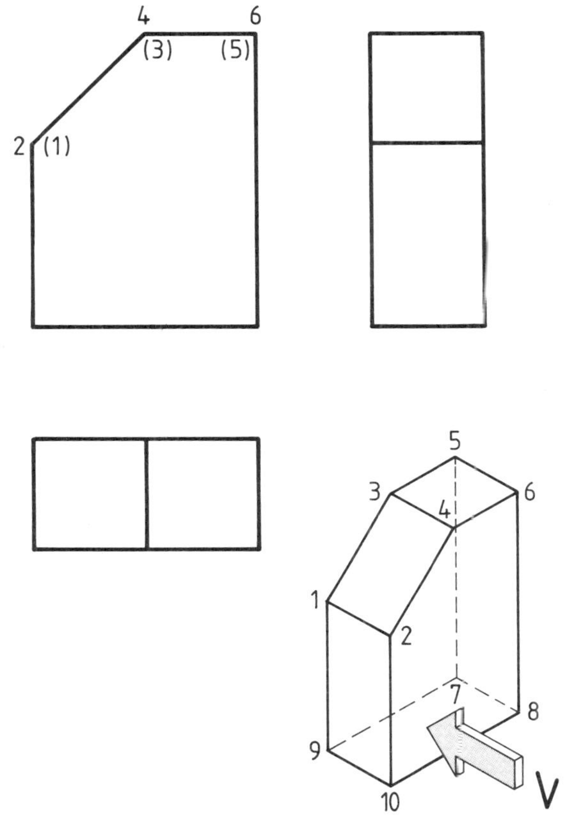

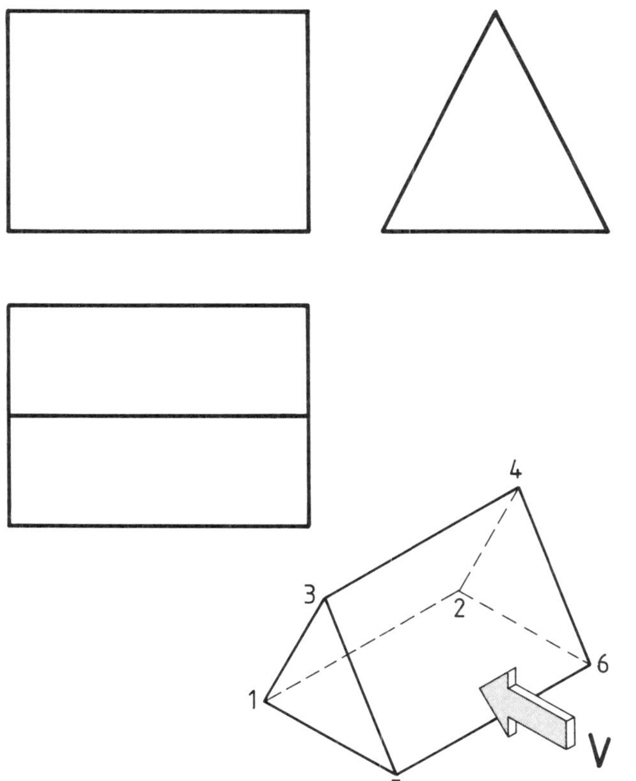

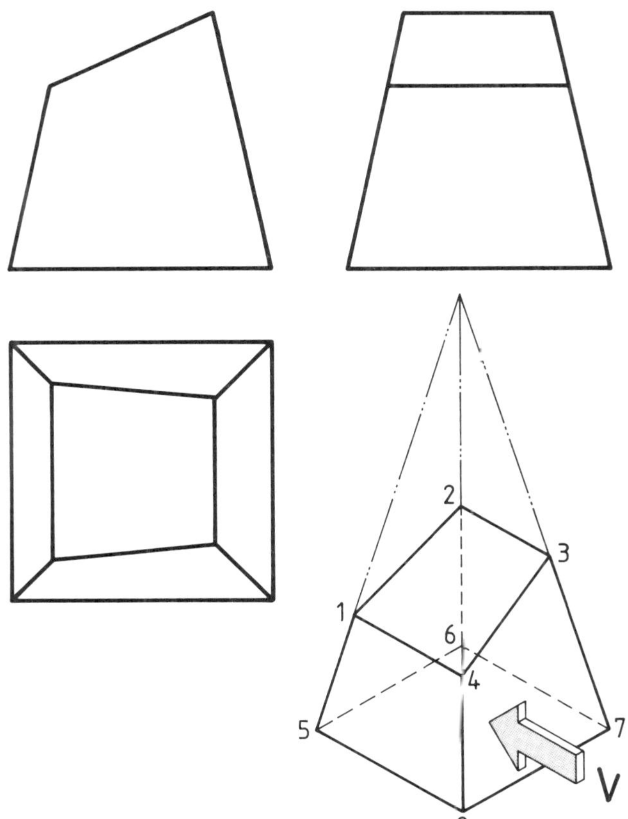

3.1

Normalprojektion: Leseübung

Zeichnungsentwurf

Konstruieren Sie jeweils aus gegebenen Ansichten einmal die Draufsicht und einmal die Seitenansicht.

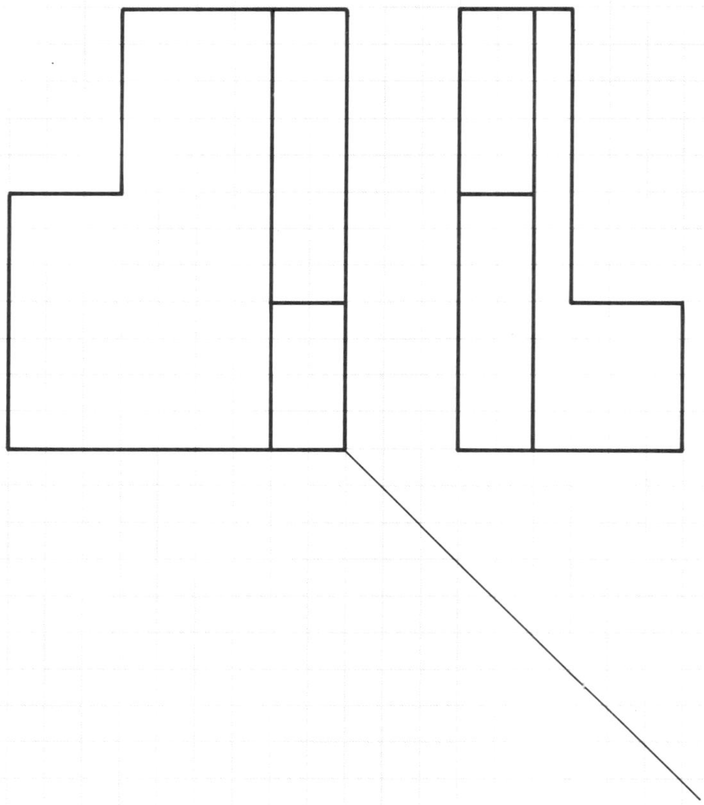

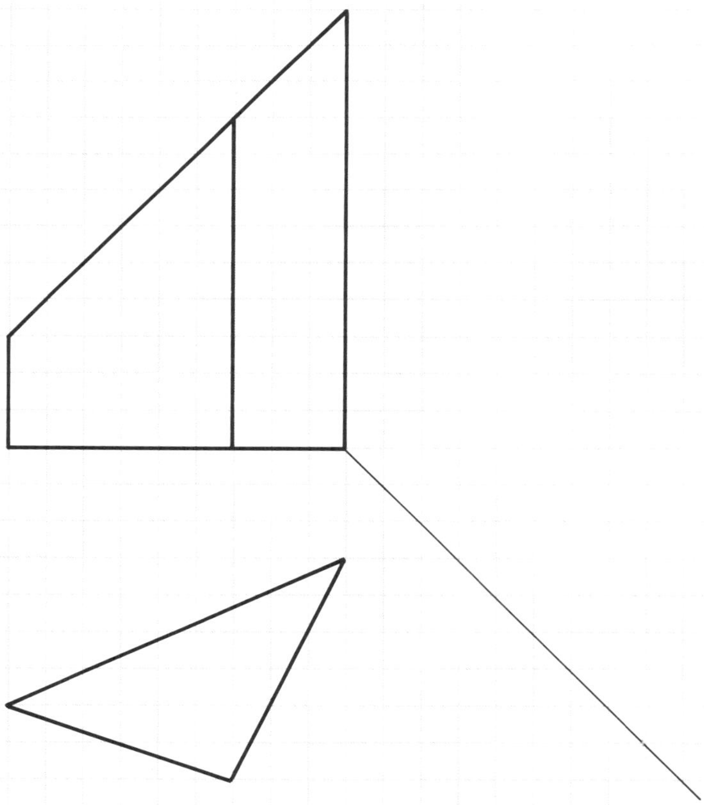

3.2	**Normalprojektion: Konstruktion der Draufsicht und der Seitenansicht**	

Einzelteilentwurf

Der Spulenkern wird aus einem 3 mm dicken Blech hergestellt und soll die angegebenen Abmessungen haben. Die beiden Ecken c werden ausgestanzt. Hierdurch entsteht die Verbindungsnase, über die der Spulenkern mit der Spulenjochplatte vernietet wird.

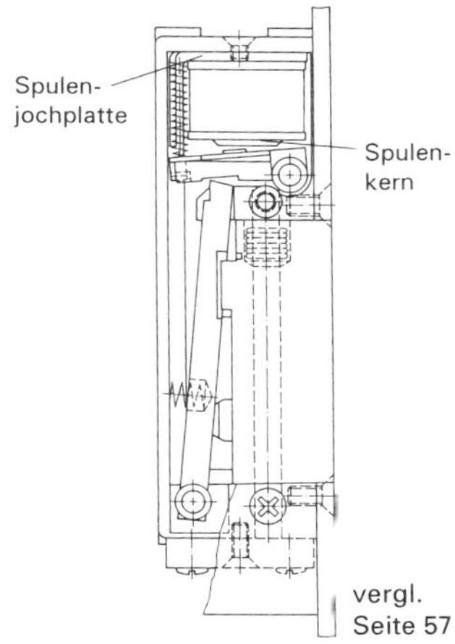

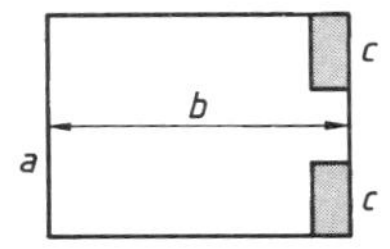

Verbindungsnase

Skizze des Spulenkerns

a = 15 mm = 30 mm
b = 35 mm = 70 mm
c = 2,5 mm × 5 mm = 5 mm x 10 mm

Fertigen Sie die normgerechte Zeichnung des Spulenkerns an. Wählen Sie für Ihre Zeichnung einen geeigneten Maßstab.

Maßstab = 2 : 1

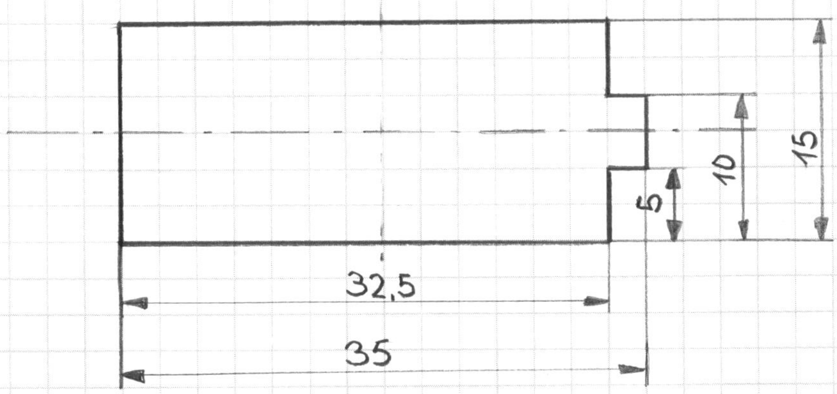

Einzelteilentwurf

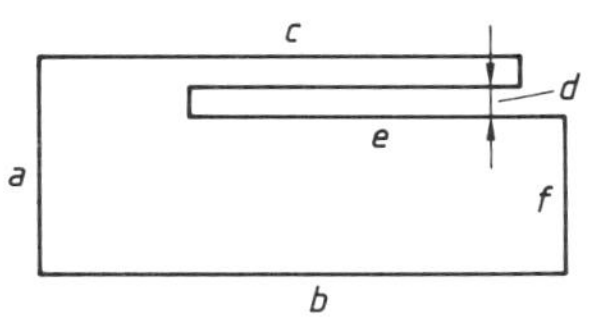

Skizze der Spulenjochplatte

Der Rohling der Spulenjochplatte hat die angegebenen Abmessungen.

a = 15 mm 30
b = 42,5 mm 85
c = 40 mm 80

d = 2,5 mm 5
e = 22,5 mm 45
f = 10 mm 20

Dicke des Blechs = 1,5 mm

Fertigen Sie die normgerechte Zeichnung des Rohlings an. Wählen Sie für Ihre Zeichnung einen geeigneten Maßstab.

Maßstab : 2 : 1

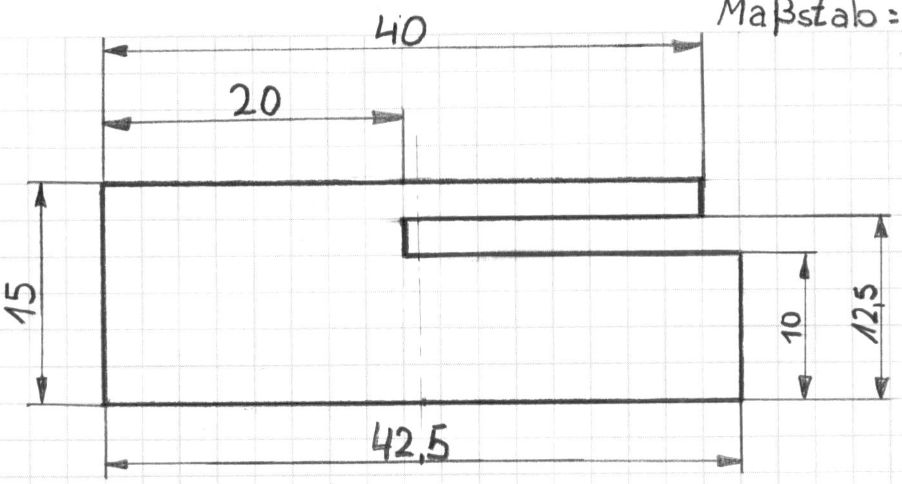

Analyseaufgabe

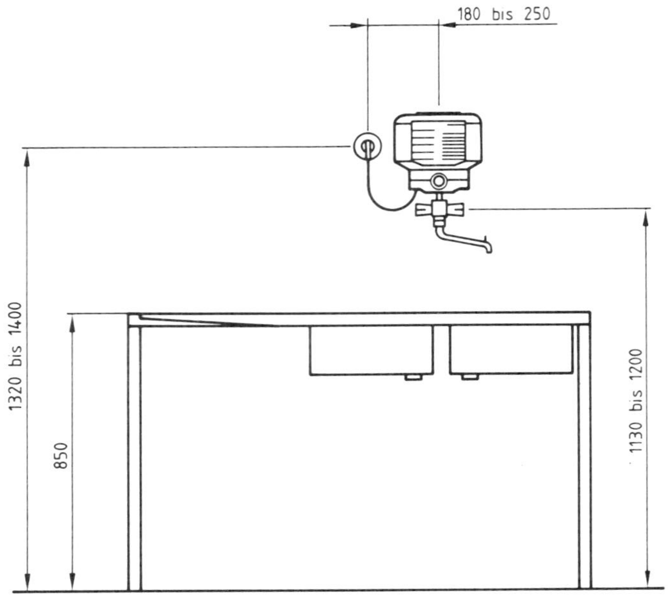

1. Welche Höhe wird für die Montage der Steckdose empfohlen?

2. Welcher Abstand sollte zwischen „Mitte Steckdose" und „Mitte Kochendwassergerät" eingehalten werden?

3. Ermitteln Sie den Abstand zwischen der Arbeitsfläche und dem Wasseranschluß des Kochendwassergerätes.

Leuchtstofflampen

Nenn-leistung der Lampe in Watt	Lichtfarbe	Licht-strom in lm	Rohr-durch-messer *d* in mm	Länge *l* in mm	Bild-Nr.
8	DE LUXE Daylight	300	16	288	1
15	NATURA DE LUXE	520	26	438	2
16	LUMILUX INTERNA	1300	26	720	3
30	LUMILUX Tageslicht	2300	26	895	4
36	LUMILUX INTERNA	3100	26	970	5
65	LUMILUX Hellweiss	5000	38	1500	6

Tragen Sie an den Lampen die der Tabelle entsprechenden Maße ein.

1 : 100

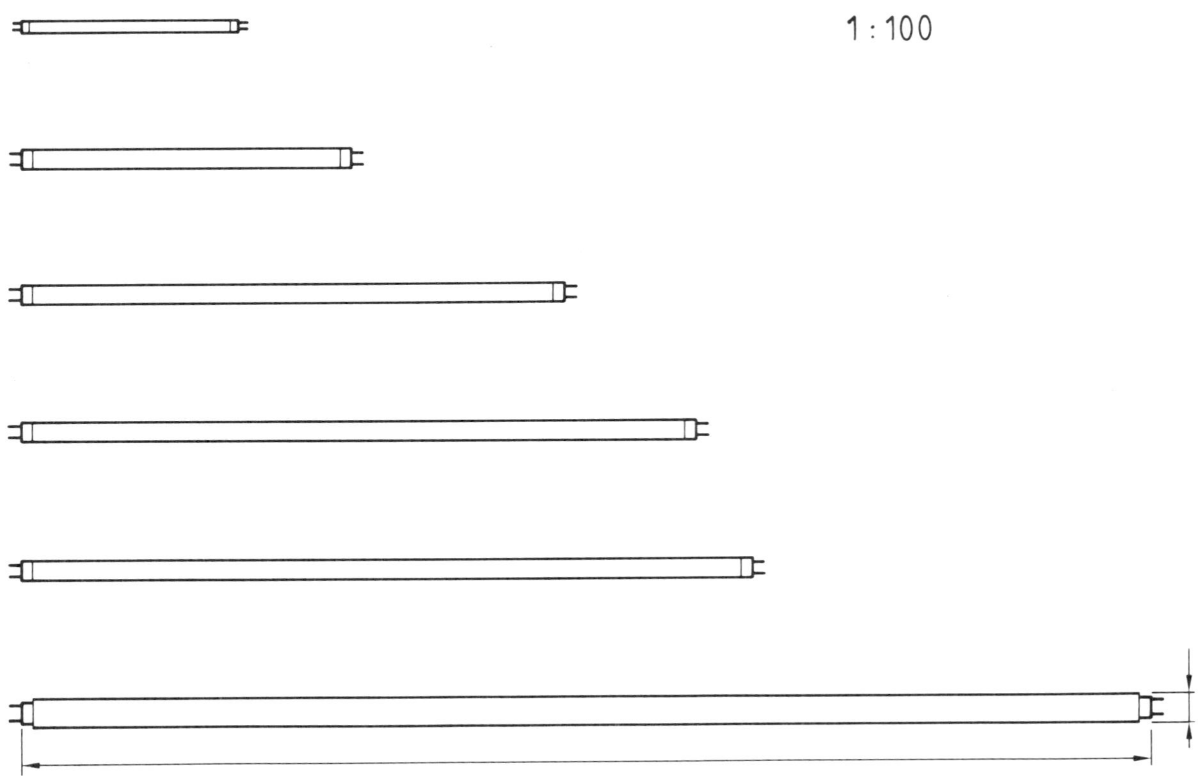

4.2

**Grundregeln der Maßeintragung, Maßstäbe:
Montage eines Kochendwassergerätes
Abmessungen von Leuchtstofflampen**

Zeichnungsanalyse

Die Installationsrohre einer elektrischen Anlage sollen mit Rohrklemmschellen befestigt werden. Die Schellen werden auf Profilschienen an der Wand befestigt.

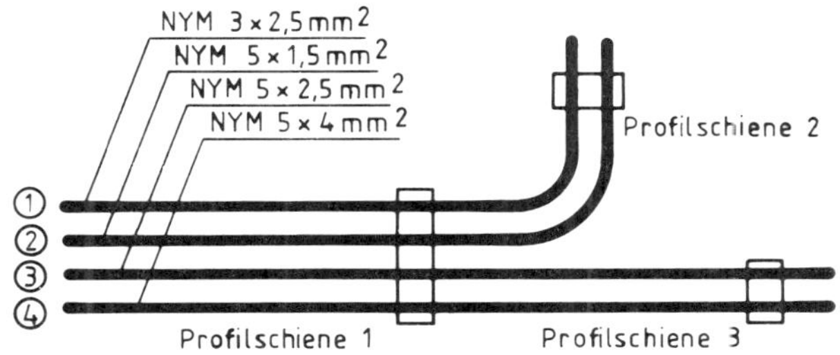

Leitungsabmessungen:

Leistungsbezeichnung	Nennquerschnitt mm²	Aderanzahl	Außenabmessung mm
NYM	1,5	3	10,0
	1,5	5	12,0
	2,5	3	11,5
	2,5	5	13,5
	4	5	16,5

Profilschiene:

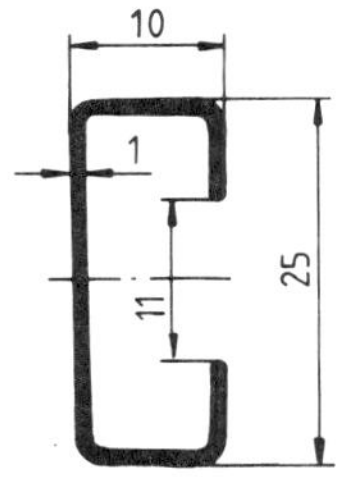

Rohr-Klemmschelle:

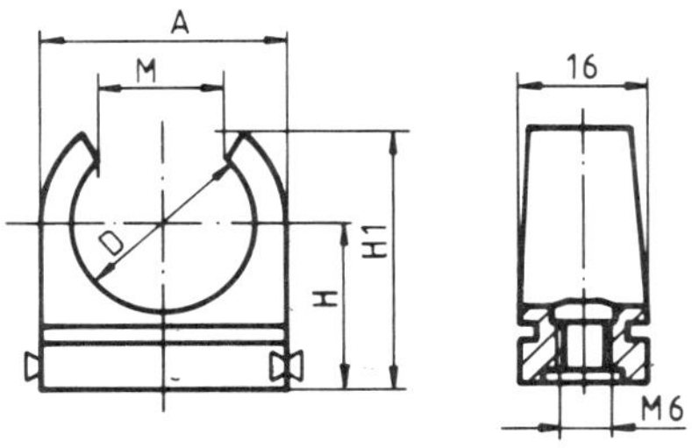

Schellen-Nenngröße	Rohr-Nenngröße Außen-Ø mm	Rohr-Nenngröße Innen-Ø mm	D mm	A mm	M mm	H mm	H1 mm
J 11	13,0	11,0	12	18,5	8,8	16,4	23,0
J 13	15,8	13,5	15	21,0	11,2	17,5	24,8
J 16	18,7	16,0	18	25,0	13,5	19,0	27,7
J 19	21,2	19,0	20	28,0	14,5	20,0	30,1
J 23	28,5	23,0	28	36,5	20,0	24,0	37,2

1. Wählen Sie anhand der Leitungsangaben die erforderlichen Rohr- und Schellen-Nenngrößen aus.

	Leitung 1	Leitung 2	Leitung 3	Leitung 4
Rohr-Nenngröße				
Schellen-Nenngröße				

2. Ermitteln Sie, wie lang die Profilschienen 1, 2 und 3 sein müssen. (Zugabe für die Befestigung der Schiene: 2 cm)

Profilschiene 1: ________ Profilschiene 2: ________ Profilschiene 3: ________

3. Bemaßen Sie an dem Teilstück der Profilschiene 1
a) die abzuschneidende Länge,
b) die Positionen der Schellen.

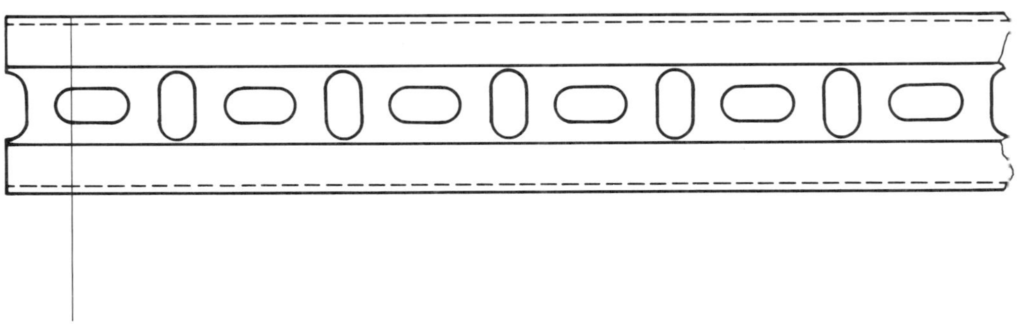

5.1	**Maßbezugskanten, Kettenmaße, Toleranzen: Rohrinstallation mit Rohrklemmschellen**	

Analyseaufgabe

Die Abdeckung dieses Kleinverteilers hat für die im Verteiler montierten Geräte zwei Ausschnitte.
Unter dem oberen Ausschnitt sind von links beginnend ein Hauptschalter und ein 4poliger Fehlerstromschutzschalter montiert. Unter dem unteren Ausschnitt sind von links beginnend 8 Sicherungsautomaten eingebaut.
Die Einbaubreite soll je Ausschnitt mit einem „Toleranzzuschlag" von +0,2 mm je montiertes Gerät berechnet werden.

Bestimmen Sie die Längen für die obere und unter Blindplatte zum Abdecken der in den Ausschnitten übrigbleibenden Lücken, die von einer 1-m-Stange abgesägt werden.
Zeichnen Sie die Trennungslinien zwischen den eingebauten und die beiden Blindabdeckungen maßstabsgerecht mit der jeweiligen Längenangabe ein.

Einbaugeräte für diesen Kleinverteiler

Kleinverteiler

Sicherungsautomat 16 A
Einbaubreite 17,5 mm

Fehlerstromschutzschalter
Einbaubreite 70 mm

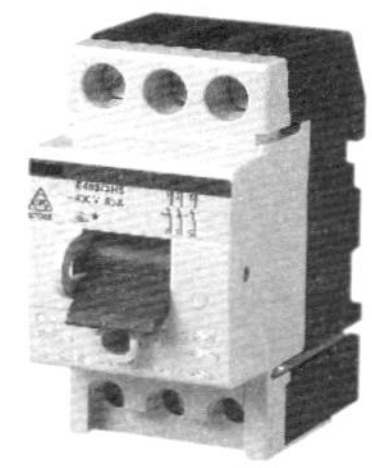

Hauptschalter 3polig, 63 A
Einbaubreite 44 mm

Blindplatten
Breite 46/54 mm

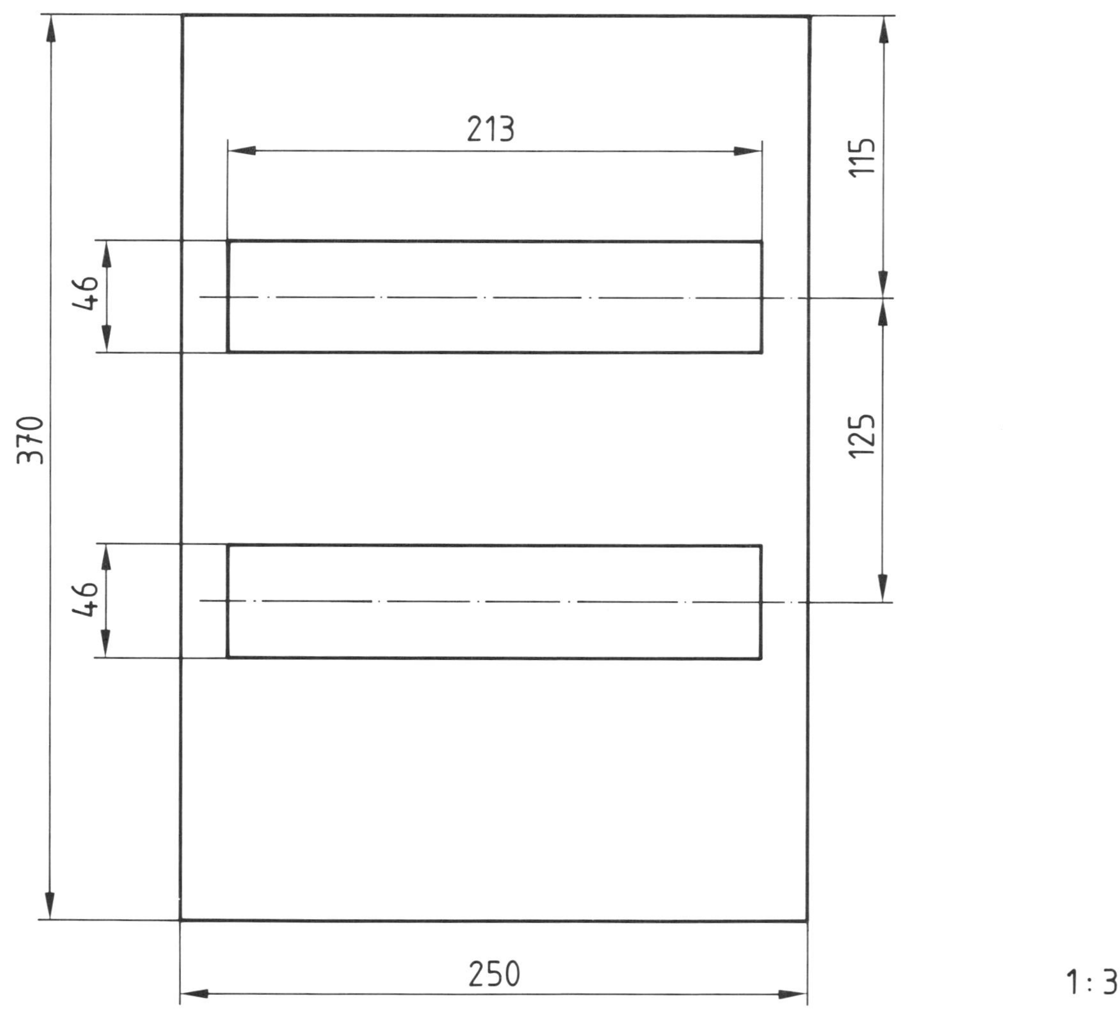

5.2	**Maßbezugskanten, Kettenmaße, Toleranzen: Kleinverteiler, Längenbestimmungen von Blindplatten**	

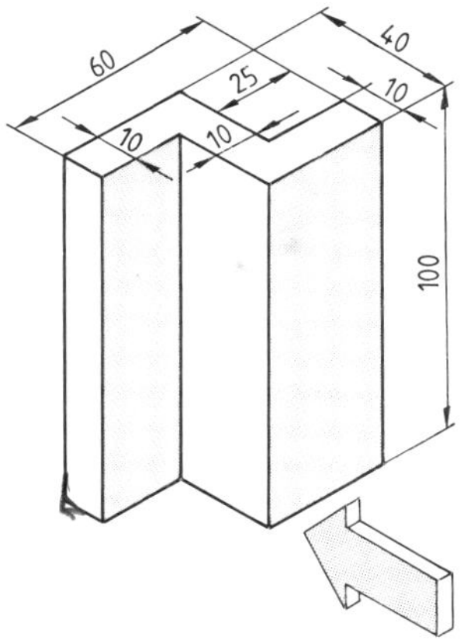

Zeichnungsentwurf

Zeichnen Sie das Z-Stück in drei Ansichten, und bemaßen Sie normgerecht.

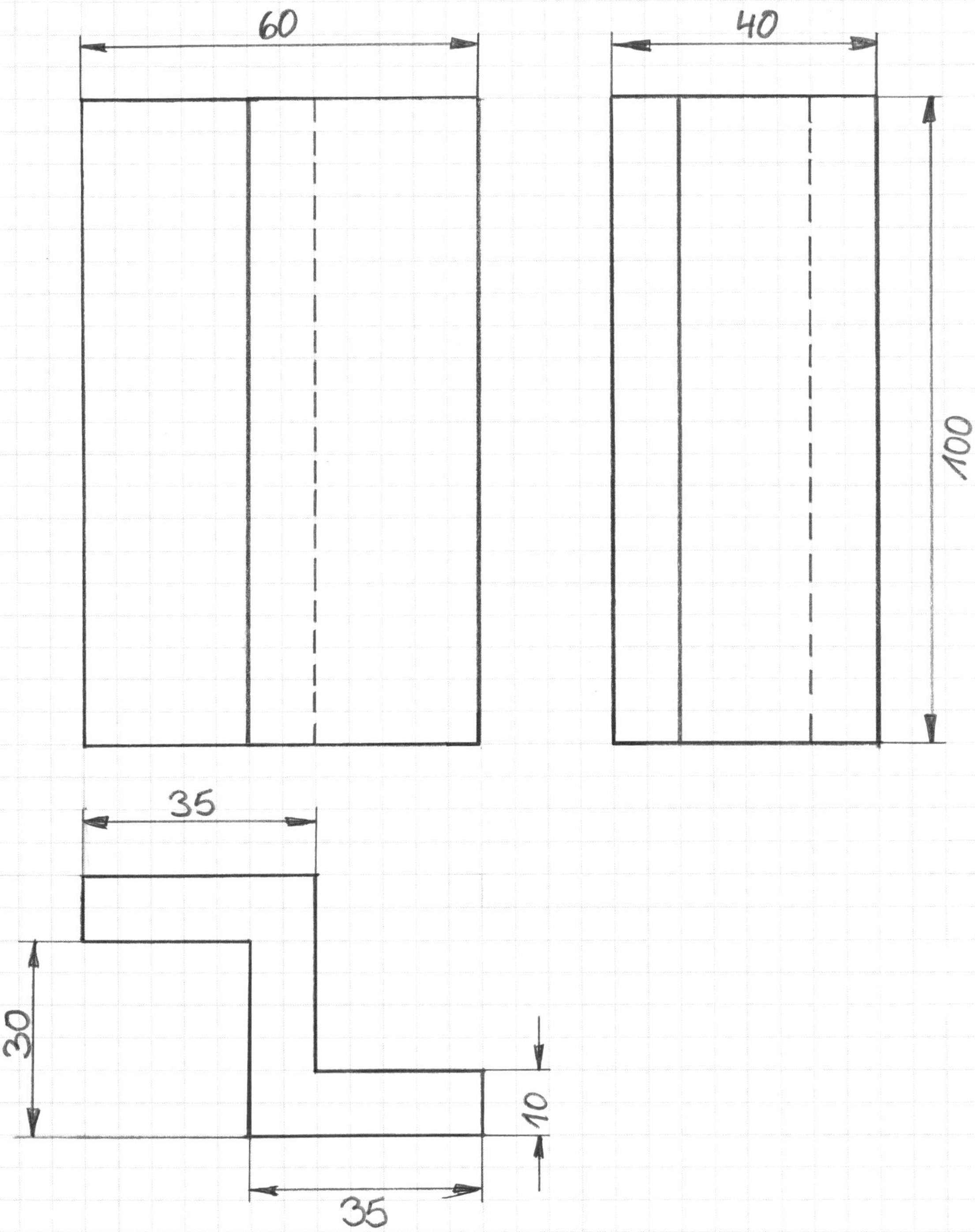

6.1	**Verdeckte Kanten:** **Z-förmiges Werkstück**

Zeichnungsentwurf

Der Außenanker des Türöffners besteht aus 1 mm dickem Blech. Er ist in der Fertigungszeichnung als Rohling dargestellt.
Die in der Draufsicht sichtbare Stegbreite ist 8,2 mm breit.

Zeichnen Sie die Draufsicht und ergänzen Sie das fehlende Maß.

Hinweis
Aus zeichnerischen Gründen wird hier der nicht genormte Maßstab 3:1 verwendet.

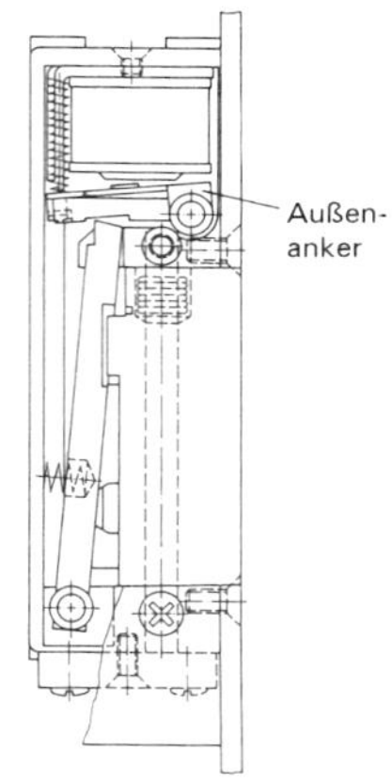

vergl. Seite 57

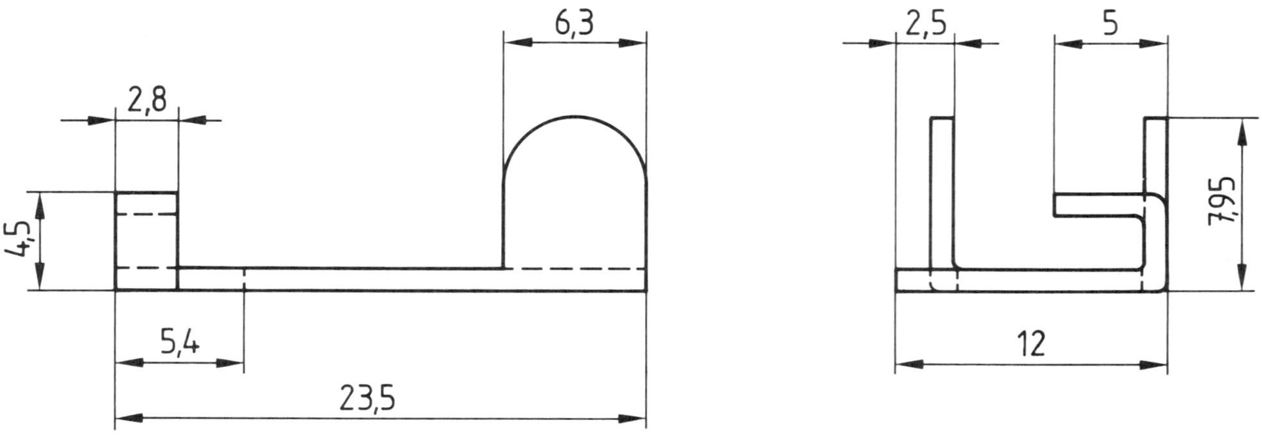

3 : 1

6.2	**Verdeckte Kanten: Rohling des Außenankers des Türöffners**	

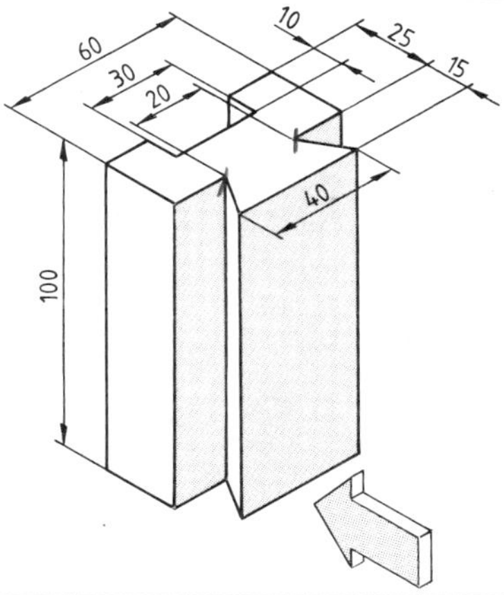

Zeichnungsentwurf

Das nebenstehend dargestellte symmetrische Werkstück (Schwalbenschwanz mit Nut) ist in drei Ansichten zu zeichnen und normgerecht zu bemaßen.

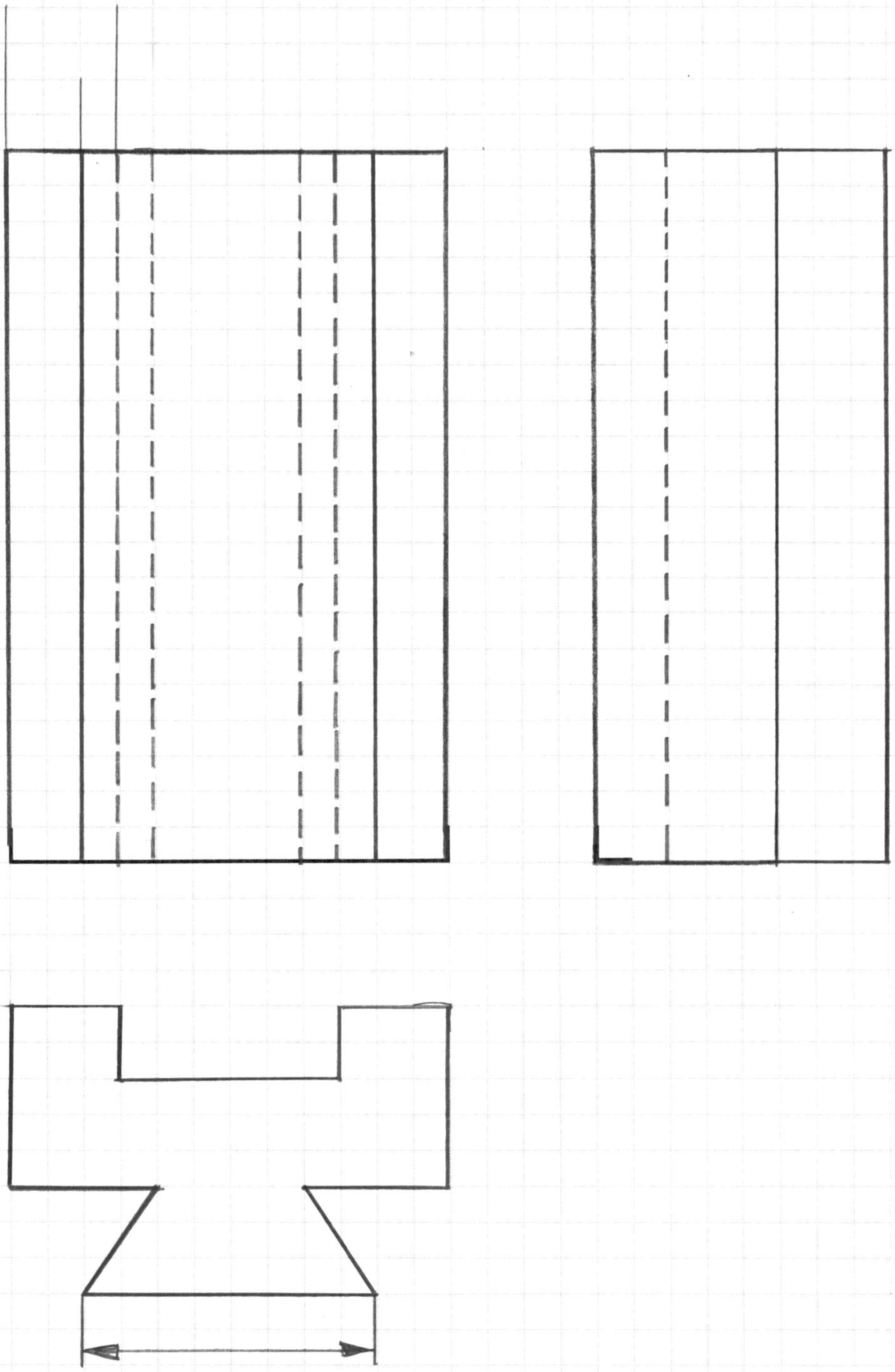

7.1	**Mittellinien: Schwalbenschwanz mit Nut**	

Zeichnungsentwurf

Der Spulenkörper des Türöffners ist als Rohling dargestellt.

Die Innenabmessungen des Durchbruchs betragen 12,2 mm × 3,2 mm.
Die Außenabmessungen des Durchbruchs betragen 14,2 mm × 5 mm.

Zeichnen Sie die Seitenansicht des Rohlings und bemaßen Sie den symmetrisch angeordneten Durchbruch.

Hinweis
Ais zeichnerischen Gründen wird hier der nicht genormte Maßstab 3 : 1 verwendet.

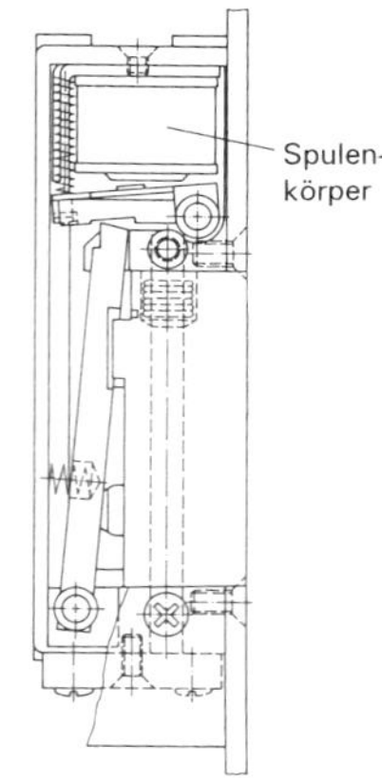

vergl. Seite 57

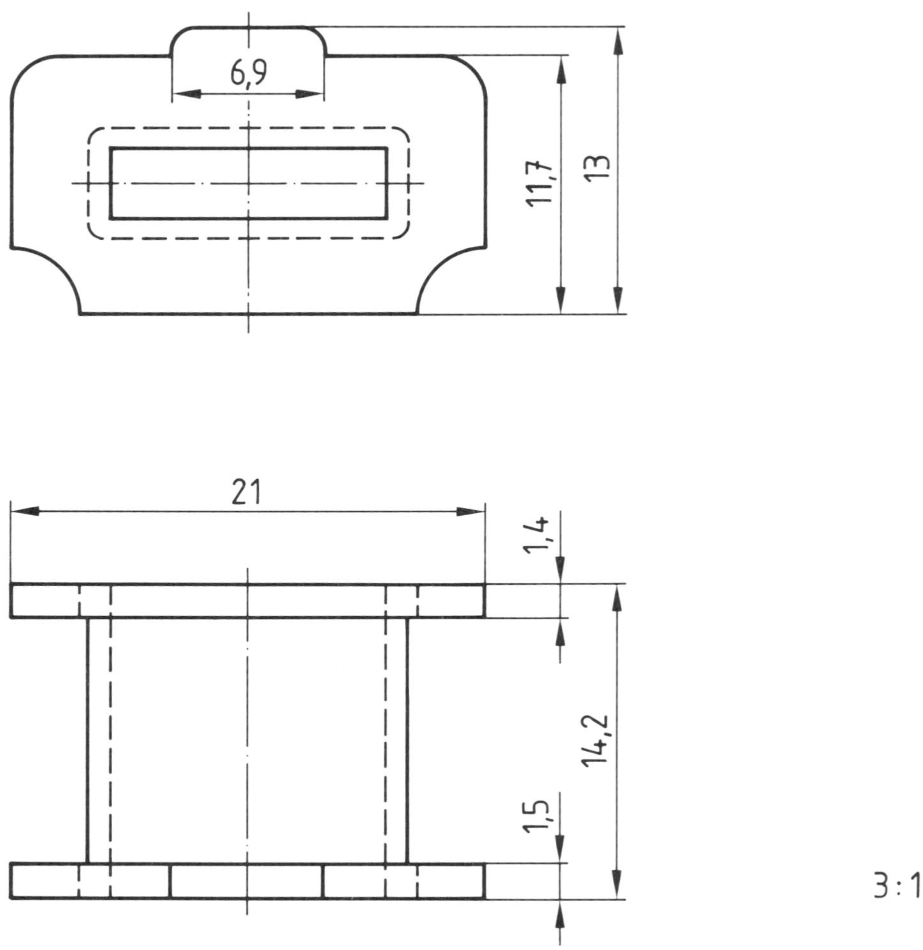

7.2

Mittellinien:
Spulenkörper des Türöffners

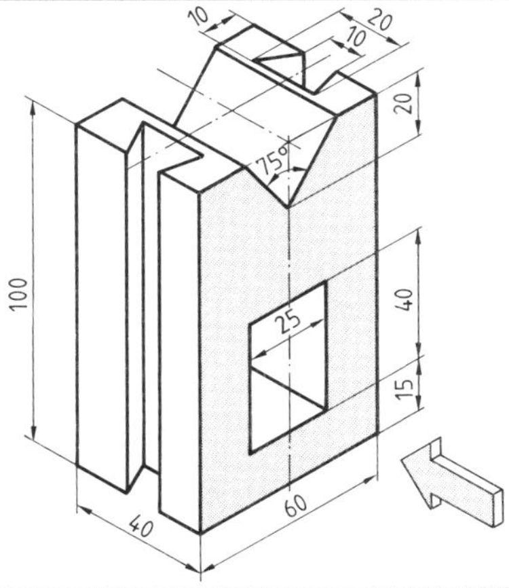

Zeichnungsentwurf

Zeichnen Sie das dargestellte Prisma in drei Ansichten, unc bemaßen Sie die Zeichnung normgerecht.

8.1	**Winkel und durchbrochene Körper: Prisma**	

Zeichnungsentwurf

Der Rohling für den Wechsel des Türöffners hat die Abmessungen 8 × 5 × 61,5 (Tiefe × Höhe × Länge).

Es sind drei Schrägen anzubringen. Die Schräge A hat einen Winkel von 83° gegen die Senkrechte, die Schräge C einen Winkel von 8° gegen die Senkrechte. Die Schräge B hat einen Winkel von 5° gegen die Waagerechte und ist um 45° nach hinten abgeschrägt.

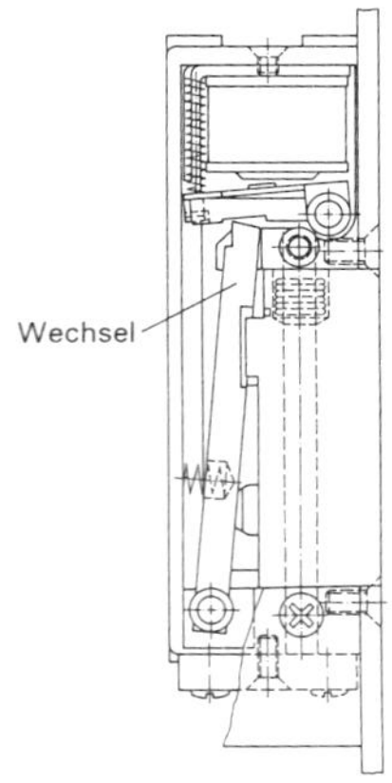

vergl. Seite 57

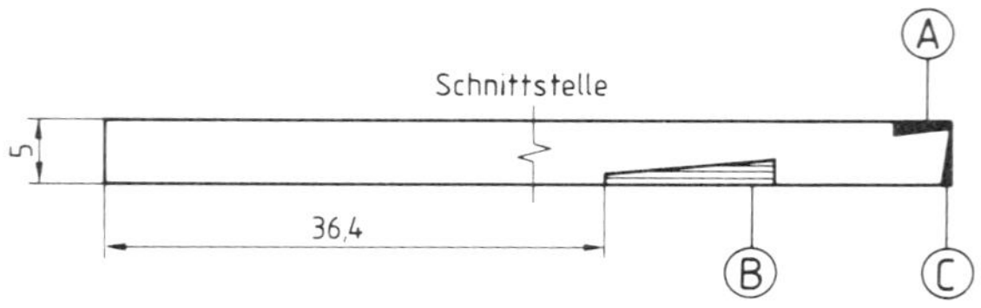

Bemaßen Sie an dem dargestellten Teilstück die Winkel normgerecht und zeichnen Sie die Draufsicht.

Hinweis:
Aus zeichnerischen Gründen wird hier der nicht genormte Maßstab 4 : 1 verwendet.

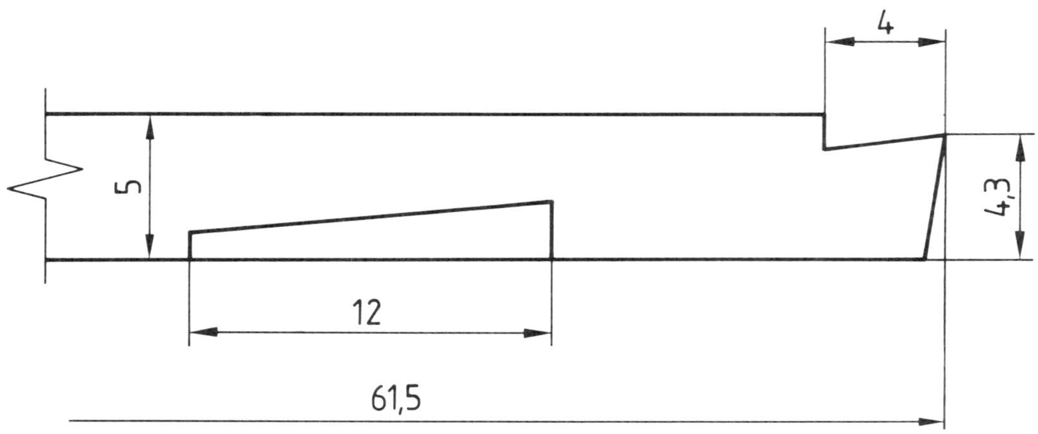

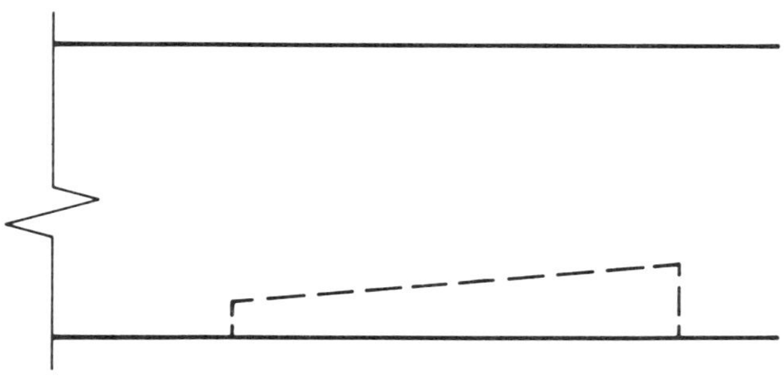

4 : 1

8.2	**Winkel und durchbrochene Körper: Wechsel des Türöffners**	

Zeichnungsentwurf

In den Rohling des Außenankers sollen 3 Bohrungen eingebracht werden.

Die zwei Bohrungen in den Schenkeln des Rohlings haben einen Durchmesser von 4,2 mm. Sie werden mittig in einem Abstand von 4,8 mm zur Unterseite des Steges gebohrt. Die Bohrung im Steg hat einen Durchmesser von 2,1 mm. Sie befindet sich 2,5 mm vom vorderen Rand und 12,5 mm vom rechten Rand des Werkstücks.

Ergänzen Sie die Bohrungen in allen Ansichten und bemaßen Sie diese normgerecht.

Hinweis
Aus zeichnerischen Gründen wird hier der nicht genormte Maßstab 3 : 1 verwendet.

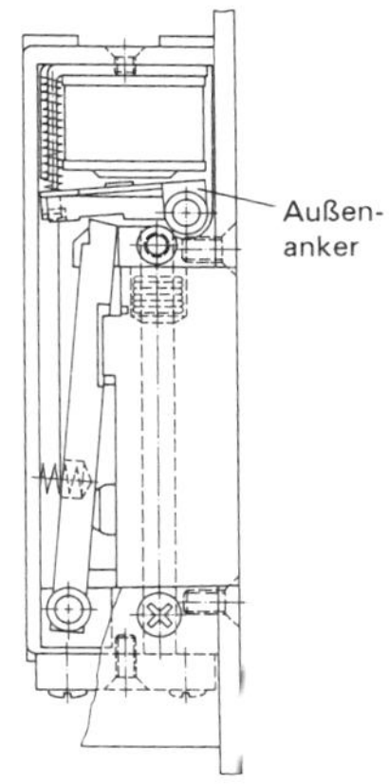

vergl. Seite 57

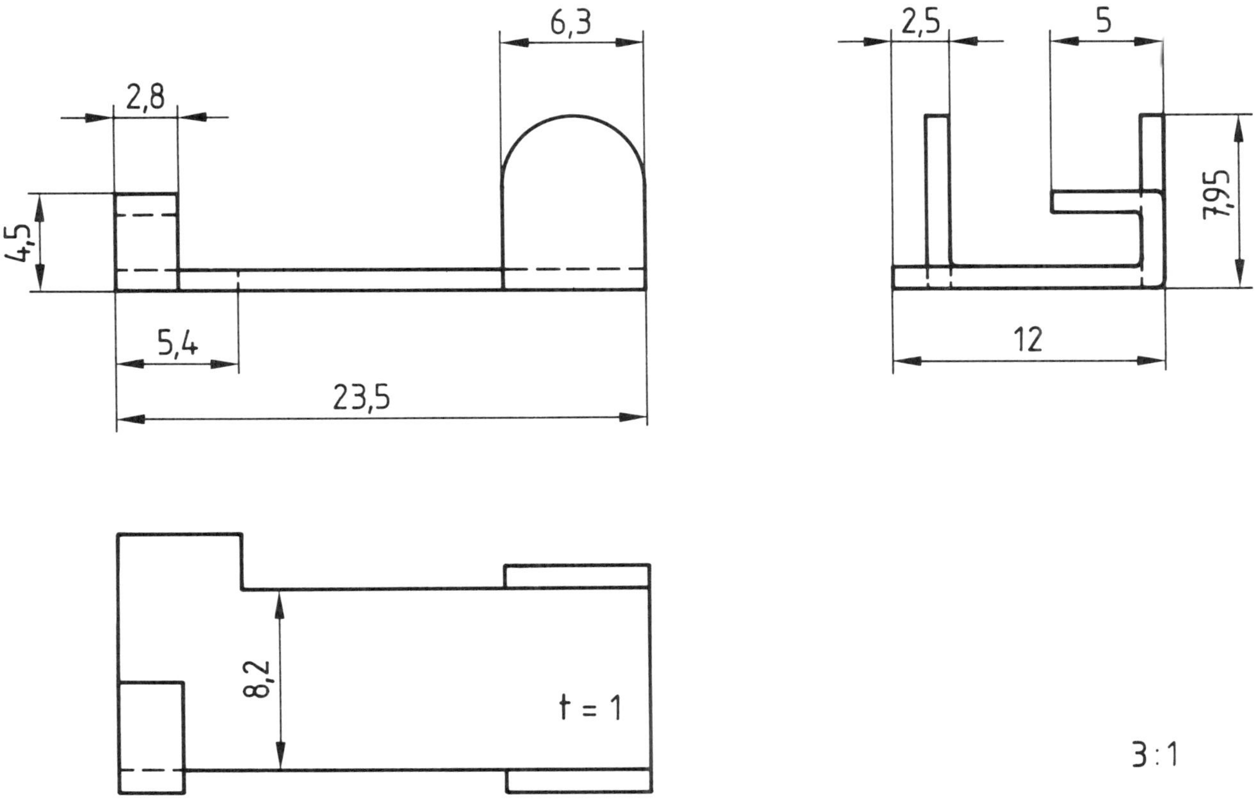

9.1	**Bohrungen, Langlöcher und Radien: Außenanker des Türöffners**	

Zeichnungsanalyse

1. Für welche Einzelteile des Türöffners, der auf Seite 11 dargestellt ist, gelten die Fertigungszeichnungen a) bis c)? Schreiben Sie unter jede Zeichnung die entsprechende Bauteilnummer und Bauteilbezeichnung.

2. Warum haben einige Maße keine Toleranzangaben, andere dagegen nur das obere oder das untere Abmaß?

a)

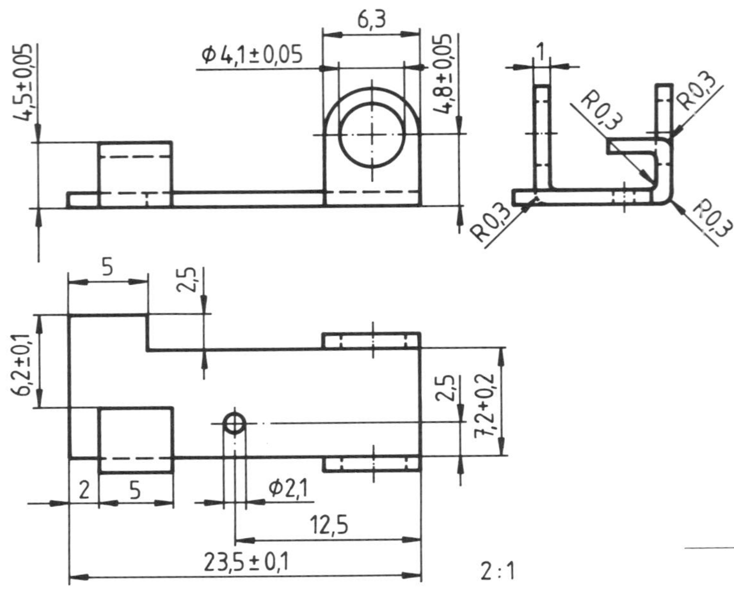

____

b)

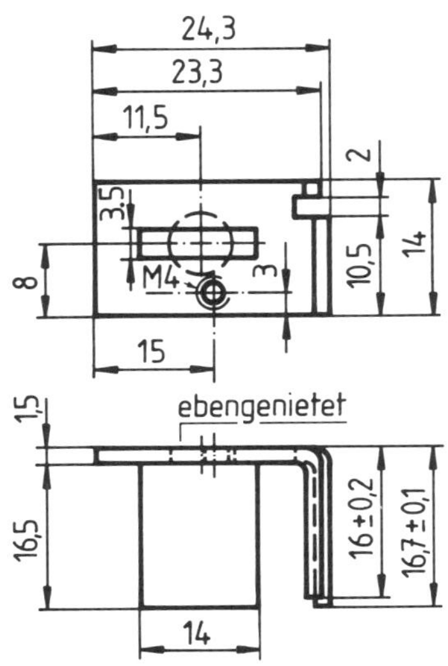

____

c)

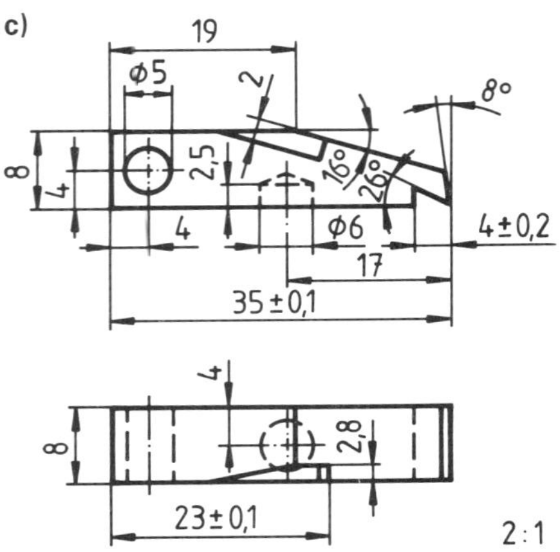

____

zu 2.

____

____

____

____

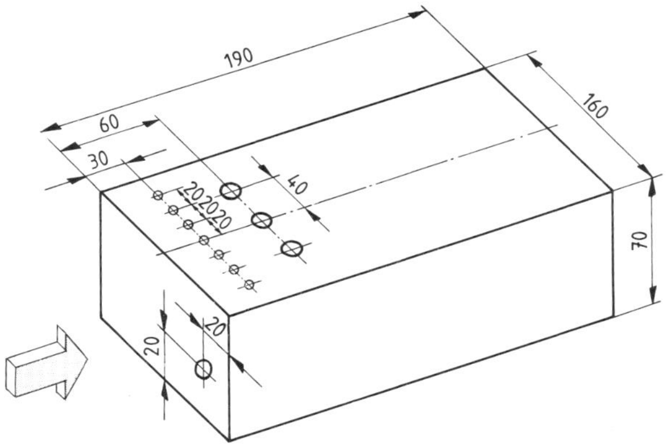

Zeichnungsentwurf

Zeichnen Sie die Abwicklung der Transformatorabdeckung mit allen Bohrungen für Steckerbuchsen, Schalter und Kontrollampen und Zuleitungseinführung im Maßstab 1 : 2.

Bemaßen Sie die Abwicklung.

Bohrung für Steckerbuchsen: ∅ 8 mm, Abstand 20 mm.

Bohrung für Schalter und Lampen: ∅ 20 mm, Abstand 40 mm.

Bohrung für Leitungseinführung: ∅ 10 mm.

10.1

Abwicklungen: Transformatorgehäuse

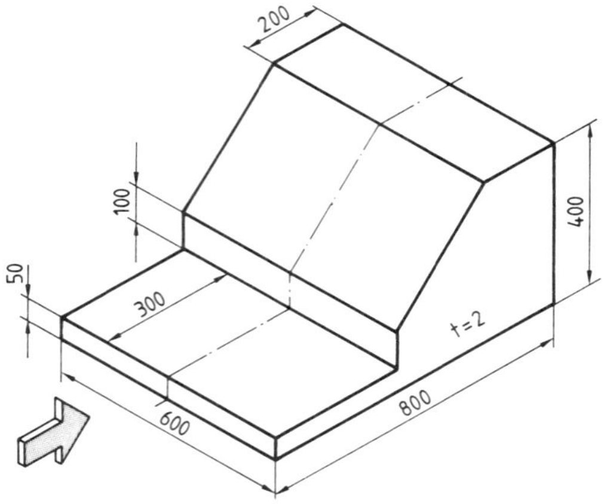

Zeichnungsentwurf

Konstruieren Sie die Abwicklung des Meßpult-Gehäuses im Maßstab 1:10. Das Meßpult-Gehäuse ist von unten offen. Geben Sie alle für die Fertigung erforderlichen Maße an.

10.2	**Abwicklungen: Meßpultgehäuse**	

Zeichnungsentwurf

Zeichnen und bemaßen Sie die Drehkörper im Maßstab 1:1 in Vorderansicht und Draufsicht.
Großer ∅ 50 mm; mittlerer ∅ 30 mm; kleiner ∅ 20 mm; Höhe 75 mm; oberer Ansatz 35 mm; unterer Ansatz 15 mm. Tragen Sie die Oberflächenbeschaffenheit ein.

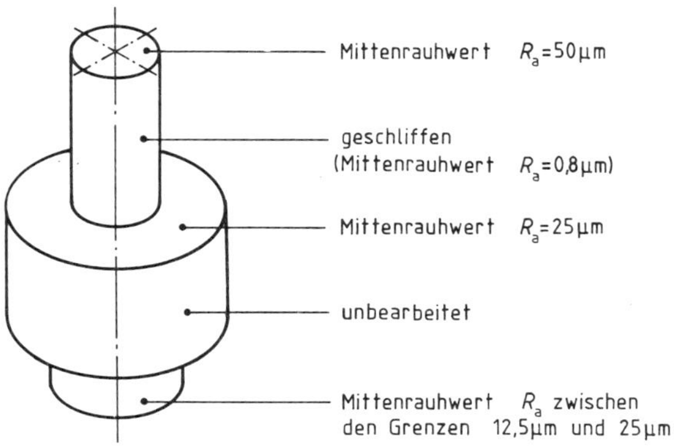

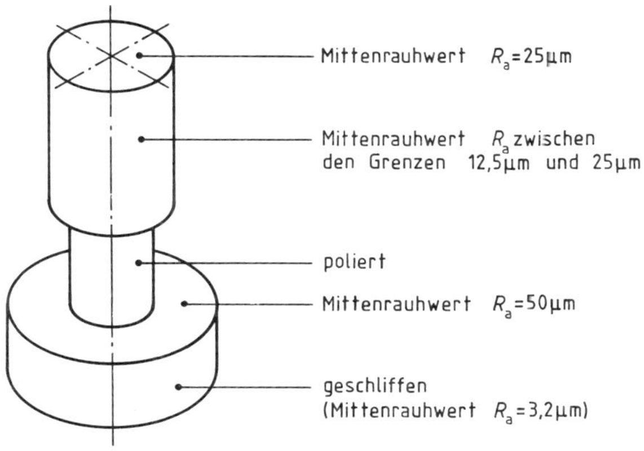

11.1	**Zylindrische Körper, Oberflächenbeschaffenheit: Drehkörper**	

Zeichnungsentwurf

Zeichnen Sie von der in der Vorderansicht dargestellten Lagerbuchse die Seitenansicht, und ergänzen Sie die fehlenden verdeckten Kanten in der Draufsicht.

Geben Sie die Oberflächenbeschaffenheit an.
Mantelfläche: $R_a = 0{,}4\ \mu m$
Bohrung: R_a in den Grenzen 0,05 μm und 0,1 μm

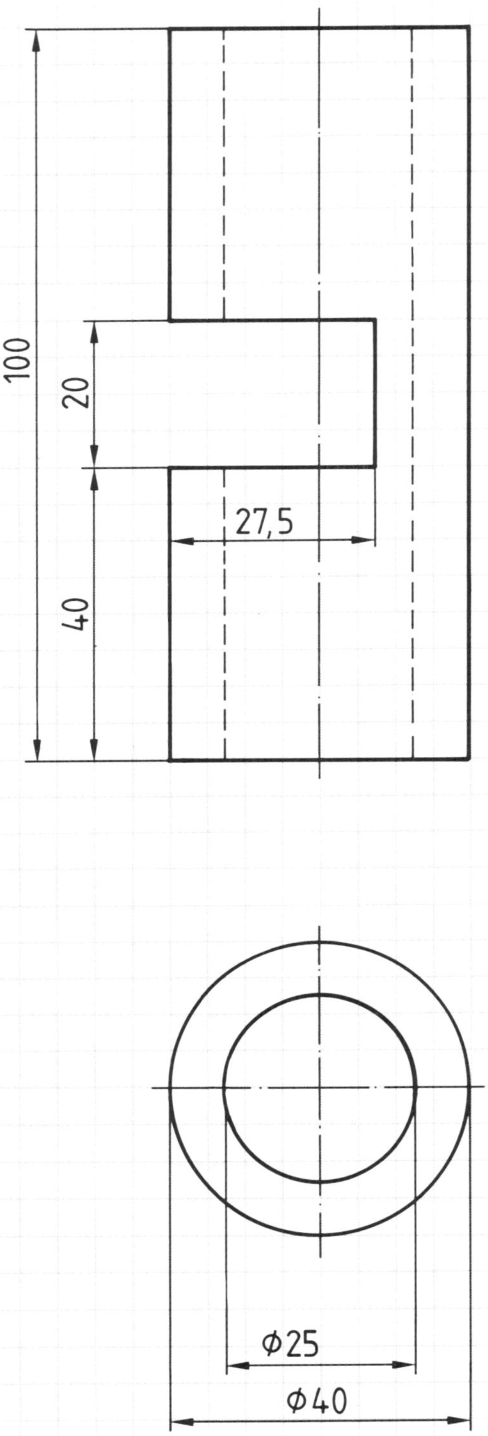

11.2

Zylindrische Körper, Oberflächenbeschaffenheit: Drehkörper mit Quernut

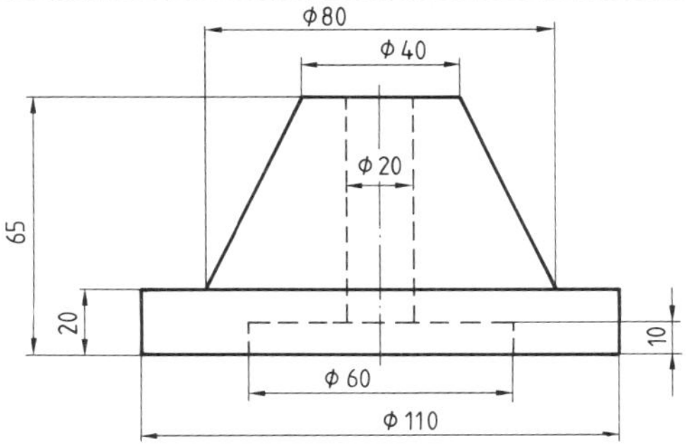

Zeichnungsentwurf

Zeichnen Sie den dargestellten Drehkörper in der Vorderansicht und in der Draufsicht.

Zeichnen Sie die Vorderansicht im Halbschnitt. Bemaßen Sie normgerecht.

12.1

Körperschnitte: Drehflansch

Zeichnungsentwurf

Zeichnen Sie die Seitenansicht des Achsschenkels im Schnitt, und vervollständigen Sie die fehlenden verdeckten Kanten in der Draufsicht.
(Bohrlochlänge 45 mm)

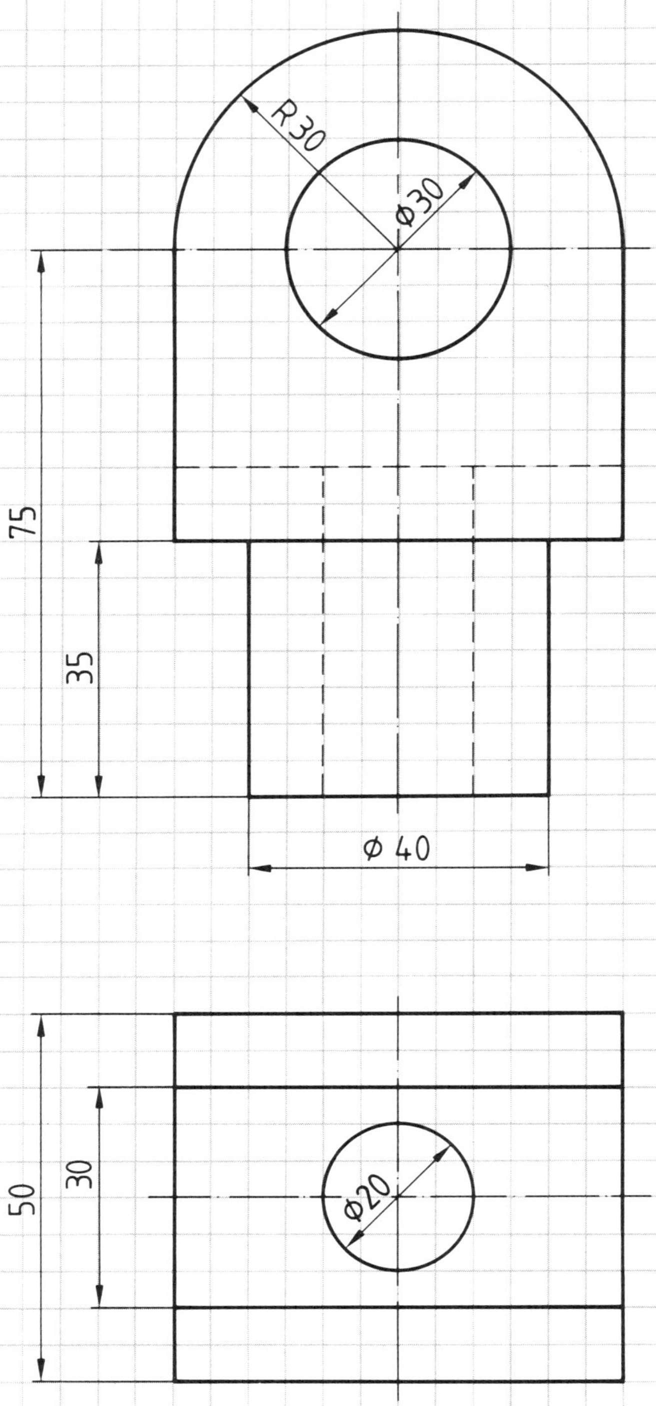

12.2	Körperschnitte: Achsschenkel	

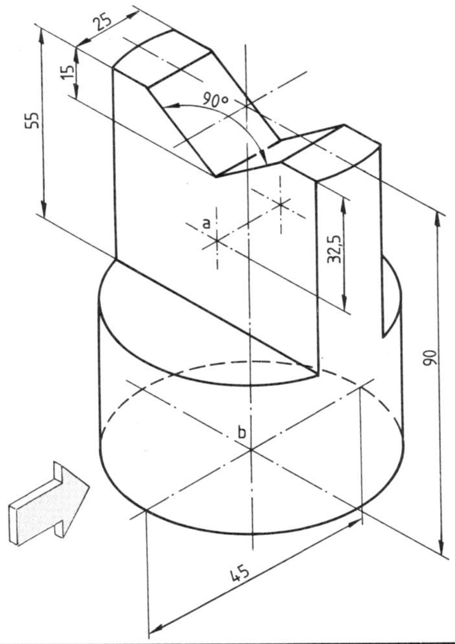

Zeichnungsentwurf

Das dargestellte Verbindungsstück soll bei a ein durchgehendes Gewindeloch M 10 und bei b (zentrisch, in Richtung der Symmetrieachse) ein Gewindesackloch M 16 erhalten. Kernlochtiefe des Gewindegrundlochs = 25 mm, nutzbare Gewindelänge = 18 mm.

Zeichnen Sie das Verbindungsstück in drei Ansichten, und bemaßen Sie normgerecht.

13.1

Gewinde und Schrauben:
Verbindungsstück mit Gewindelöchern

Zeichnungsentwurf

Zeichnen Sie die Klemmvorrichtung in zusammengebautem Zustand als Gesamtzeichnung im Schnitt. Die Einzelteile sind mit Positionsnummern zu versehen.

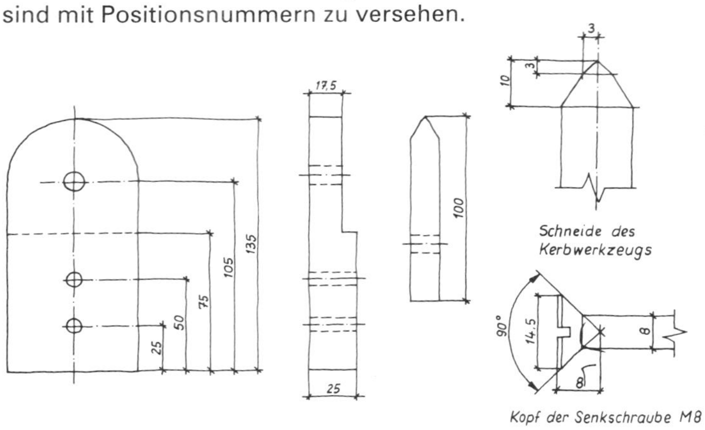

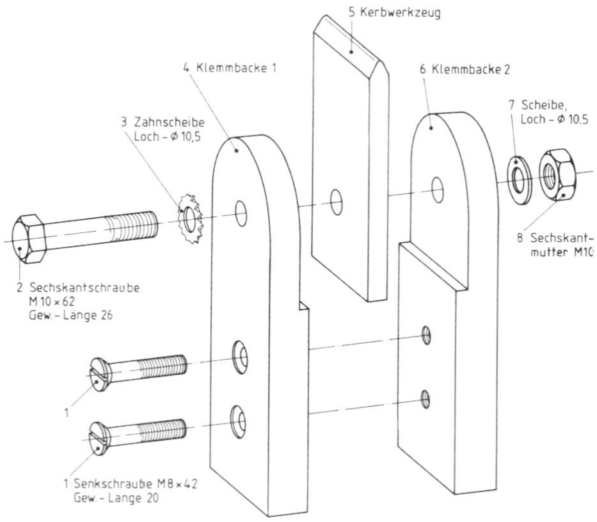

13.2	**Gewinde und Schrauben: Klemmvorrichtung mit Kerbwerkzeug**	

Schaltungsentwurf

Zeichnen Sie den oberen Stromlaufplan (zusammenhängende Darstellung) in aufgelöster Darstellung und den unteren Stromlaufplan (aufgelöste Darstellung) in zusammenhängender Darstellung.

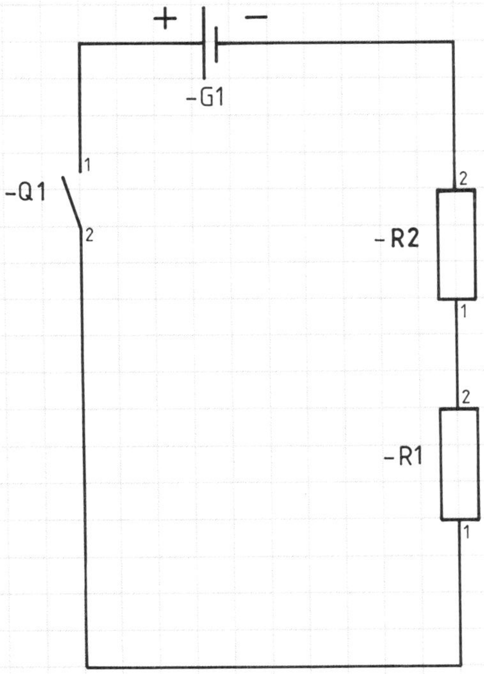

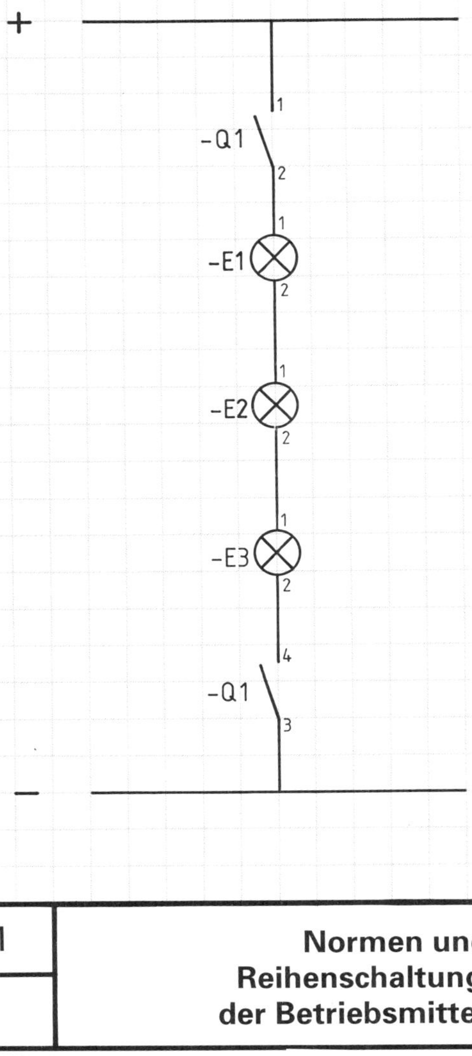

15.1

Normen und Schaltzeichen: Reihenschaltung mit Kennzeichnung der Betriebsmittel und Anschlußstellen

Schaltungsentwurf

Zeichnen Sie in den einzelnen Feldern die jeweils beschriebenen Schaltungen als Stromlaufpläne in aufgelöster Darstellung.

Verknüpfungen mit Schließern

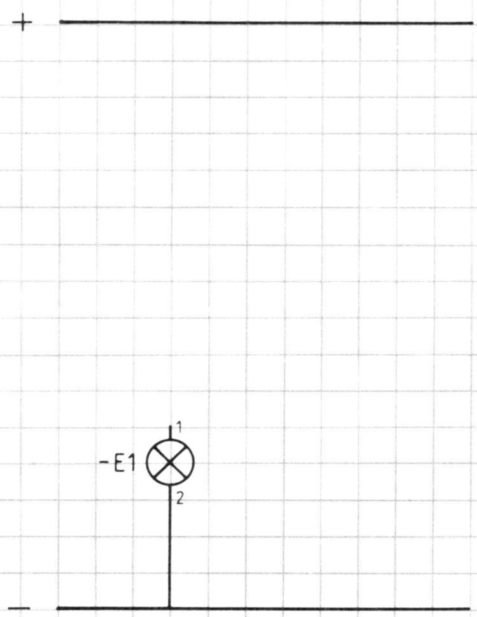

Die Lampe leuchtet, wenn der Schließer Q1 und der Schließer Q2 betätigt werden.

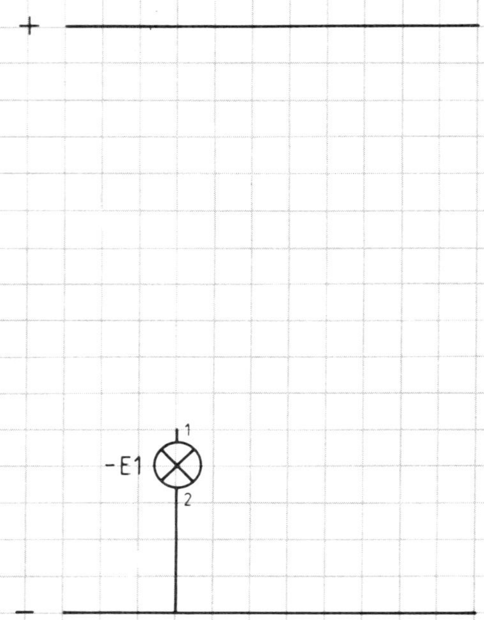

Die Lampe leuchtet, wenn der Schließer Q1 oder der Schließer Q2 betätigt wird.

Verknüpfungen mit Öffnern

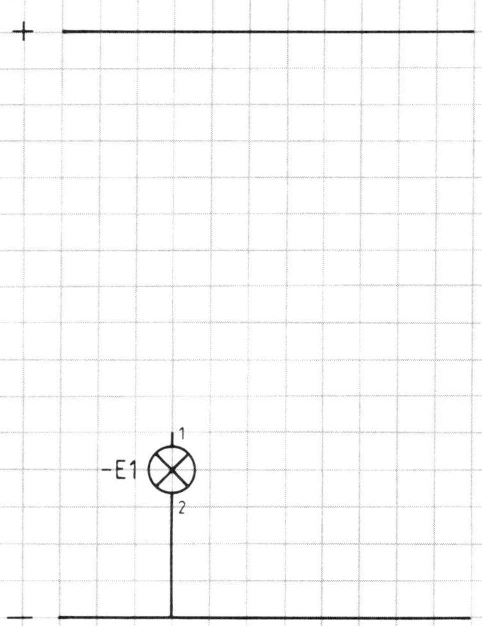

Die Lampe erlischt, wenn der Öffner Q1 und der Öffner Q2 betätigt werden.

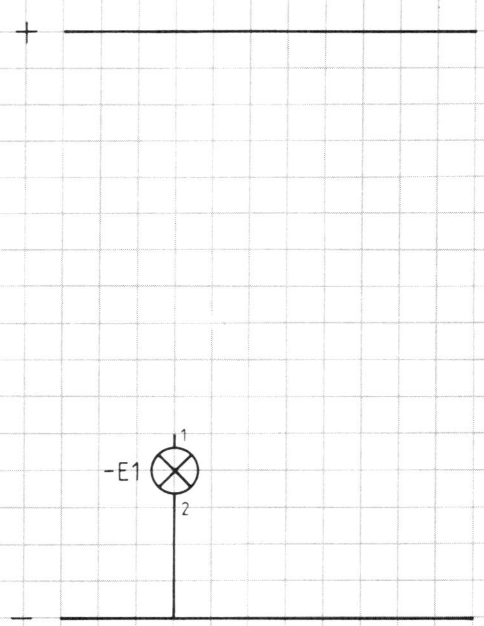

Die Lampe erlischt, wenn der Öffner Q1 oder der Öffner Q2 betätigt wird.

15.2	**Normen und Schaltzeichen: Verknüpfungen mit Schließern und Öffnern**	

Schaltungsanalyse

1. Markieren Sie leuchtende Lampen z. B. so: 

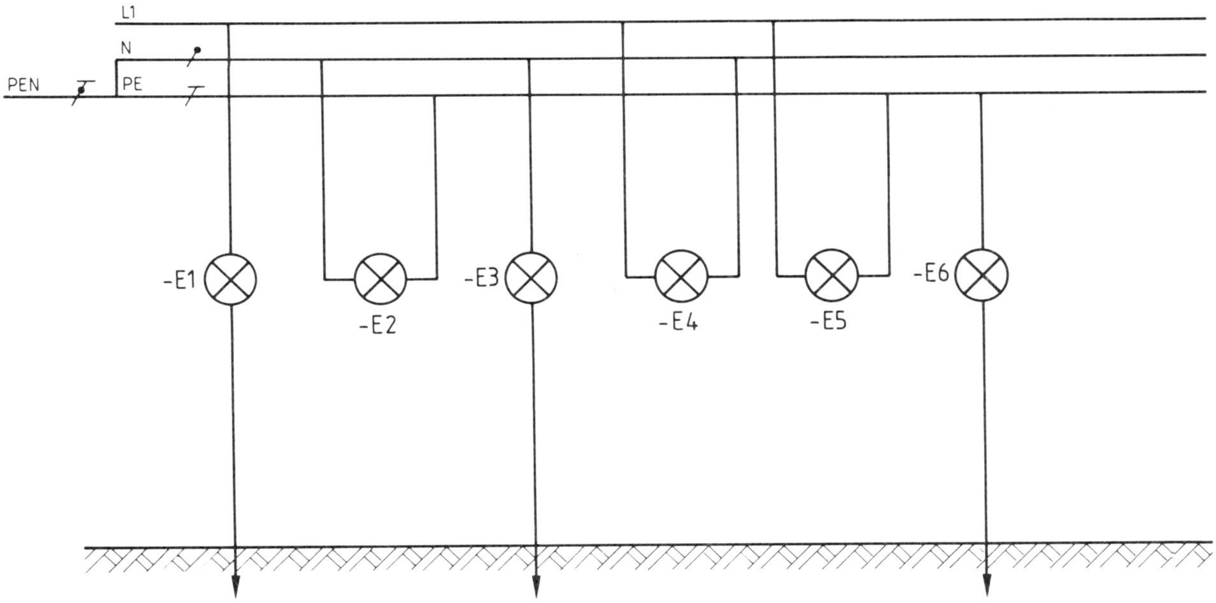

2. Die Netzspannung beträgt 400/230 V.

Schreiben Sie in jedes Feld die Spannung, die der jeweilige Spannungsmesser anzeigt.

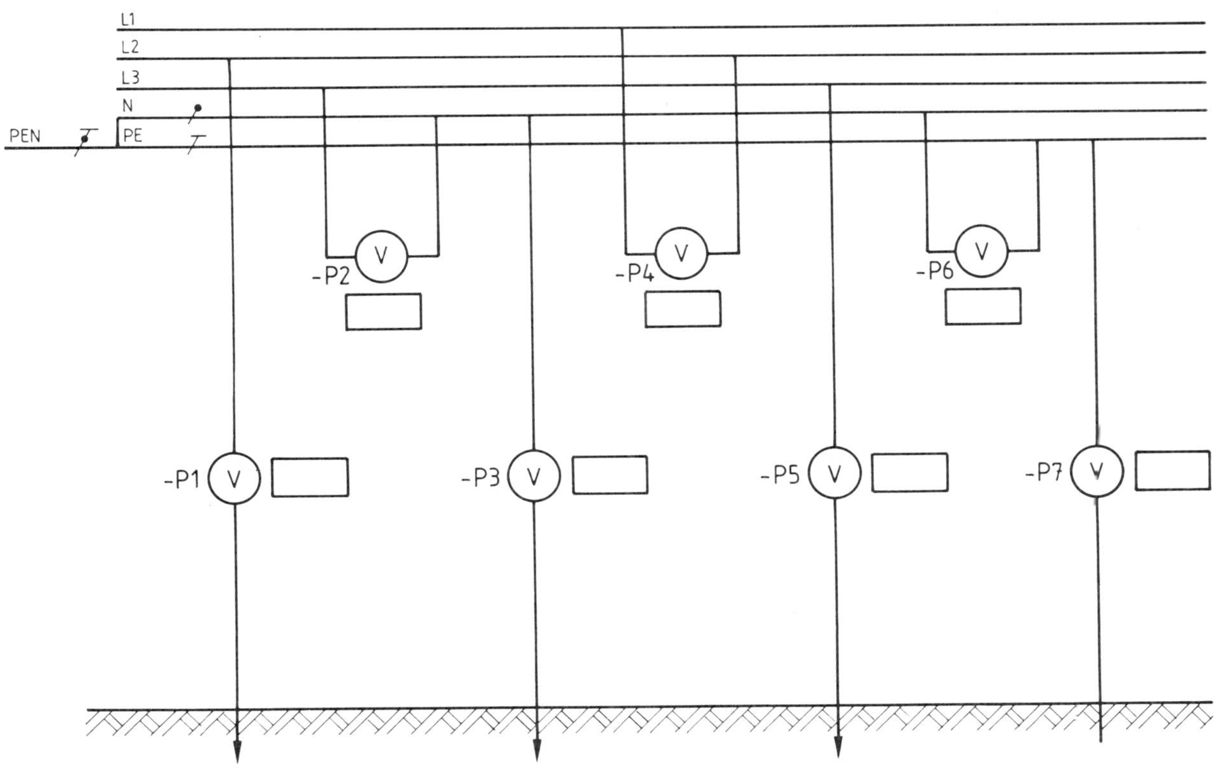

Schaltungsanalyse

Die Darstellung zeigt die elektrische Energieversorgung von einer Trafostation bis zum Stromkreisverteiler in einem Einfamilienhaus.

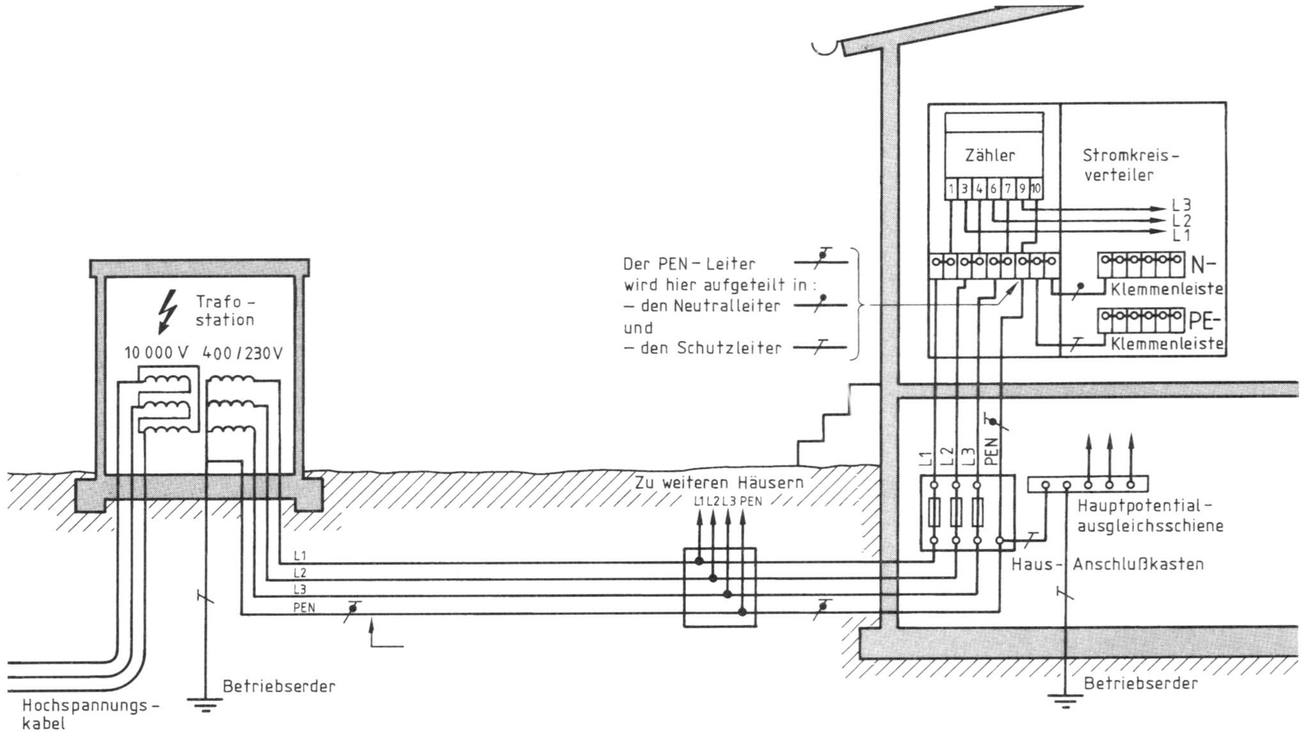

1. Warum führt jede direkte Verbindung eines Außenleiters (L1, L2 oder L3) zum PE-Leiter zum Kurzschluß?

____

____

2. Markieren Sie mit einem Textmarker den Schutzleiter von der Klemmleiste im Stromkreisverteiler bis zum Betriebserder an der Trafostation.

3. Wie liegt schaltungstechnisch der Betriebserder am Hauptpotentialausgleich zum Betriebserder an der Trafostation?

____

4. Welchen Vorteil für die gesamte Anlage bringt jeder zusätzliche Betriebserder am Hauptpotentialausgleich in jedem Haus?

____

____

5. Warum sind Hausanschlußkasten und Zähleranschluß plombiert?

____

____

Schaltungsanalyse

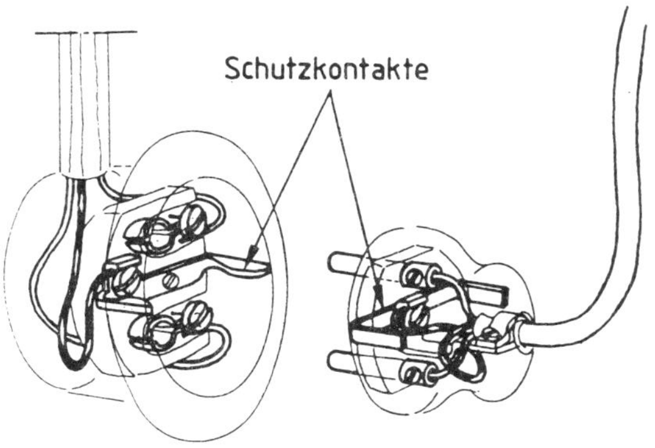

Steckverbindung

Warum wird bei einer Stecker-Verbindung der Kontakt von Schutzleiter zu Schutzleiter vor den anderen Verbindungen hergestellt?

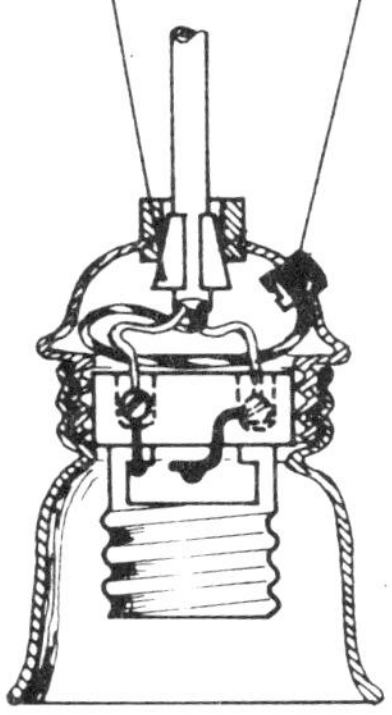

Lampenfassung

Warum muß im Anschlußraum der Lampenfassung der Schutzleiter der längste Anschlußdraht sein?

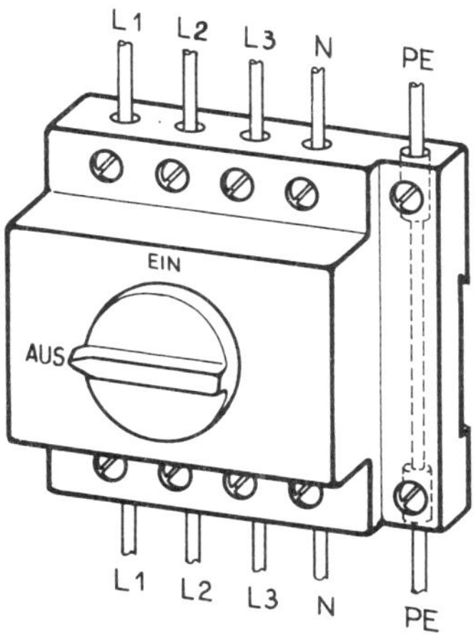

Schalter

Warum wird ein Schutzleiter immer am Schalter vorbeigeführt und selber nie mitgeschaltet?

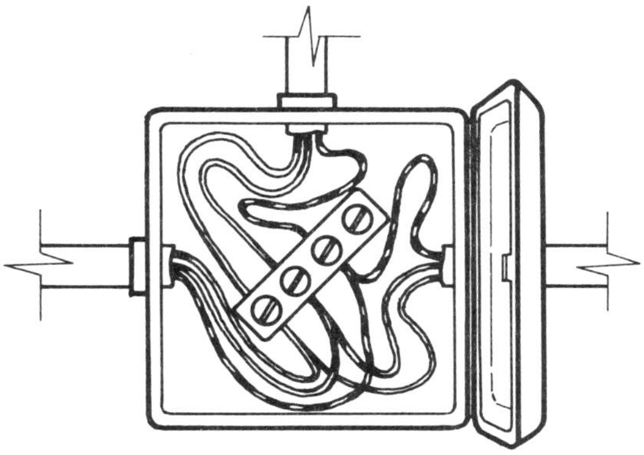

Verbindungsdose

Warum muß in jeder Verbindungsdose (Abzweigdose) der Schutzleiter besonders sorgfältig und gewissenhaft verbunden werden?

Schaltungsentwurf

Ergänzen Sie die Innenschaltung des Stromkreisverteilers so, daß alle PE-Leiter in den abgehenden Stromkreisen funktionstüchtig sind.

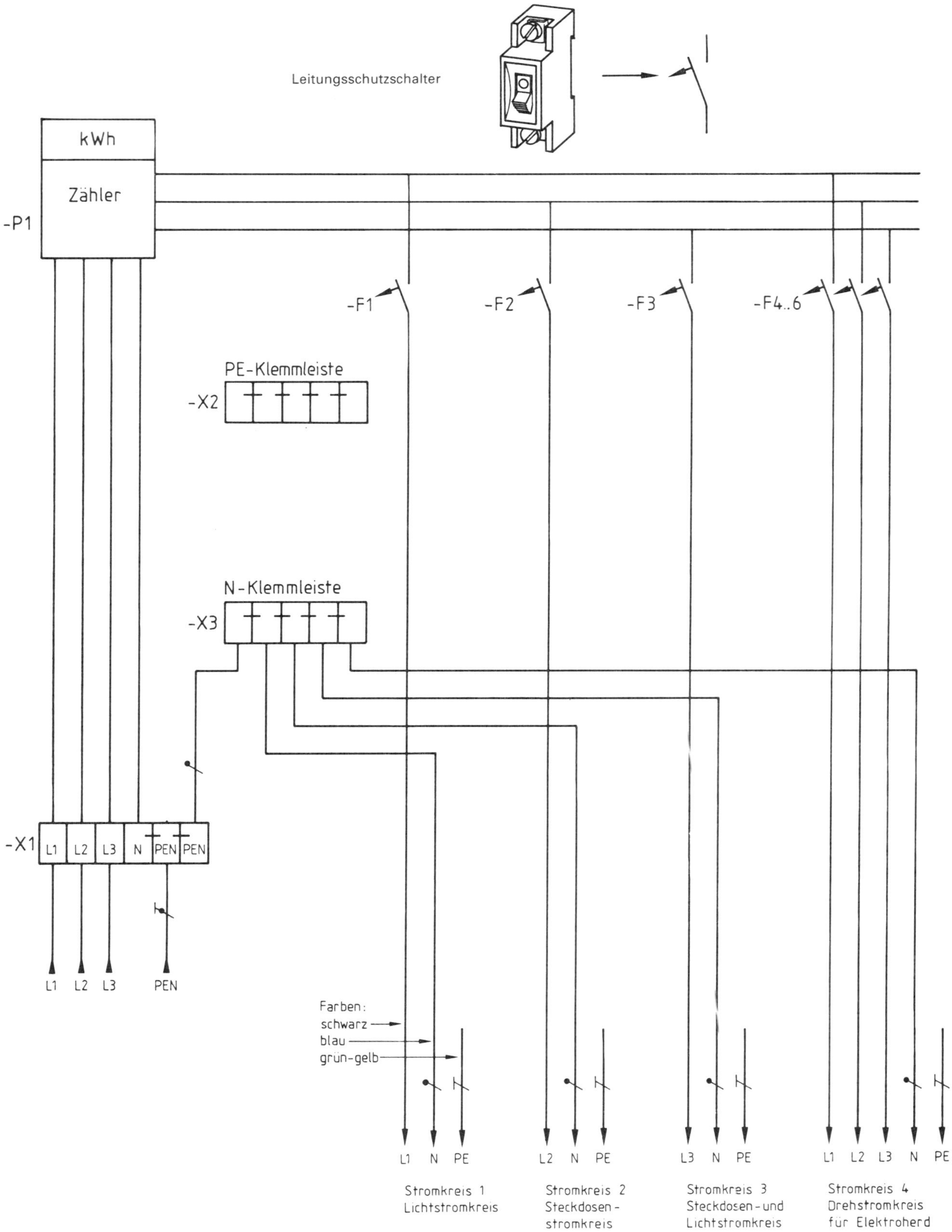

17.2

Elektrische Energieversorgung:
Schutzleiter im Stromkreisverteiler

Schaltungsanalyse

a) Zeichnen Sie zu dem dargestellten Stromlaufplan in zusammenhängender Darstellung den Stromlaufplan in aufgelöster Darstellung (ohne Darstellung der Abzweigklemmen).

b) Vervollständigen Sie die tabellarische Beschreibung der Leitungsverbindungen beider Stromwege von L1 beginnend bis N von Klemmpunkt zu Klemmpunkt.

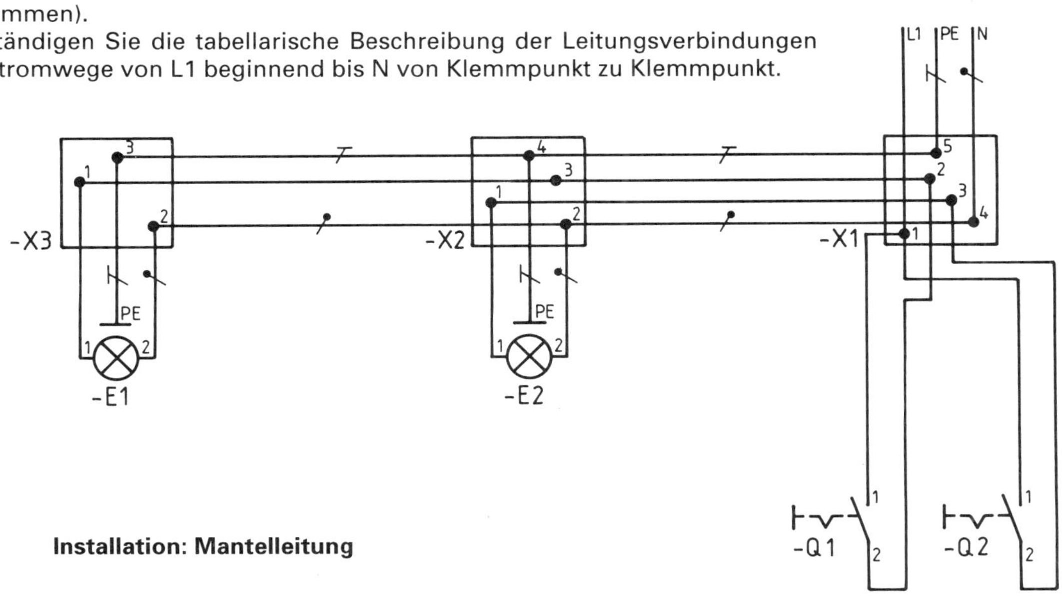

Installation: Mantelleitung

b)

Stromweg 1

Verbindung	vom Anschluß bzw. Klemmstelle	nach	Anschluß bzw. Klemmstelle
1	L1	→	X1,1
2	X1,1	→	Q1,1
3	Q1,2	→	X1,2
4	X1,2	→	X2,3
5			

Stromweg 2

Verbindung	vom Anschluß bzw. Klemmstelle	nach	Anschluß bzw. Klemmstelle
		→	
		→	

18.1	**Lampenschaltungen mit Installationsschaltern: Installationsmäßige Kombination von zwei Ausschaltungen**

Entwurf

Um unter Putz verlegte Leitungen beim Aufhängen von Bildern und Wandschränken sowie bei der Vertäfelung von Wänden nicht durch Nägel, Haken oder Schrauben zu beschädigen, werden der Elektroinstallation unsichtbar verlegter Leitungen „festgelegte Zonen" zugeordnet.
Diese „Installationszonen" verlaufen nur waagerecht oder senkrecht, wobei die Maße wie folgt festgelegt sind:

Mitte der waagerechten Installationszonen, die eine Breite von 30 cm haben:

unterhalb der Decke	30 cm
über dem fertigen Fußboden in Wohnräumen	30 cm
über dem fertigen Fußboden in Küchen zusätzlich	100 cm

Mitte der senkrechten Installationszonen, die eine Breite von 20 cm haben:

neben Raumecken	15 cm
neben Türen und Fenstern	15 cm

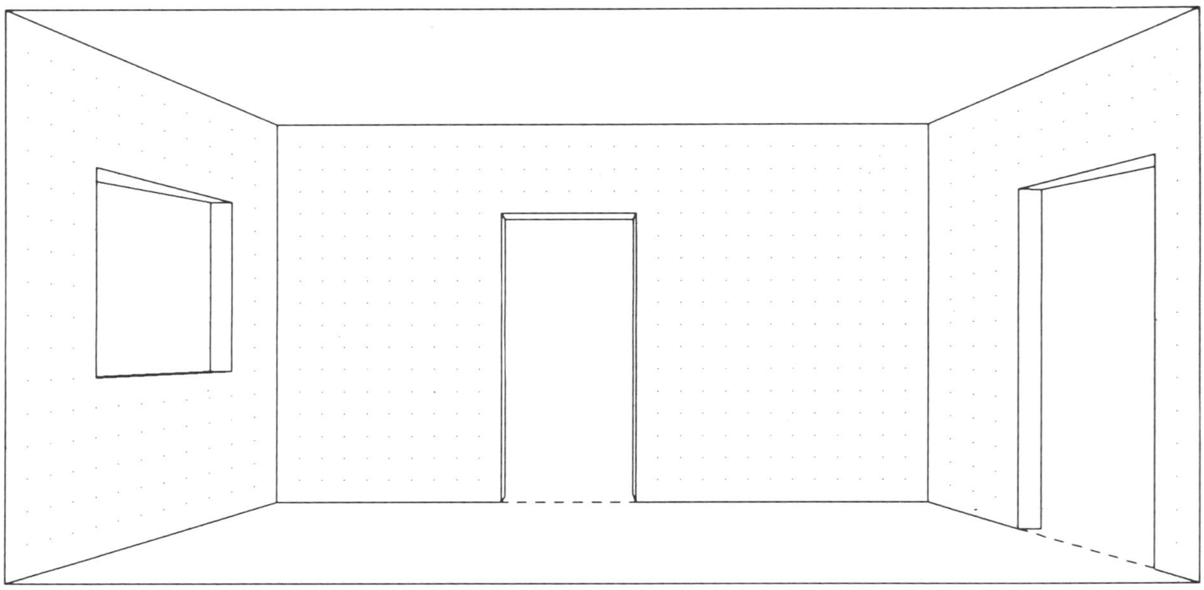

Installationszonen für Wohnräume außer Küchen

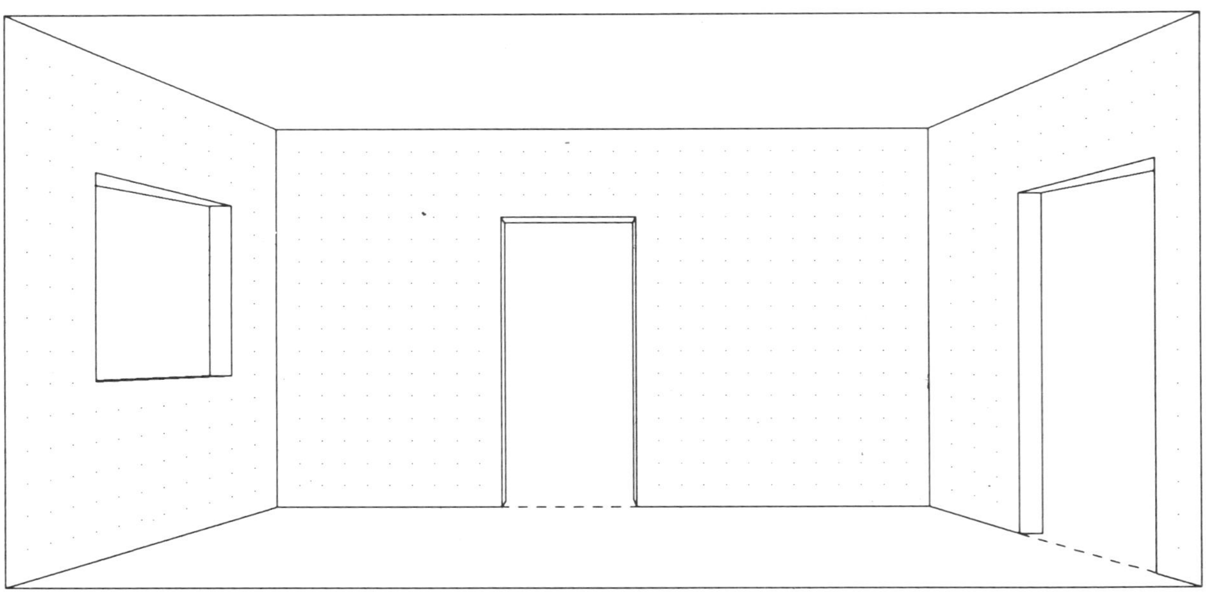

Installationszonen für Küchen und Hausarbeitsräume.

Zeichnen Sie, der Art des Raumes entsprechend, die Installationszonen mit einem „Textmarker" ein.
Orientieren Sie sich hierbei an der Mitte der Installationszonen. Das Einzeichnen der genauen Breite ist bei dieser Verkleinerung nicht möglich
Als Hilfe dient das vorgegebene Punktraster. Der Punktabstand beträgt 15 cm.

Schaltungsanalyse

Die Darstellungen von Installationsschaltungen der Gebäudeinstallation sind dem Lieferkatalog einer Herstellerfirma für Hausinstallationsgeräte entnommen.

Schreiben Sie unter jeder Schaltung um welche Schaltungsart es sich handelt und welche Besonderheiten die Schaltung eventuell hat.

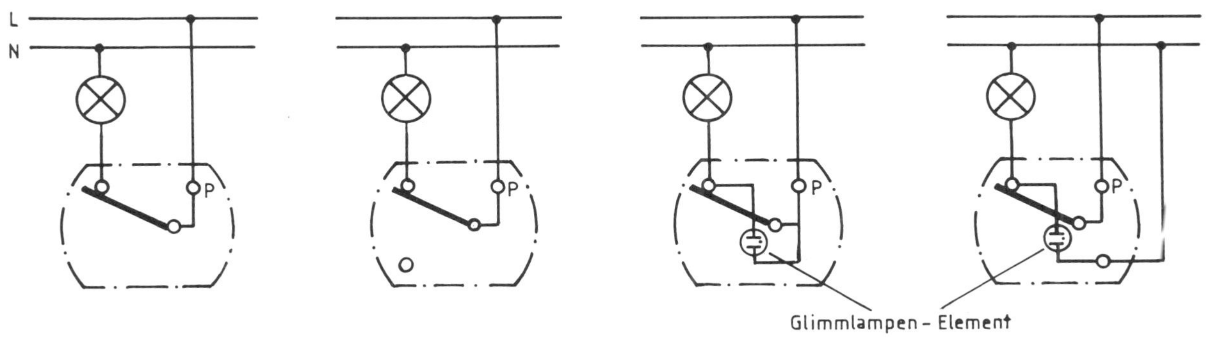

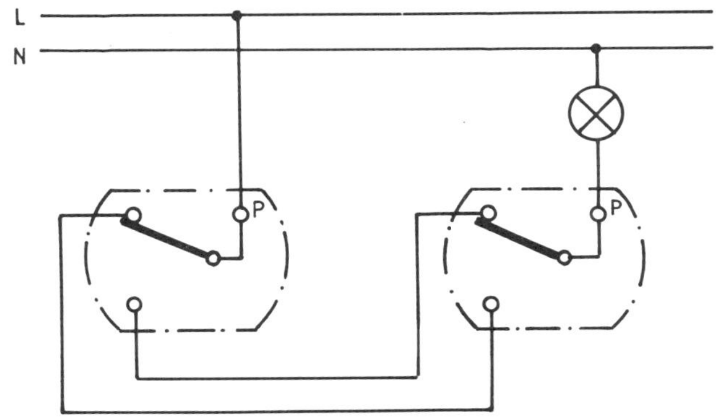

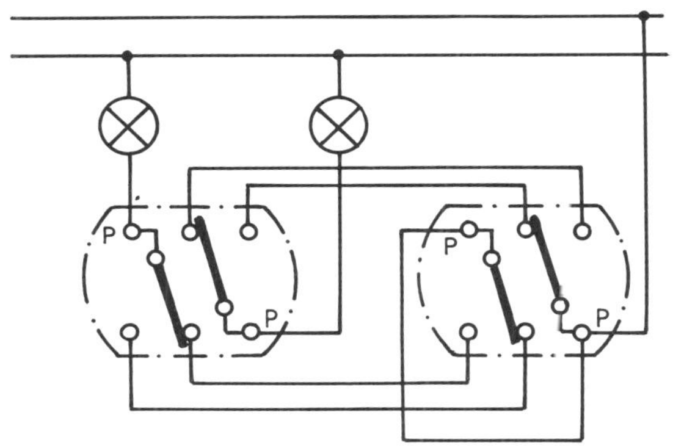

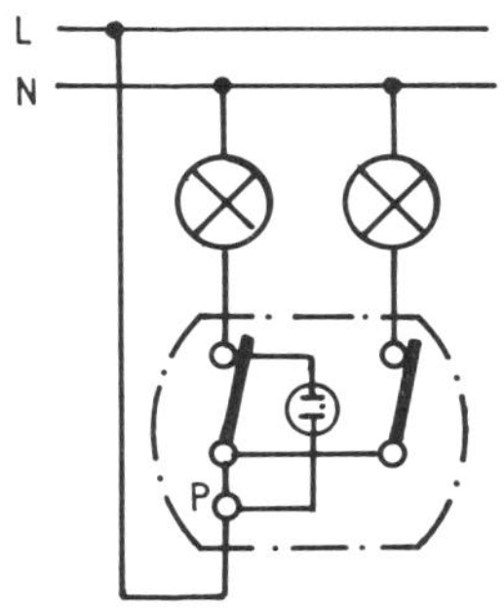

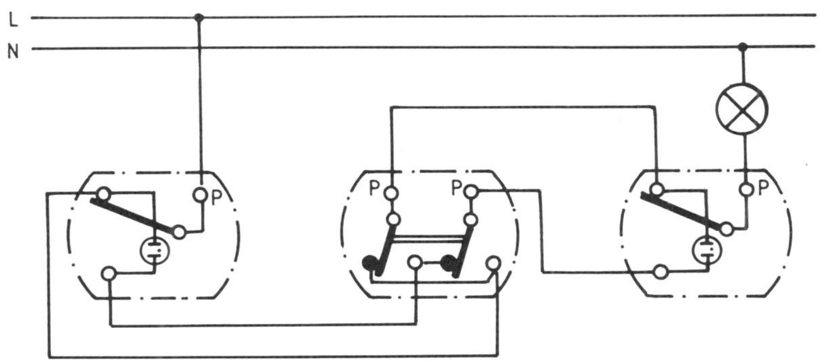

20.3

Lampenschaltungen mit Installationsschaltern: Schaltungen nach Herstellerunterlagen

Fehleranalyse

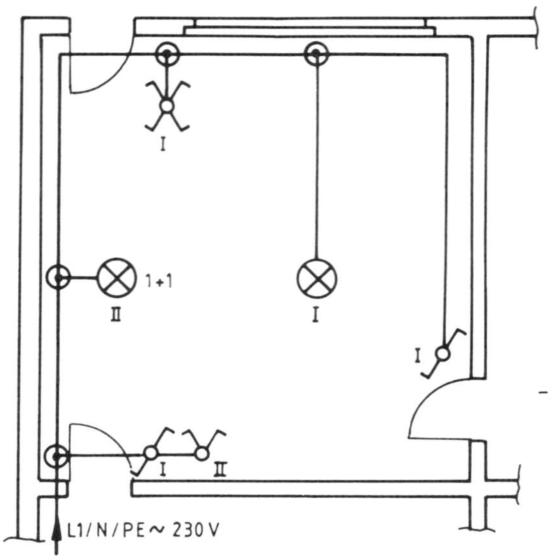

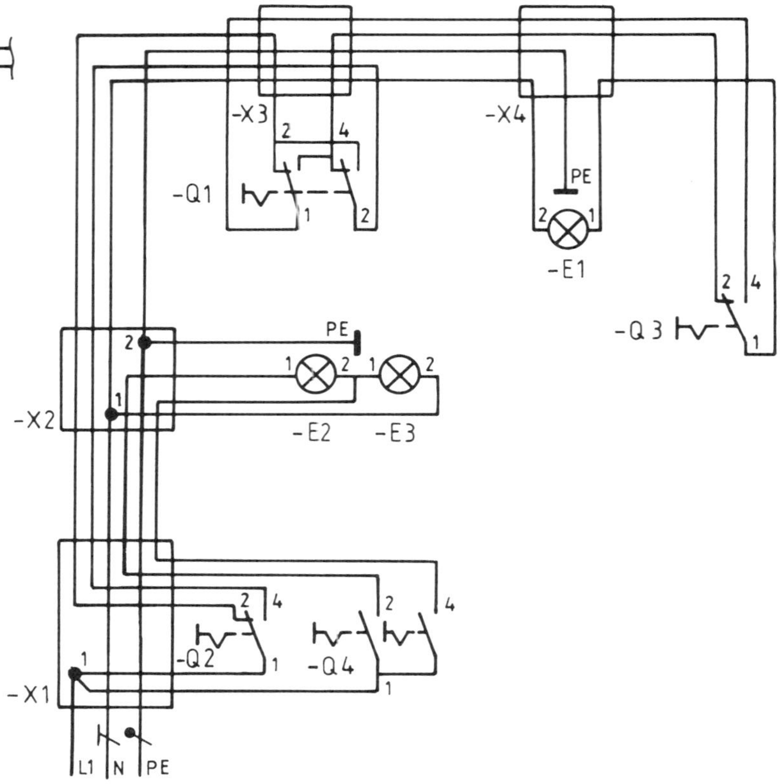

Im dargestellten Wohnraum sind zwei Lichtschaltungen miteinander kombiniert.

Der Entwurf des Stromlaufplanes enthält zwei Schaltungsfehler

1. Kennzeichnen Sie im Stromlaufplan beide Fehler durch Umrahmung mit einem Textmarker.
2. Beschreiben Sie beide Fehler sowie ihre Auswirkungen auf die Funktionstüchtigkeit der jeweiligen Schaltung.

1. Fehler

____

Auswirkung des Fehlers

____

____

____

____

____

____

2. Fehler

____

Auswirkung des Fehlers

____

____

____

____

____

Zeichnungsentwurf

1. Zeichnen Sie den vollständigen Elektro-Installationsplan (mit Leitungsführung)!
   Verlegungsart: PVC-Aderleitung in Installationsrohr unter Putz. Ausstattung: Wohnraum I: 3 Steckdosen, 2 Wandleuchtenauslässe; Wohnraum II: 6 Steckdosen, 1 Wandleuchtenauslaß. Die Deckenleuchtenauslässe jeweils in Wechselschaltung, die Scheinwerfergruppe in Wohnraum in Serienschaltung. Die entsprechenden Schalter sind an vernünftigen Stellen den jeweiligen Auslässen zuzuordnen. Angaben über Leiterarzahl und Leiterart sind, soweit es sinnvoll ist und der Platz es zuläßt, einzutragen.
2. Zeichnen Sie den Elektro-Installationsplan (ohne Angaben über Leitungsführung und -art)!
   Der Raum soll gut mit Steckdosen und Leuchtenauslässen für Wand- und Deckenleuchten ausgestattet sein. Steckdosen und Licht: getrennte Stromkreise. Für den Freisitz sind ein Leuchtenauslaß, ein Infrarotstrahler und eine Steckdose vorzusehen. Die Betriebsmittel für den Freisitz müssen vom Raum aus schaltbar sein.

1

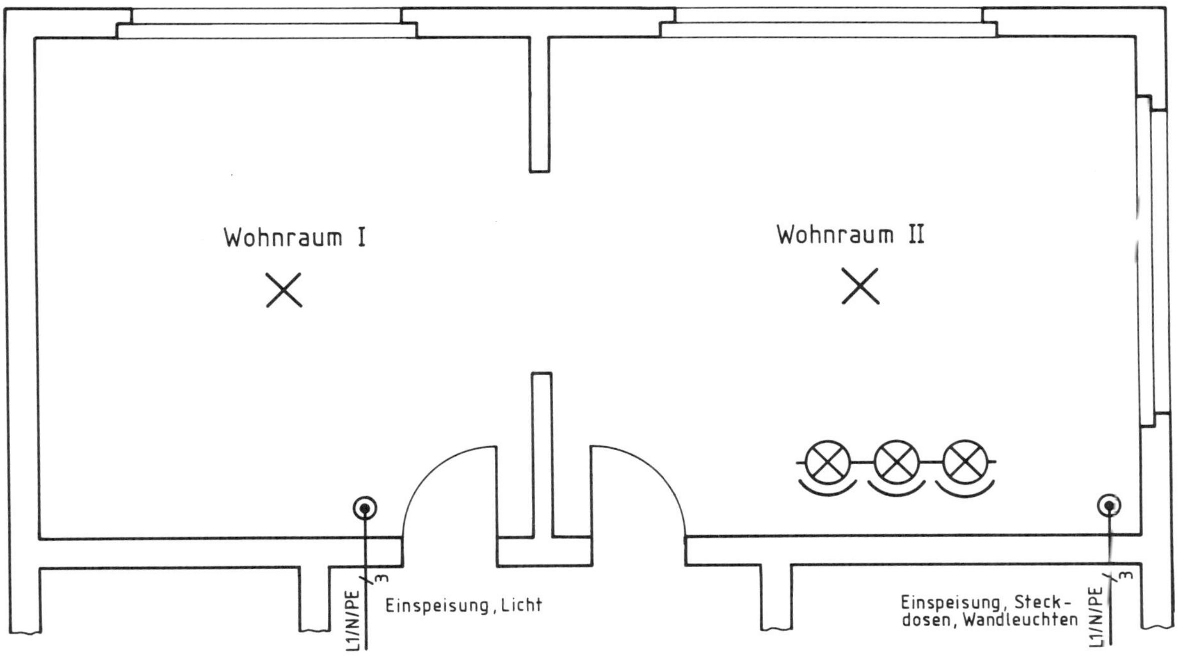

2

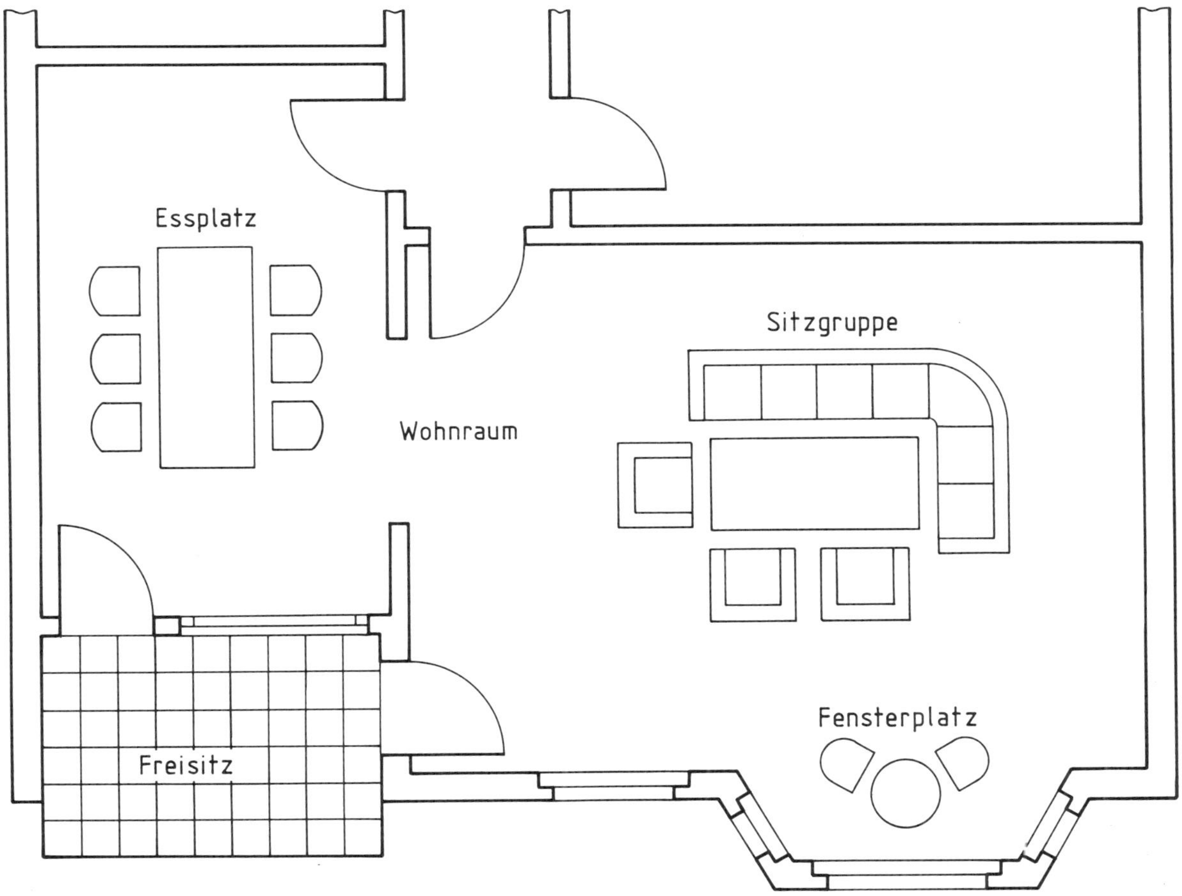

21.1

**Lampenschaltungen mit Installationsschaltern:
Installationsplan mit und ohne Leitungsführung**

Entwurf

Ausstattung: *Wohraum I:* 9 Steckdosen, 5 Leuchtenauslässe (2 Wand, 1 Decke am Sitzplatz, 2 Decke am Eßplatz), die Deckenauslässe jeweils in Wechselschaltung / *Wohnraum II:* 6 Steckdosen, 3 Leuchtenauslässe (2 Wand am Sitzplatz, 1 Deckenmitte), der Deckenauslaß in Wechselschaltung / *Diele:* 3 Steckdosen, 3 Leuchtenauslässe Decke, diese gemeinsam in Kreuzschaltung / *WC:* je 1 Leuchtenauslaß Wand und Decke / *Bad:* 2 Steckdosen mit Trenntrafo, je 1 Leuchtenauslaß Wand und Decke / *Schlafzimmer:* 6 Steckdosen, 2 Leuchtenauslässe Wand, 1 Leuchtenauslaß Decke in Kreuzschaltung / *Küche:* 8 Steckdosen, 3 Leuchtenauslässe (1 Decke Mitte in Wechselschaltung, 1 über Spüle, 1 über Durchreiche) / *Hauseingang:* 1 Leuchtenauslaß außen, schaltbar in Diele / *Terrasse:* (vor Wohnraum) 1 Steckdose, 2 Infrarotstrahler, alle schaltbar im Wohnraum I; die Strahler in Serienschaltung. Den Deckenauslässen sind entsprechende Schalter an sinnvollen Stellen zuzuordnen.

Stromkreise: *Kreis 1:* Steckdosen und Wandleuchten in Wohnraum I und II / *Kreis 2:* Steckdosen und Wandleuchten in Diele, Bad, WC und Schlafzimmer / *Kreis 3:* Steckdosen, Küche, Terrasse und Infrarotstrahler Terrasse / *Kreis 4:* Leuchtenauslässe Wohnräume I und II, Diele, Decke, Decke WC und Eingang / *Kreis 5:* Leuchtenauslässe Küche, Bad-Decke und Schlafzimmer-Decke.

Zeichnen Sie in den Grundriß den Elektro-Installationsplan ohne Leitungsführung.

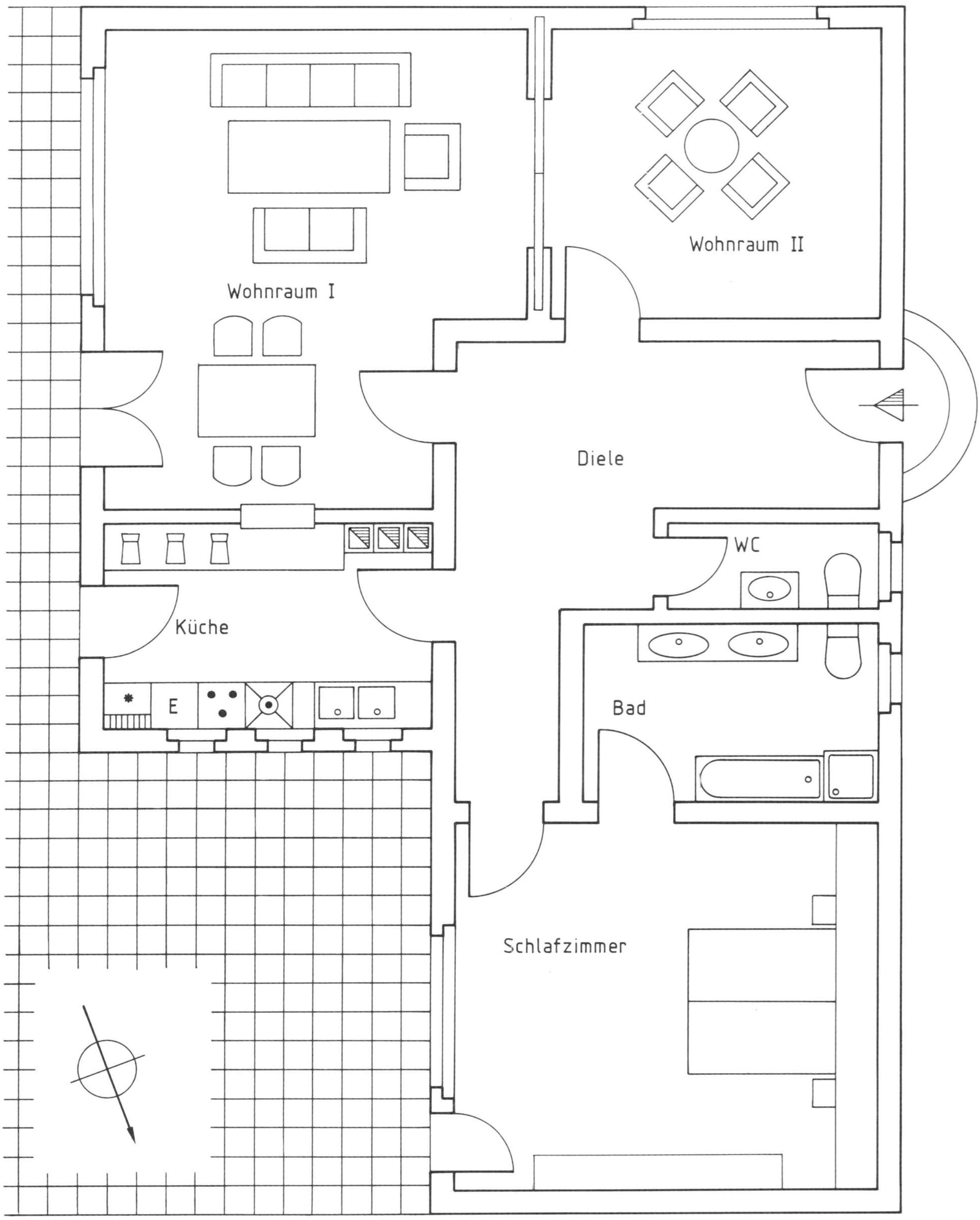

21.2

Lampenschaltungen mit Installationsschaltern: Installationsplan eines Bungalows

Arbeitsplanung

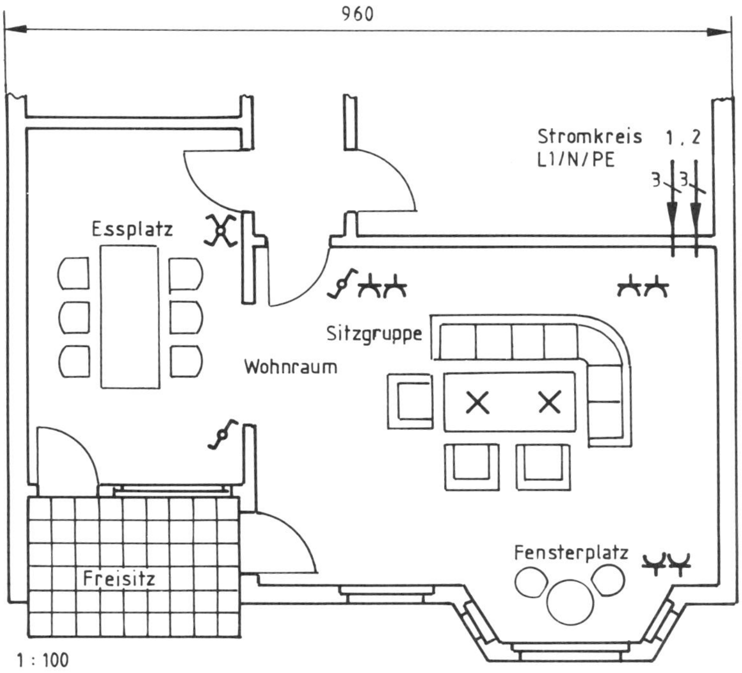

Der Wohnraum soll nach den Kundenwünschen mit den eingezeichneten Betriebsmitteln ausgestattet werden.
Lampenschaltung und Steckdosenschaltungen sind auf getrennte Stromkreise aufzuteilen.

Zuleitung Unterverteilung–Wohnraum: 6 m.

1. Ergänzen Sie die Leitungsführungen für die erforderlichen Schaltungen.
2. Erstellen sie eine Materialliste für die Installation.
3. Entwerfen Sie einen Arbeitsplan.

Materialliste

Menge	Bezeichnung

Arbeitsplan

Lampenschaltungen mit Installationsschaltern: Wohnrauminstallation

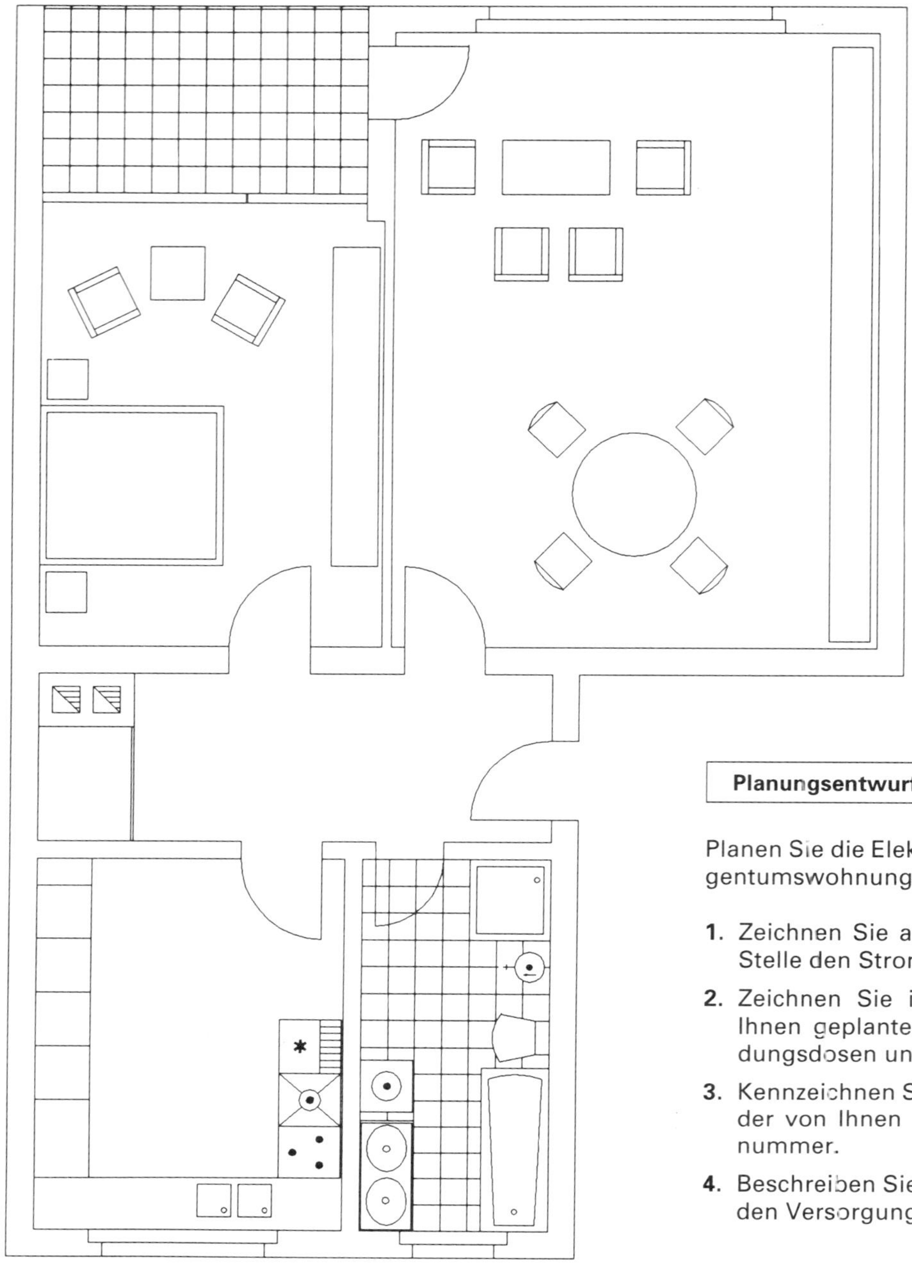

Planungsentwurf

Planen Sie die Elektroinstallation für diese Eigentumswohnung.

1. Zeichnen Sie an die von Ihnen gewählte Stelle den Stromkreisverteiler.
2. Zeichnen Sie in den Grundriß die von Ihnen geplante Installation ohne Verbindungsdosen und ohne Leitungsführung.
3. Kennzeichnen Sie jedes Betriebsmittel mit der von Ihnen zugeordneten Stromkreisnummer.
4. Beschreiben Sie zu jedem Stromkreis kurz den Versorgungsbereich.

Eine mögliche Lösung dieser Planungsaufgabe:

Schaltungsentwurf

Zeichnen Sie zu dem Installationsplan als Übersichtsschaltplan den Stromlaufplan mit lagerichtiger Anordnung der Betriebsmittel und den aufgelösten Stromlaufplan.

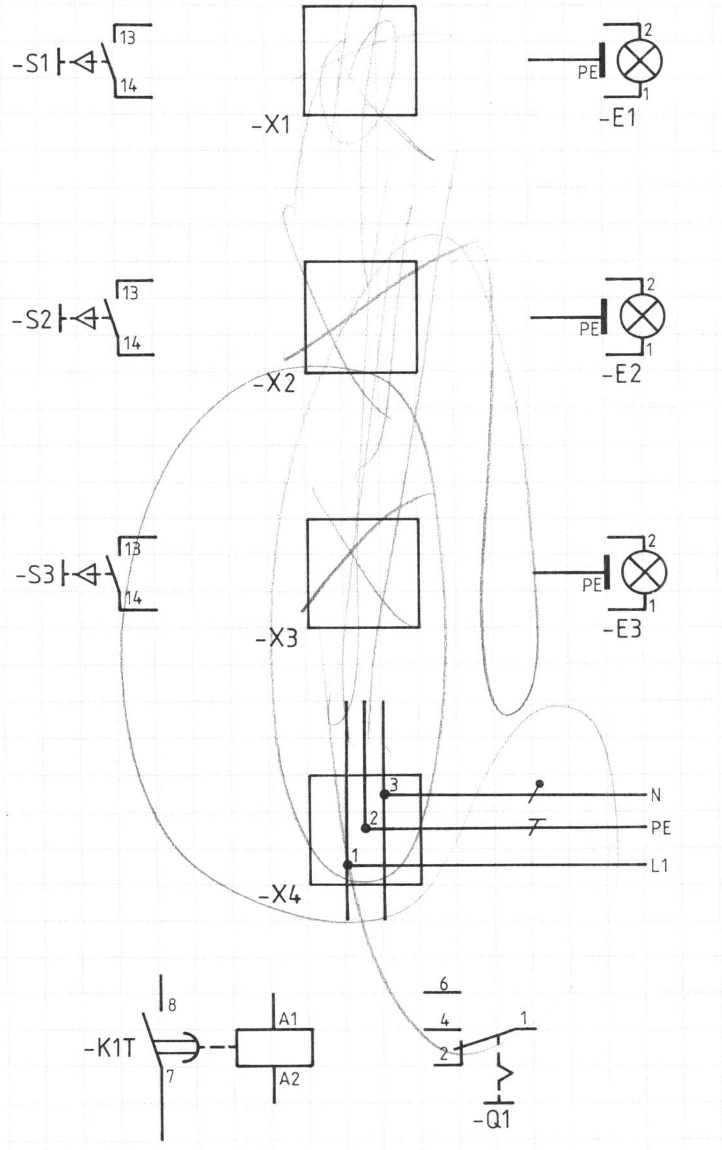

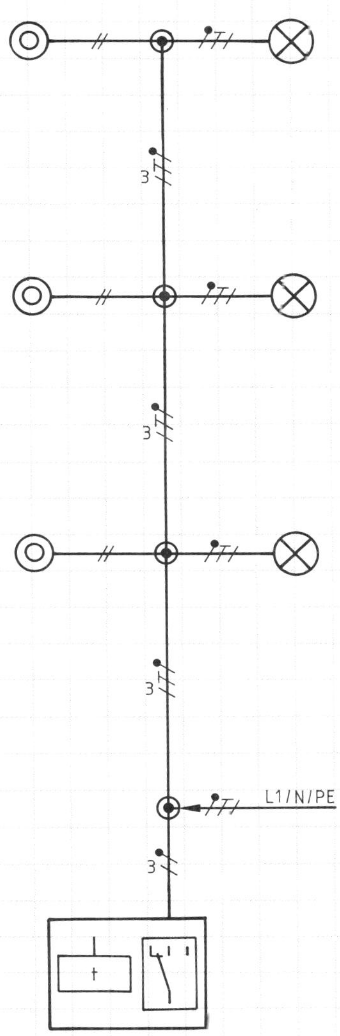

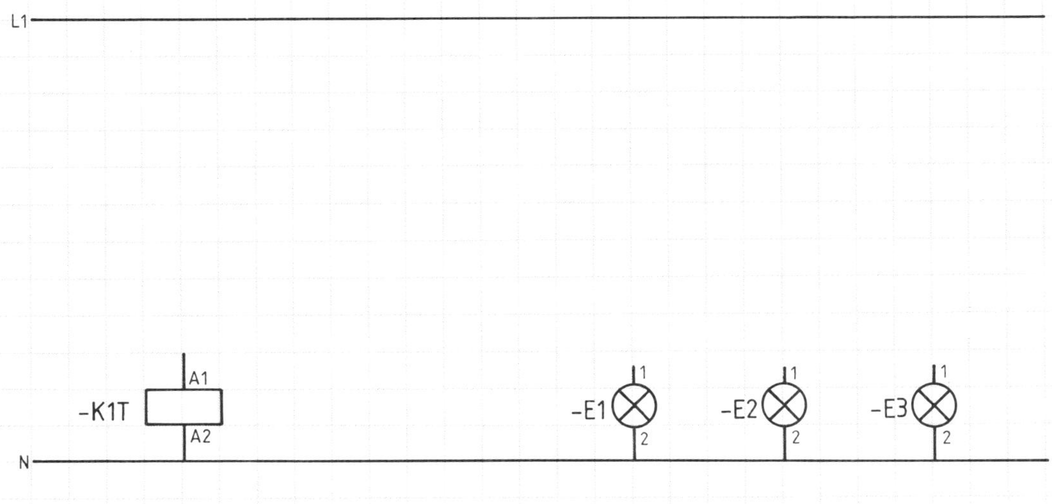

23.1	**Gesteuertes Schalten 1: Treppenhausbeleuchtung mit automatischem Treppenhausschalter**	

Schaltungsentwurf

Eine Treppenhausbeleuchtung (Erdgeschoß, 1. Obergeschoß, 2. Obergeschoß – wie Blatt 23.1, Seite 103 – ist um eine Ausschaltung für das Dachgeschoß und eine Wechselschaltung für den Vorkeller erweitert.
Zeichnen Sie den Installationsplan als Übersichtsplan und den aufgelösten Stromlaufplan.

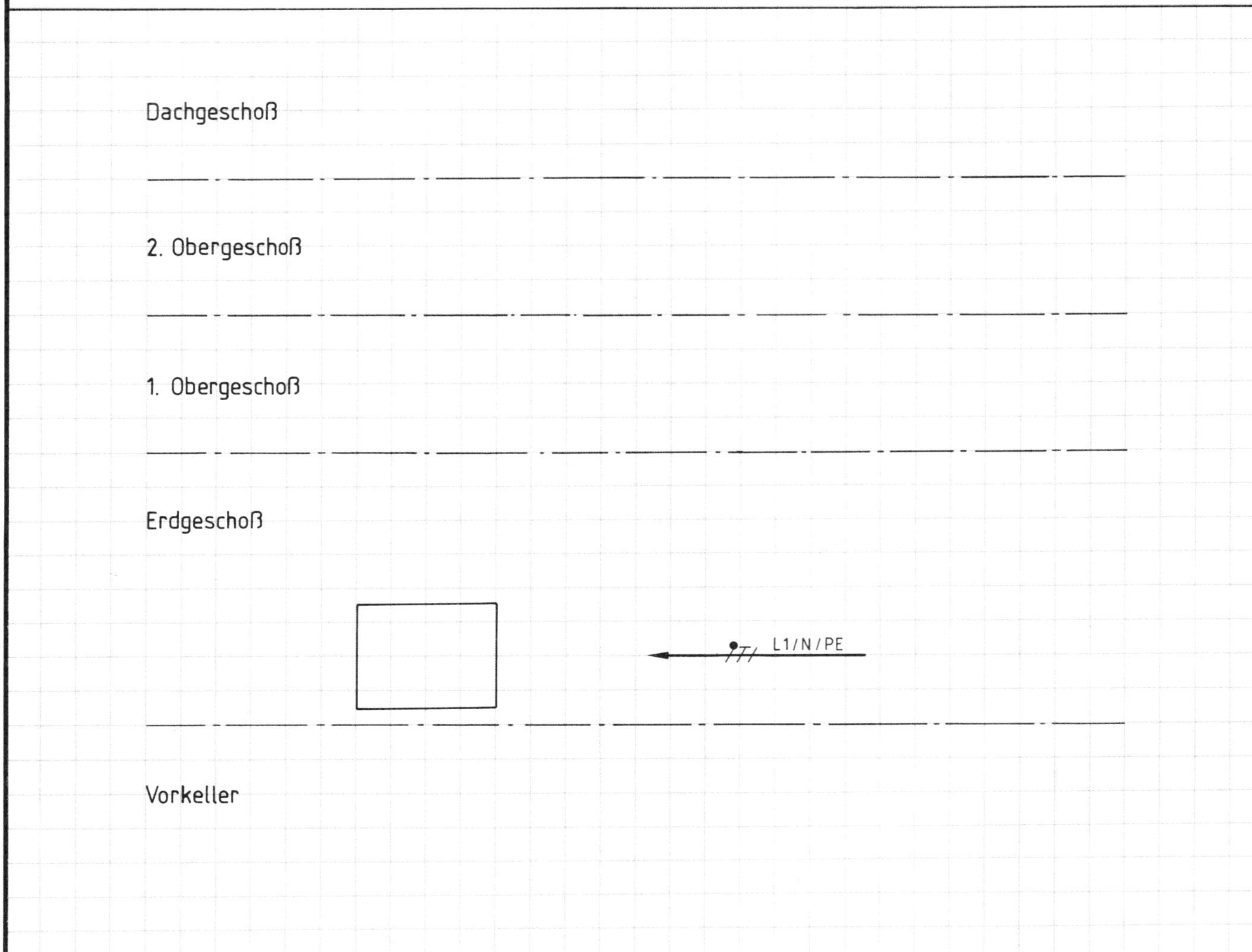

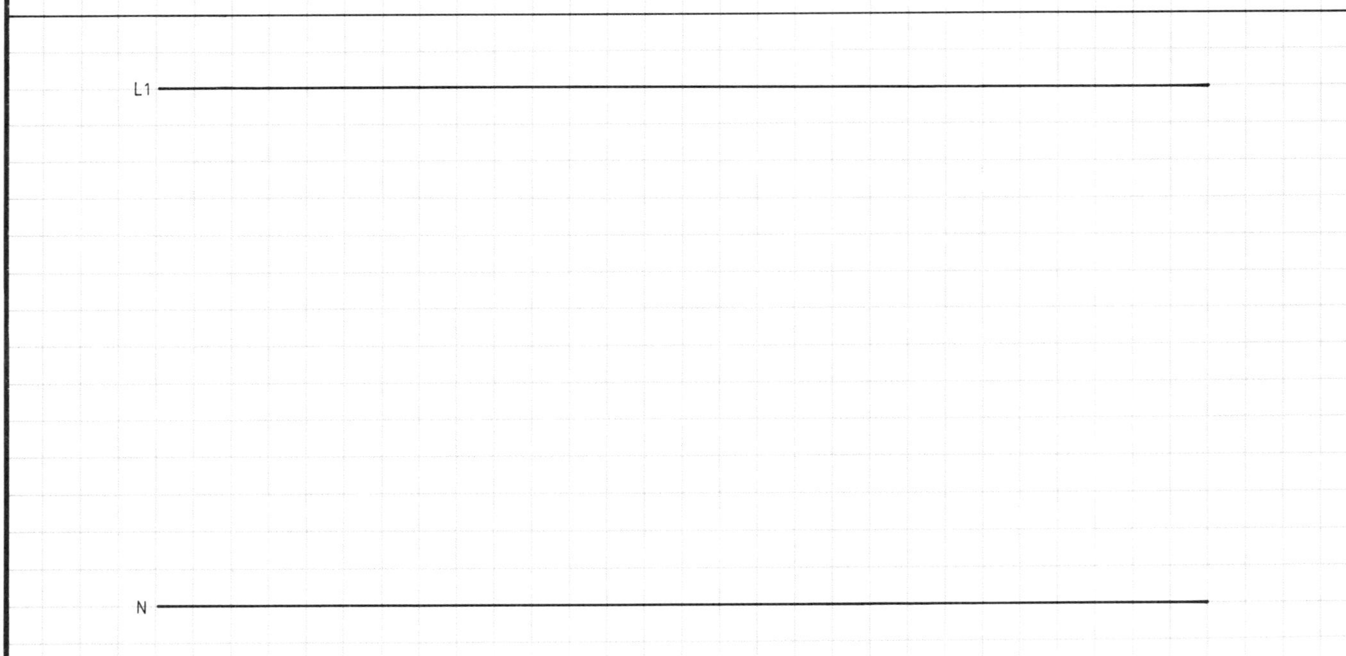

23.2	**Gesteuertes Schalten 1: Treppenhausbeleuchtung mit einer Keller- und Dachbodenbeleuchtung**

Arbeitsplanung

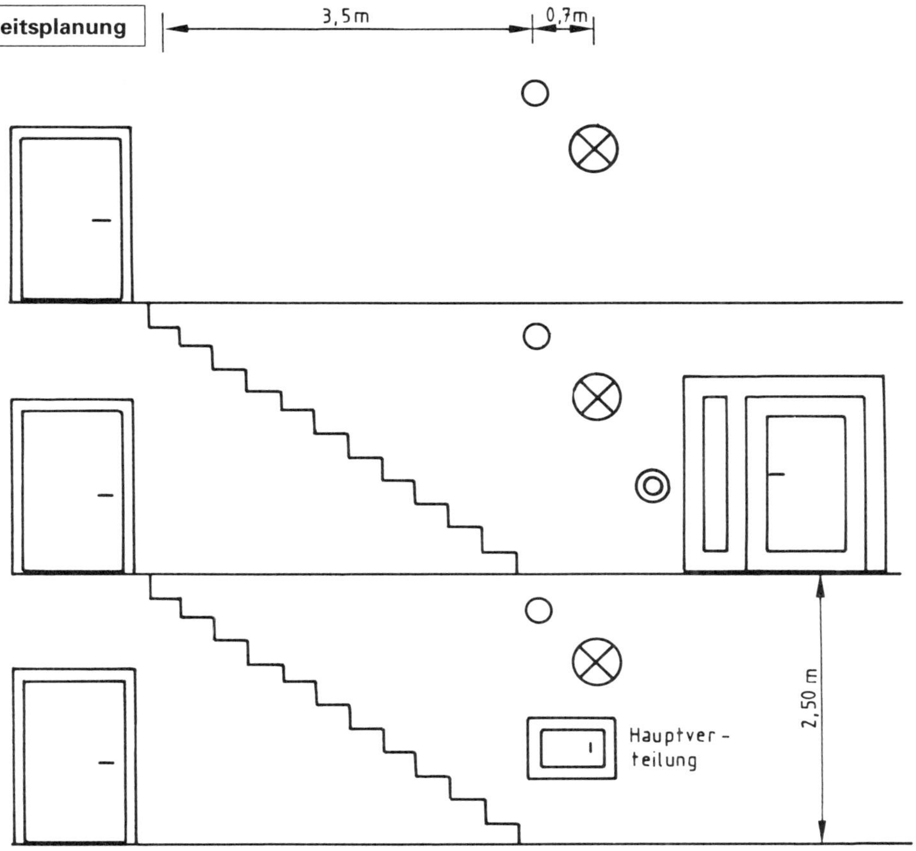

In einem Zweifamilienhaus mit Souterain-Wohnung soll eine Treppenhausbeleuchtung mit Stromstoßschalter installiert werden.
Die Installation erfolgt als Rohrinstallation unter Putz.
Der Stromstoßschalter wird in der Hauptverteilung im Keller installiert.

1. Vervollständigen Sie den Installationsplan des Treppenhauses.

2. Stellen Sie den Materialaufwand für die Installation zusammen.

Materialliste	
Menge	Bezeichnung

3. Entwerfen Sie einen Arbeitsplan.

Arbeitsplan

23.3

Gesteuertes Schalten 1: Treppenhausbeleuchtung mit Stromstoßschalter

Analyse

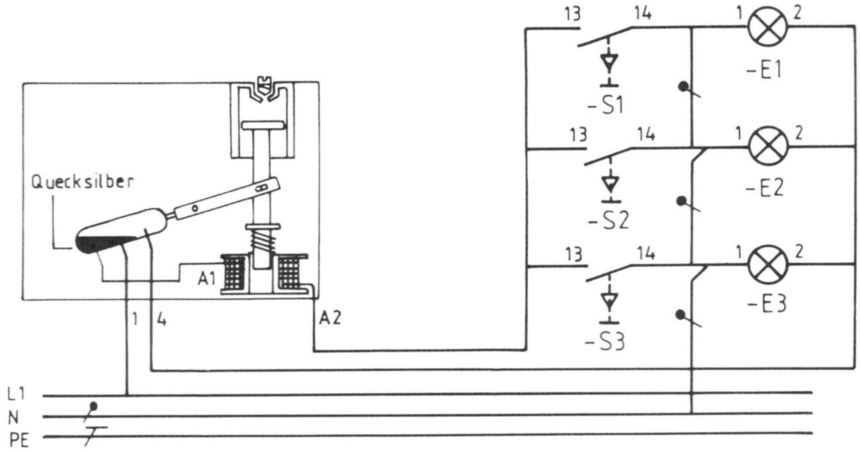

1. In älteren Anlagen findet man noch Treppenlicht-Zeitschalter mit Dreileiterschaltung. Wie funktioniert diese Schaltung?

2. Bei einigen Versorgungsunternehmen ist die dargestellte Dreileiterschaltung verboten. Was ist der Grund? (Beachten Sie den Steuerkreis)

Entwurf

Die oben dargestellte Dreileiterschaltung hat den Nachteil, daß sie nicht erweiterbar ist.
Mit dem hier dargestellten Treppenlicht-Zeitschalter kann die Anlage so verändert werden, daß die dargestellte Erweiterung möglich ist.

Zeichnen Sie die entsprechenden Verbindungen.

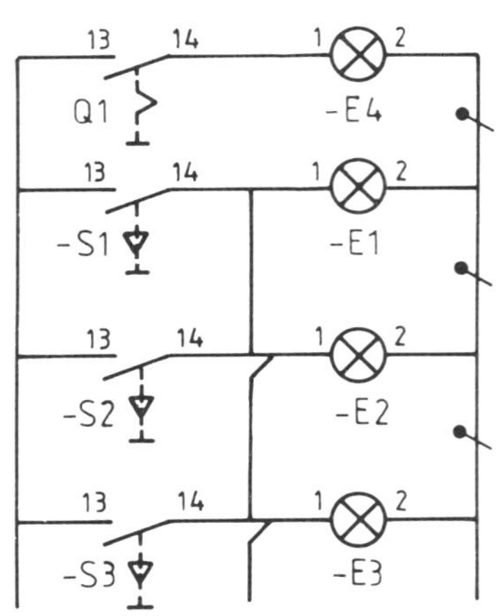

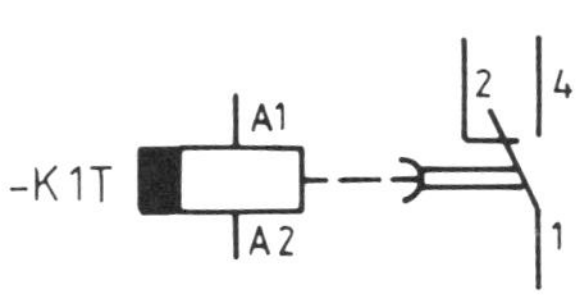

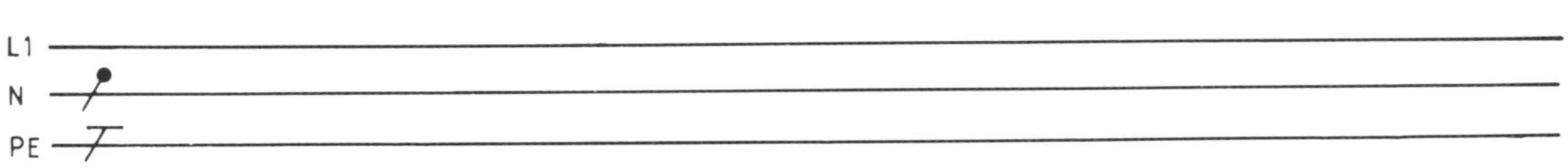

23.4	Elektromagnetische Schalter: Treppenlicht-Zeitschalter in Dreileiter-Schaltung	

Schaltungsentwurf

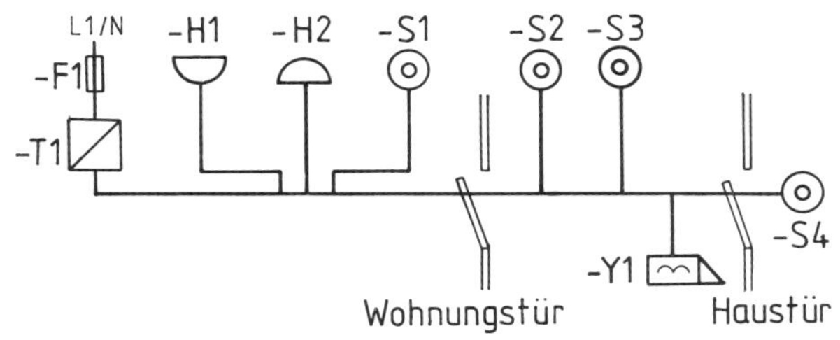

F1	Sicherung
T1	Transformator 220 V ~ /5,8 V ~
H1	Summer
H2	Klingel
Y1	Türöffner
S1 und S3	Taster für Türöffner
S2	Taster für Summer
S4	Taster für Klingel

Durch die Kombination von Summer und Klingel soll erkennbar sein, ob der Besucher sich von der Haustür oder von der Wohnungstür aus meldet.
Zeichnen Sie den zusammenhängenden und den aufgelösten Stromlaufplan.

24.1

Signaltechnik:
Signalanlage mit Summer, Klingel und Türöffner

Schaltungsentwurf

Zeichnen Sie zu der Hausklingelanlage den Stromlaufplan mit lagerichtiger Anordnung der Betriebsmittel.
Die Taster S1 bis S12 schalten die Wecker H1 bis H6.
Die Taster S13 bis S18 schalten den Türöffner Y1.

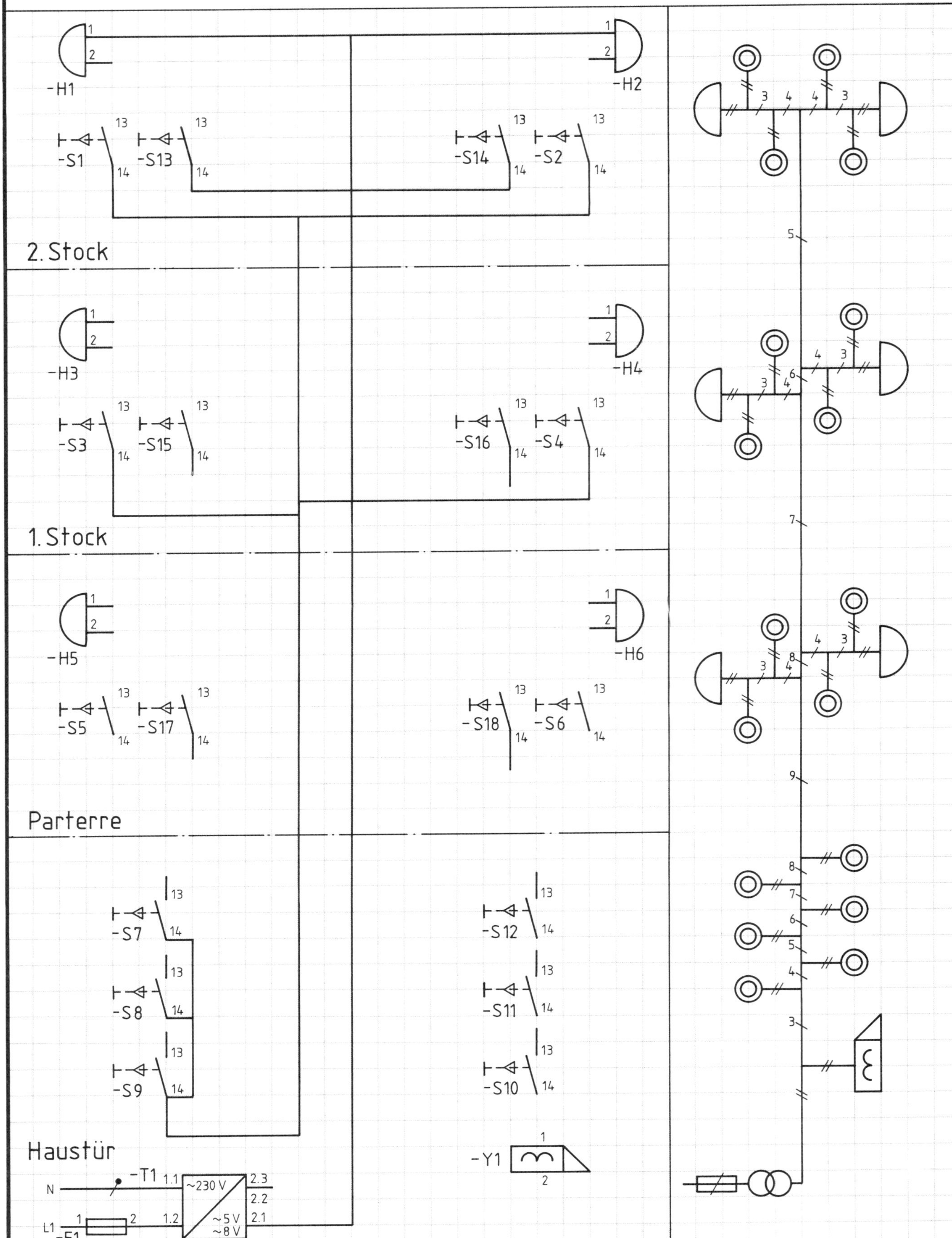

24.2	**Signaltechnik: Hausklingelanlage mit Türöffner für mehrere Stockwerke**

Schaltungsentwurf Zeichnen Sie in den einzelnen Feldern die näher beschriebenen Verdrahtungspläne.

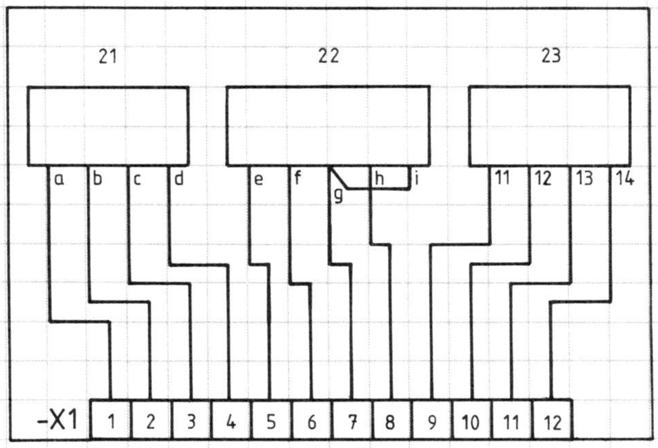

Geräteverdrahtungsplan: Gerät – A1

Der gleiche Plan wie links, jedoch **ohne** durchgezeichnete Verbindungen.

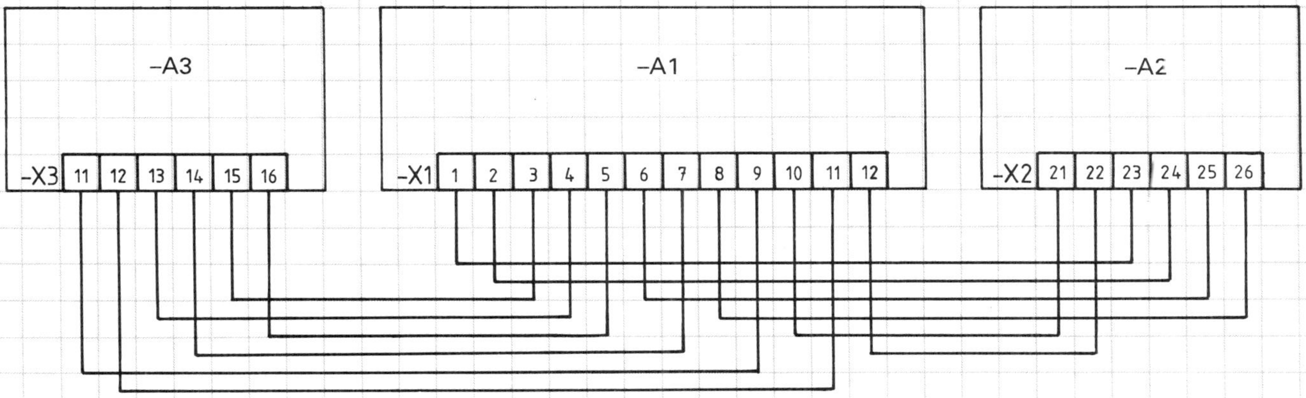

Verbindungsplan der Geräte –A1, –A2 und –A3

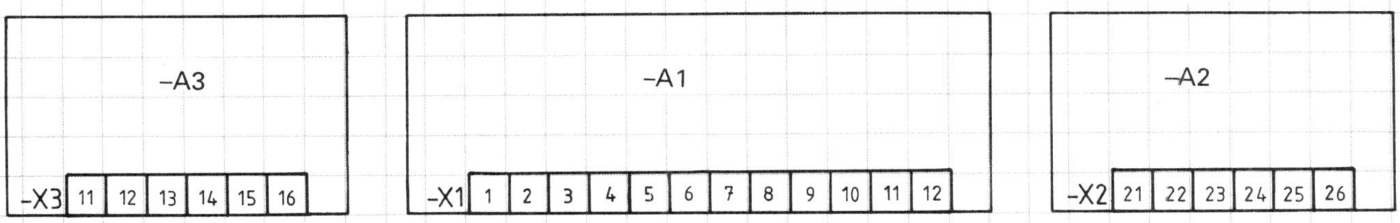

Der gleiche Verbindungsplan wie oben, jedoch mit zusammengefaßten Leitungen zwischen den Geräten.

25.1

Verdrahtungspläne: Geräteverdrahtungsplan und Verbindungsplan

Schaltungsentwurf

Zeichnen Sie die in den einzelnen Feldern bezeichneten Verdrahtungspläne.

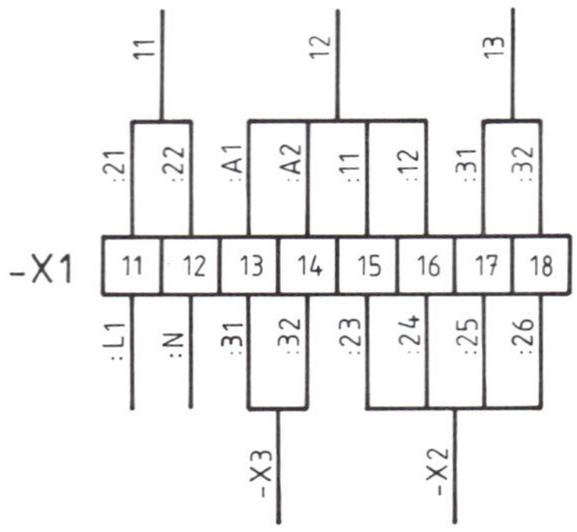

Anschlußplan der Klemmenleiste – X1
des Gerätes – A1.

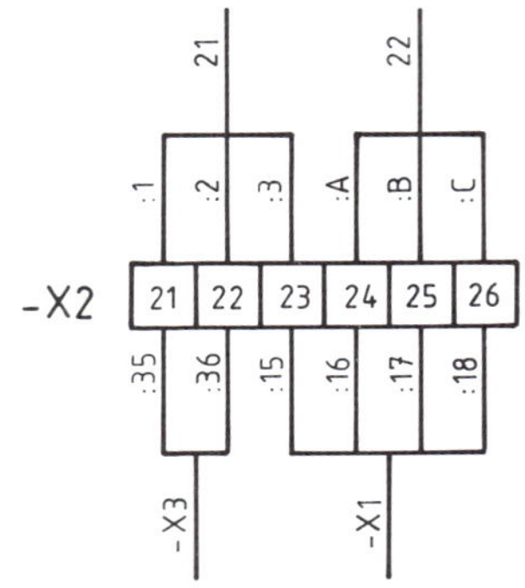

Anschlußplan der Klemmenleiste – X2
des Gerätes – A2.

Geräteverdrahtungsplan des Gerätes – A1
mit Darstellung jeder Verbindung.

Geräteverdrahtungsplan des Gerätes – A2
mit Darstellung jeder Verbindung.

Verbindungsplan zwischen den Geräten – A1 und – A2.

Schaltungsentwurf

In beiden Fällen soll die Last E1 ein- und ausgeschaltet werden.

Vervollständigen Sie die Stromlaufpläne.

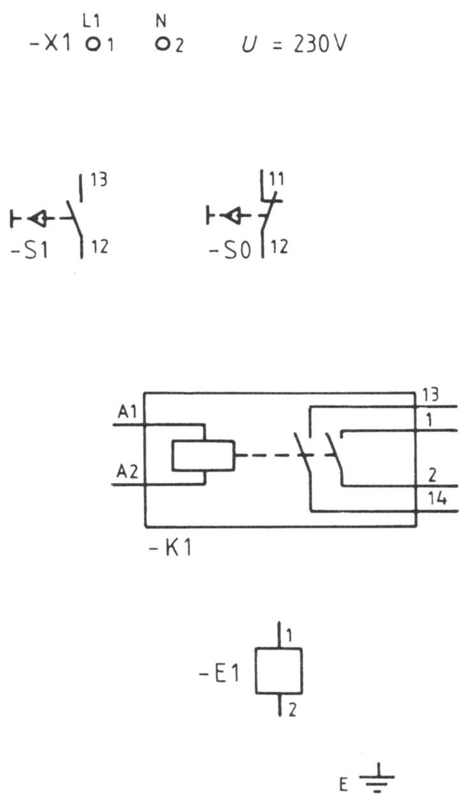

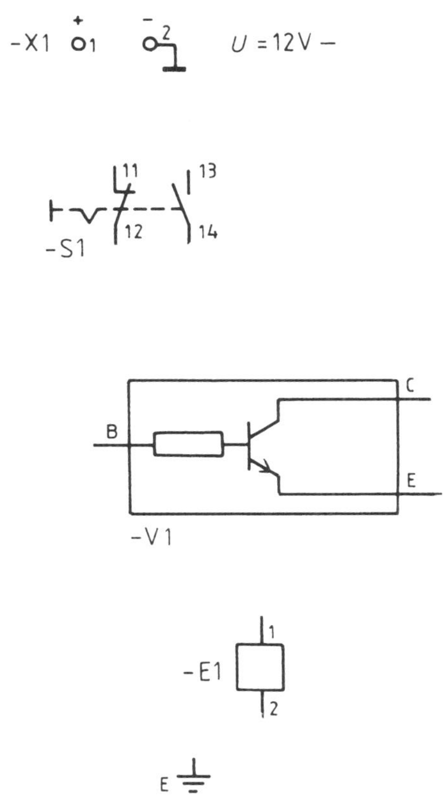

Schaltungsanalyse

1. In der obigen Schaltung ist die Last eingeschaltet.

   Welche Spannung besteht zwischen dem Anschluß E1.2 und dem Erder?

   Die Spannung beträgt: ____________

2. In der obigen Schaltung ist die Last abgeschlatet.

   a) Welche Spannung besteht zwischen dem Anschluß E1.2 und dem Erder?

   Die Spannung beträgt: ____________

   b) Welche Spannung besteht zwischen dem Anschluß E1.1 und dem Erder?

   Die Spannung beträgt: ____________

Schaltungsanalyse

1. In der obigen Schaltung wird die Last eingeschaltet.

   Welche Spannung besteht dann zwischen dem Anschluß E1.2 und dem Erder?

   Die Spannung beträgt: ____________

2. In der obigen Schaltung ist die Last abgeschlatet.

   a) Welche Spannung besteht zwischen dem Anschluß E1.2 und dem Erder?

   Die Spannung beträgt: ____________

   b) Welche Spannung besteht zwischen dem Anschluß E1.1 und dem Erder?

   Die Spannung beträgt: ____________

Schaltungsentwurf

Die Beleuchtung eines Kaufhausparkplatzes soll von den beiden Schaltstellen ein- und ausgeschaltet werden. Entwerfen Sie den Stromlaufplan mit lagerichtiger Anordnung der Betriebsmittel.

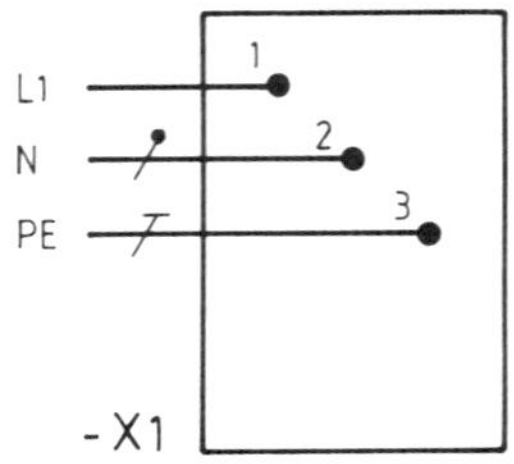

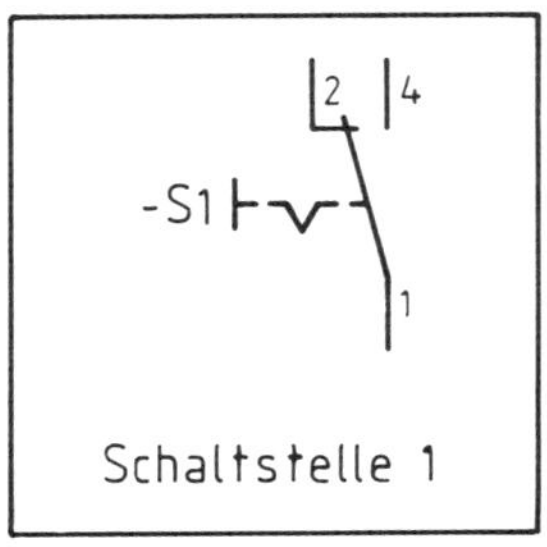

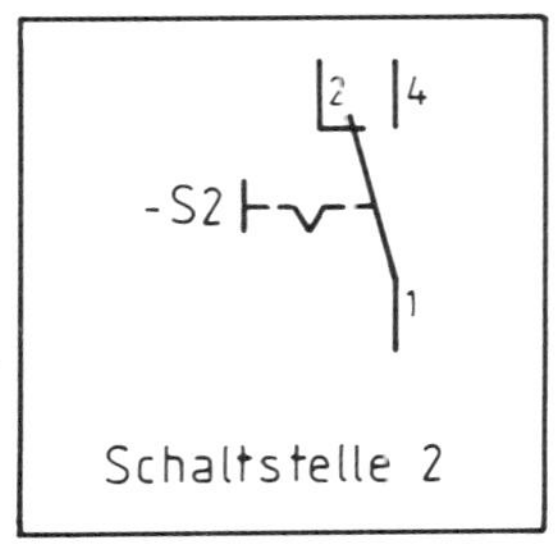

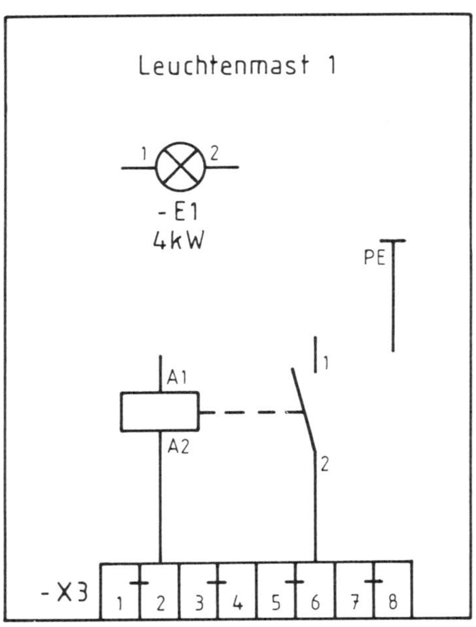

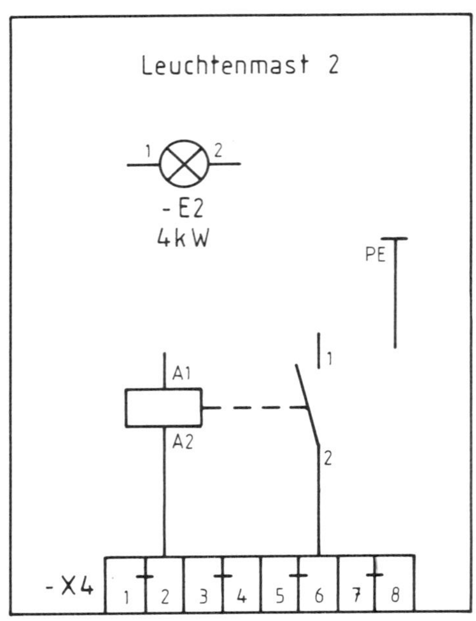

Gesteuertes Schalten 2: Parkplatzbeleuchtung

Schaltungsanalyse

Die dargestellten Schaltungen stammen aus Originalunterlagen einer Herstellerfirma. Solche Originalunterlagen entsprechen häufig nicht der Norm. Zeichnen Sie zu den gegebenen Schaltungen die normgerechten Stromlaufpläne in zusammenhängender Darstellung und beschreiben Sie die Funktion der Schaltungen.

1.

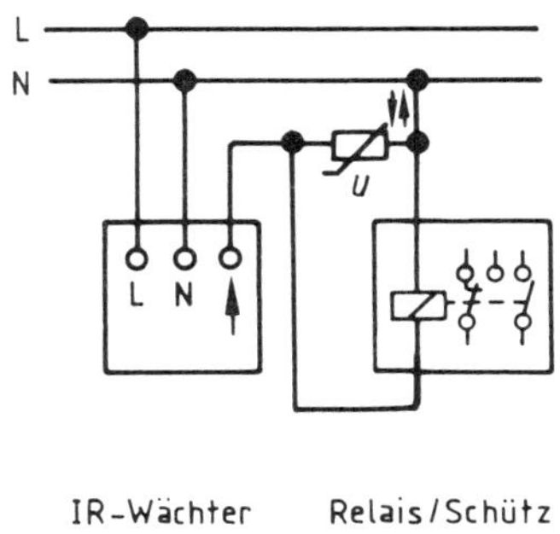

Funktion

2.

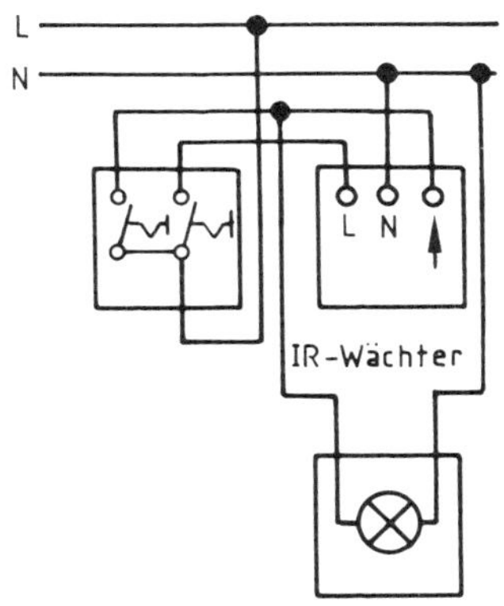

Funktion

3.

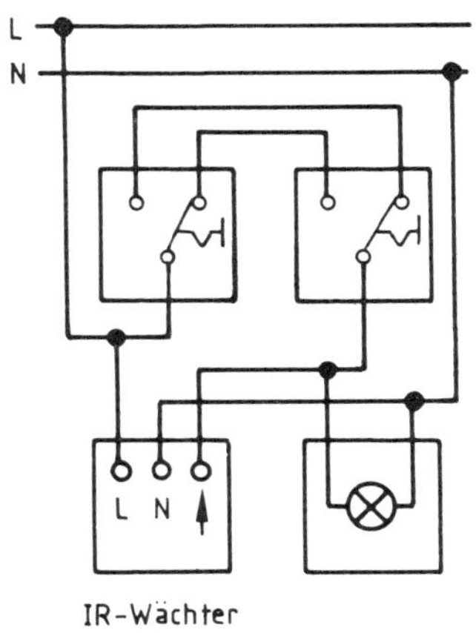

Funktion

29.1

Gesteuertes Schalten 2: IR-Bewegungsmelder 1

Schaltungsanalyse

Die dargestellten Schaltungen stammen aus Originalunterlagen einer Herstellerfirma. Solche Originalunterlagen entsprechen häufig nicht der Norm. Zeichnen Sie zu den gegebenen Schaltungen die normgerechten Stromlaufpläne in zusammenhängender Darstellung und beschreiben Sie die Funktion der Schaltungen.

1.

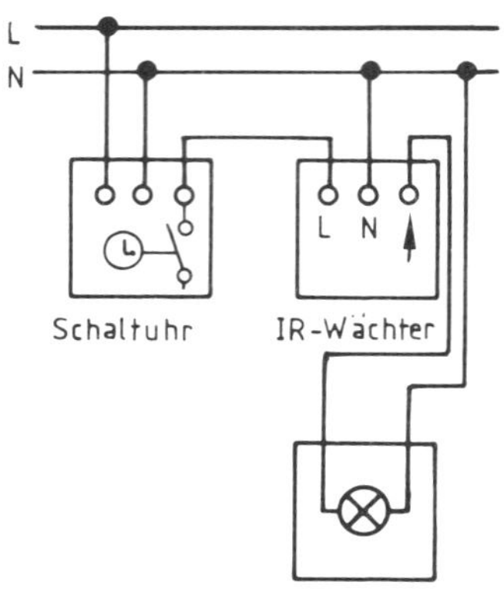

Funktion

2.

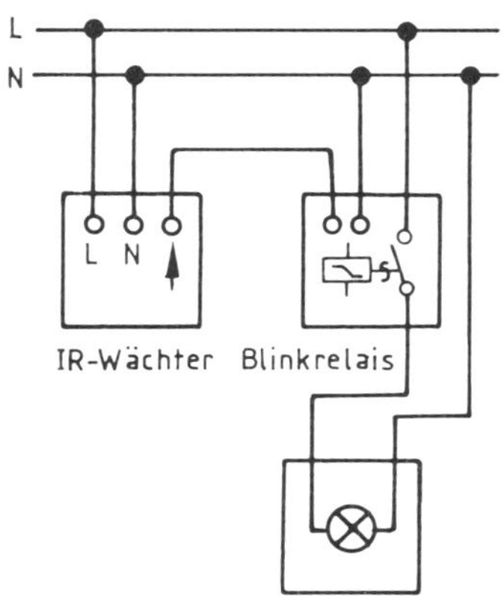

Funktion

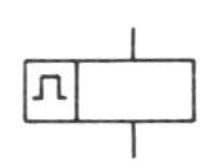

Blinkrelais-Antrieb

3.

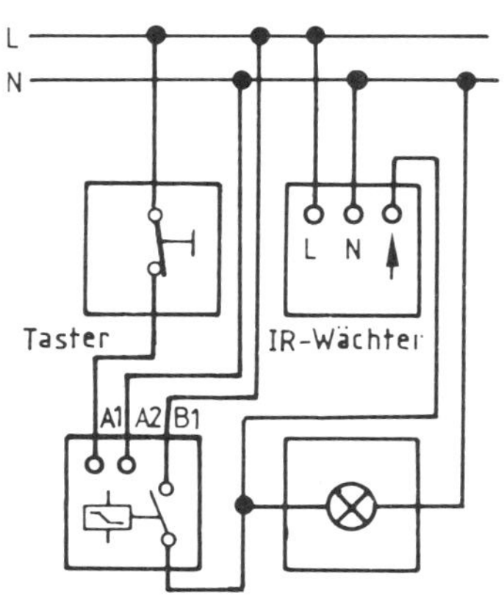

Funktion

29.2

Gesteuertes Schalten 2: IR-Bewegungsmelder 2

Schaltungsentwurf Entwerfen Sie die Schaltung der Sicherheitsbaugruppe für den Motor M1 der Sägemaschine. Bearbeiten Sie dazu die Punkte 1–7.

1. Technologieschema

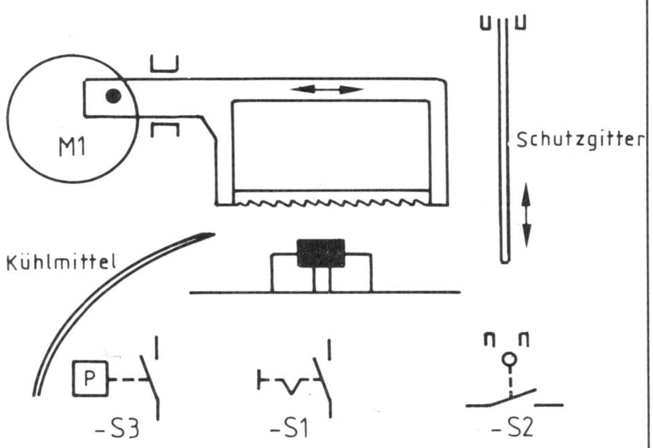

2. Funktionsbeschreibung

Zum Schutz des Betriebspersonals muss sichergestellt werden, das dass Schutzgitter (S2) geschlossen ist, bevor der Sägemotor (M1) in Betrieb genommen werden kann. Das Werkstück und das Sägeblatt müssen mit dem Kühlmittel S3 gekühlt werden.

3. Zuordnungsliste

Betriebsmittel	Betriebsmittelkennzeichnung	Steuerungskennzeichnung	logische Zuordnung
Einschalter	–S1	E1	Sägen = 1
Schutzschalter	-S2	E2	Schutzgitter
Druckschalter	-S3	E3	Kühlmittel
Ausschalter	-S1	E1	Säge = 0
Schutzschalter	-S2	E2	Schutzgitter = 0
Druckschalter	-S3	E3	Kühlmittel = 0

4. Funktionstabelle

E1	E2	E3	A1
0	0	0	0
0	0	1	0
0	1	0	0
0	1	1	0
1	0	0	0
1	0	1	0
1	1	0	0
1	1	1	1

5. Funktions-Zeit-Diagramm

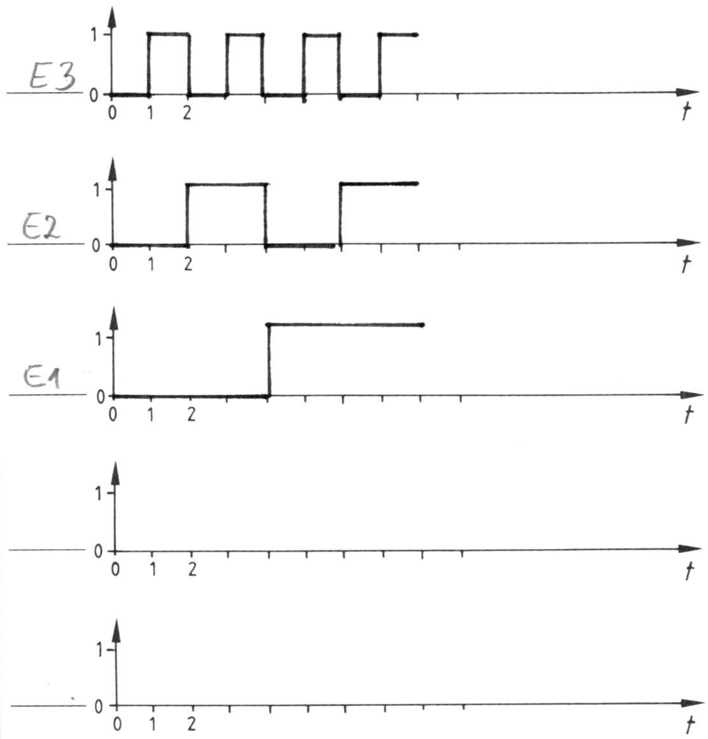

6. Funktionsgleichung

7. Logikplan

Eingänge	Verarbeitung	Ausgänge

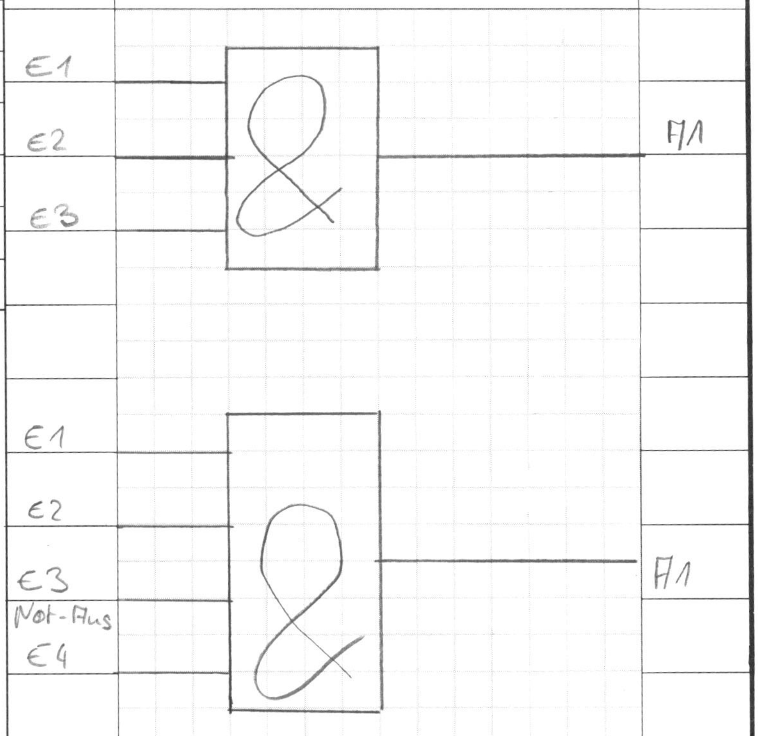

32.1	Grundlagen der digitalen Schaltungstechnik: Sicherheitsbaugruppe einer Sägemaschine

Schaltungsentwurf Die vier Schweißplätze werden zwangsbelüftet. Entwerfen Sie die Steuerschaltung.

1. Technologieschema

2. Funktionsbeschreibung

Der Abluftventilator muss laufen wenn ein oder mehrere Schweißplätze besetzt sind

3. Zuordnungsliste

Betriebsmittel	Betriebsmittelkennzeichnung	Steuerungskennzeichnung	logische Zuordnung
Ventilator	M1	A1	
Schweißplatz 1	S1	S1	
Schweißplatz 2	S2	S2	
Schweißplatz 3	S3	S3	
Schweißplatz 4	S4	S4	

4. Funktionstabelle

E4	E3	E2	E1	A1
0	0	0	0	0
0	0	0	1	1
0	0	1	0	1
0	0	1	1	1
0	1	0	0	1
0	1	0	1	1
0	1	1	0	1
0	1	1	1	1
1	0	0	0	1
1	0	0	1	1
1	0	1	0	1
1	0	1	1	1
[illegible]	[illegible]	[illegible]	[illegible]	[illegible]

5. Funktions-Zeit-Diagramm

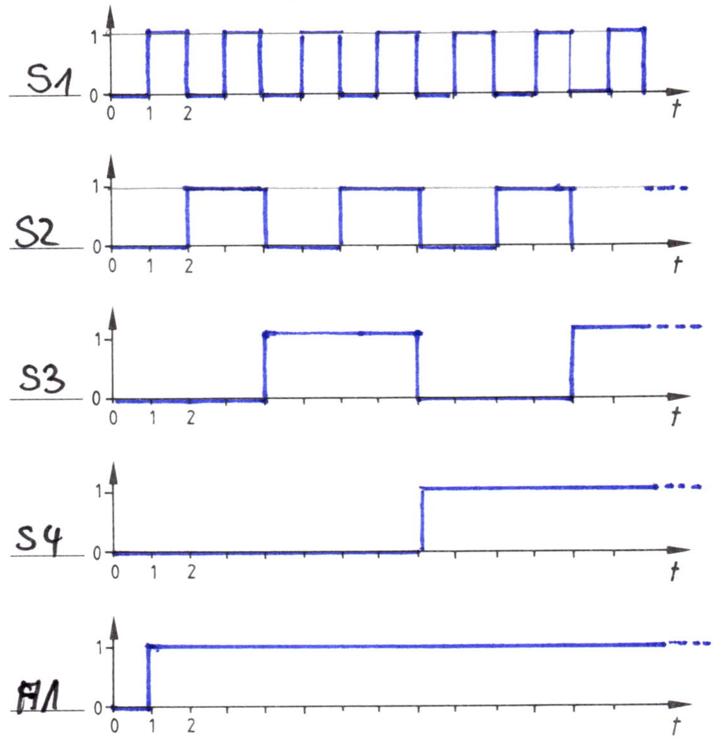

6. Funktionsgleichung

7. Logikplan

Eingänge	Verarbeitung	Ausgänge

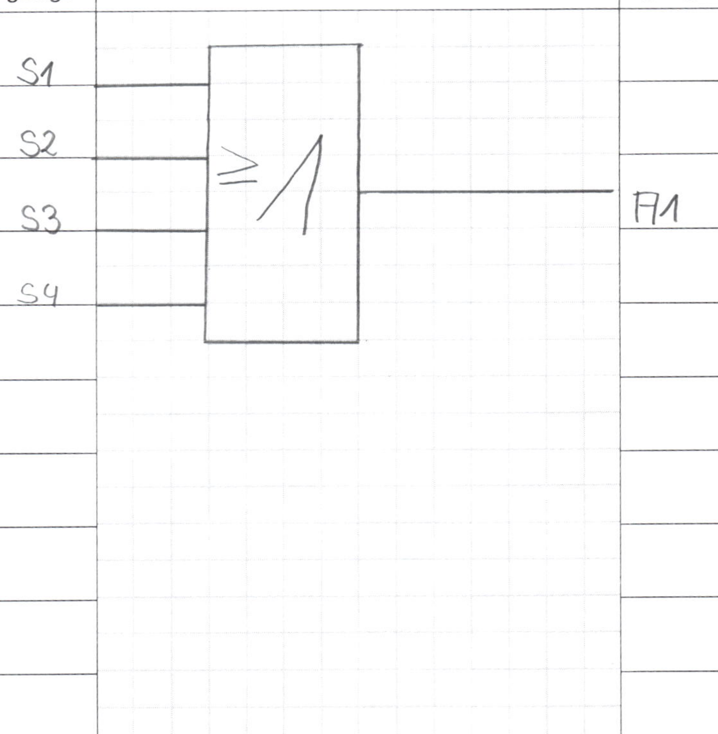

32.2

Grundlagen der digitalen Schaltungstechnik: Steuerung eines Abluftventilators

Funktionsanalyse

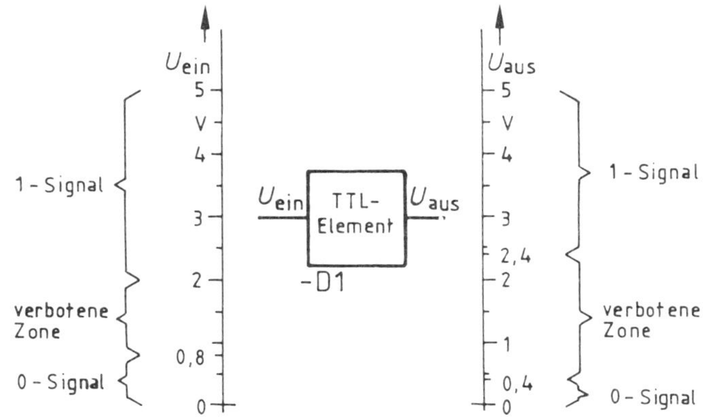

Die erlaubten Spannungswerte der Eingangs- und Ausgangssignale innerhalb der TTL-74-Schaltkreisfamilie sind entsprechend dem nebenstehenden Pegeldiagramm festgelegt.

1. Kennzeichnen Sie im Diagramm der Übertragungskennlinie für das Eingangs- und das Ausgangssignal den Bereich der Logikpegel 0 bzw. 1 sowie jeweils die verbotene Zone.
2. Vervollständigen Sie die Wertetabelle.
3. Entwerfen Sie eine geeignete Meßschaltung zur Überprüfung der Wertetabelle.

Übertragungskennlinie eines TTL-NAND-Schaltelements

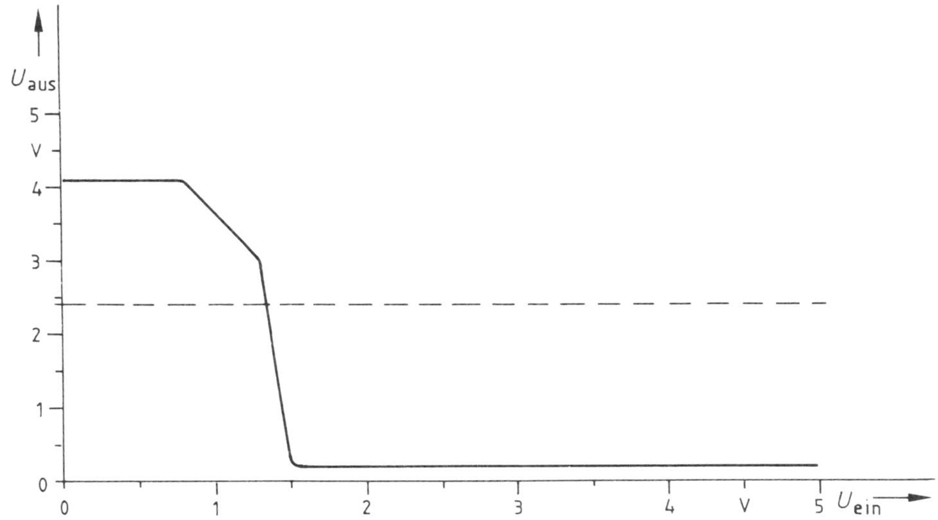

Wertetabelle

U_{ein} / V	0	0,2	0,4	0,6	0,8			1,3		1,5	1,8	2,2	4,8
U_{aus} / V						3,6	3,3		1,5				
Logikpegel / Ausgang													

Meßschaltung

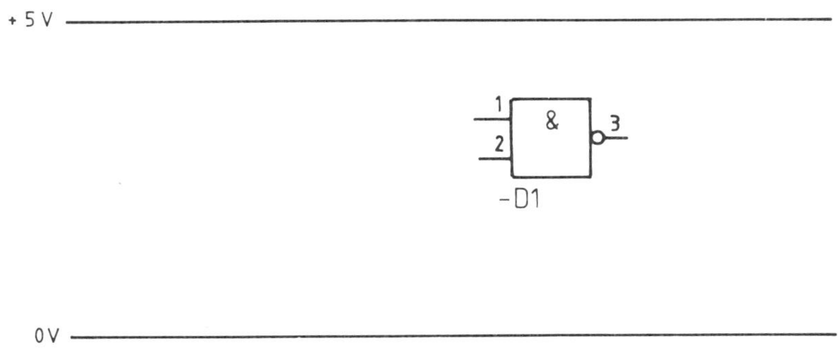

Funktionsanalyse Die Stromlaufpläne zeigen die stark vereinfachte Innenschaltung eines TTL-NAND-Gatters.

1. Verbinden Sie die Eingänge wie angegeben und beschreiben Sie den Funktionsablauf in der Schaltung. Geben Sie jeweils den Ausgangspegel an. Sollten Sie bei der Lösung der folgenden Aufgaben auf Schwierigkeiten stoßen, können Sie auf den Informationsseiten S. 42, S. 44 und S. 52 weitere Hinweise finden.

a) E1: +5 V E2: +5 V

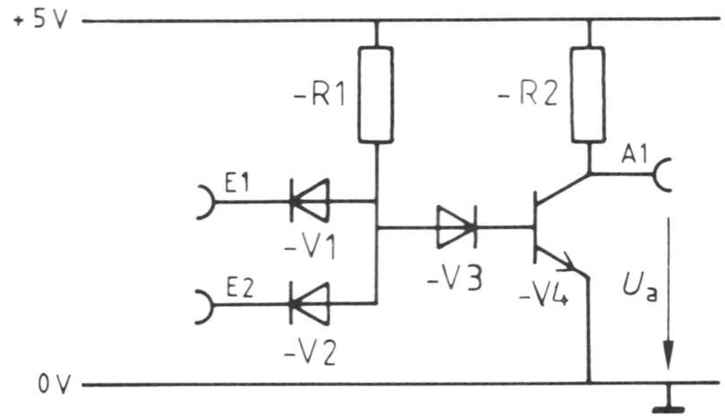

b) E1: +5 V E2: 0 V

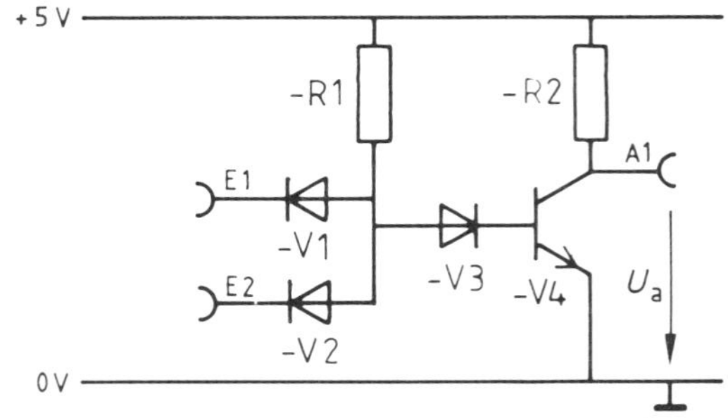

c) E1: 0 V E2: 0 V

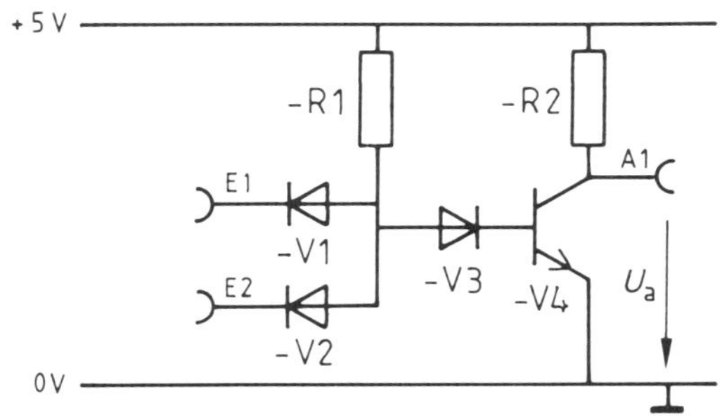

d) E1: offen E2: offen

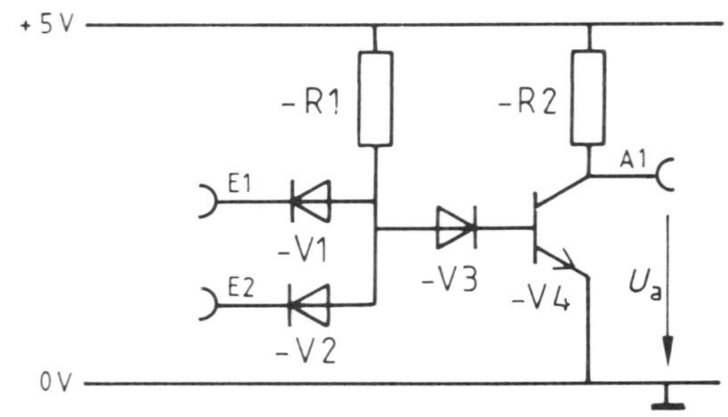

2. Die NAND-Gatter D1–D3 wurden fehlerhaft beschaltet. Beurteilen Sie die Auswirkungen der Schaltfehler.

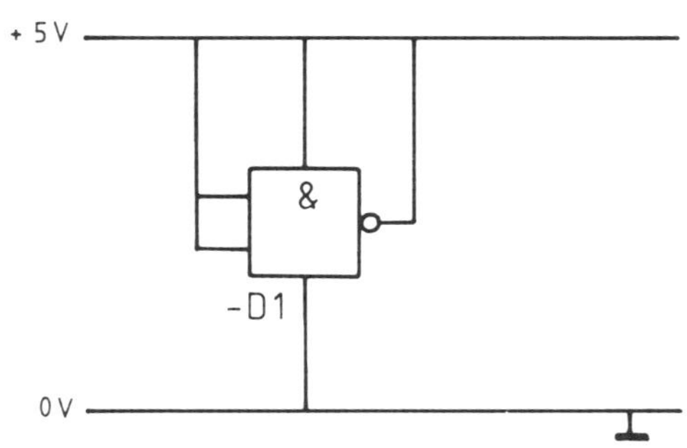

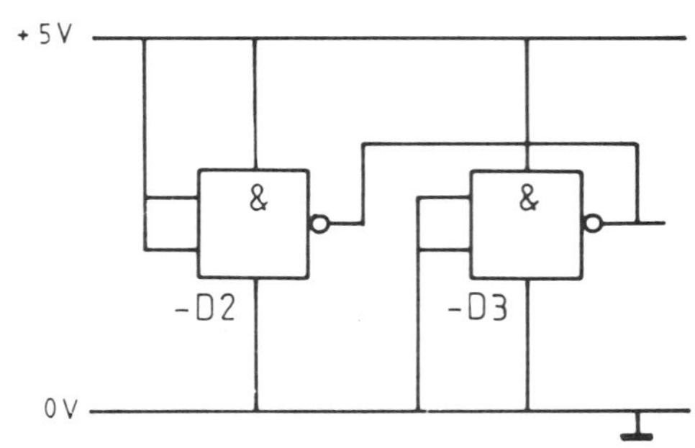

Funktionsanalyse

In einer Kombination aus Anschlußplan und Stromlaufplan ist der nachfolgende Ausschnitt einer umfangreichen Maschinensteuerung dargestellt.
Zeichnen Sie den entsprechenden Logikplan und beschreiben Sie die Funktion der dargestellten Funktionseinheit.

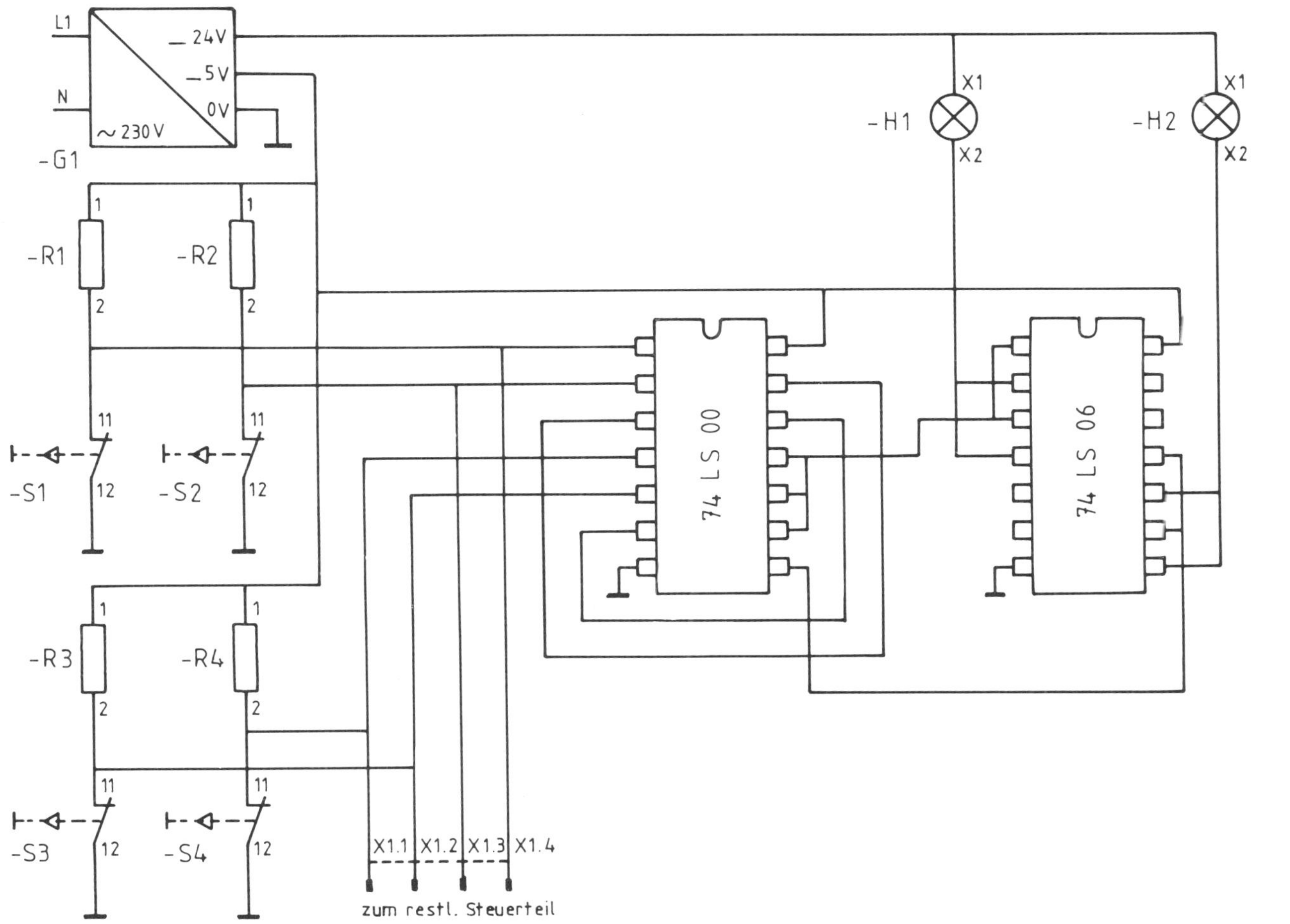

Logikplan

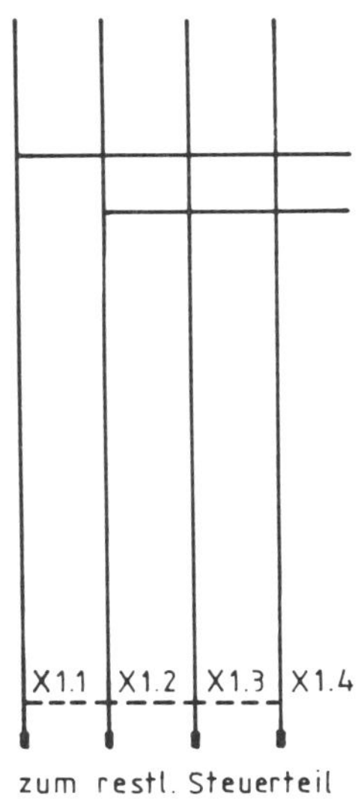

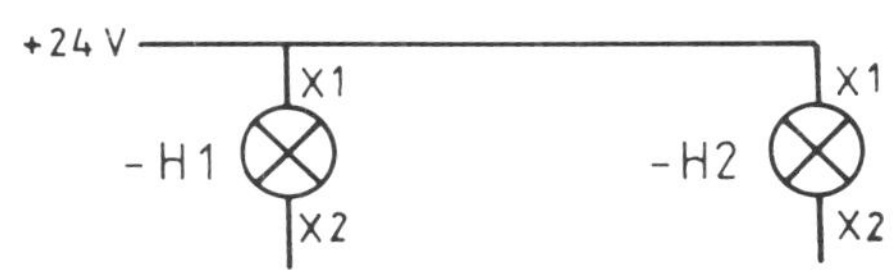

Funktionsbeschreibung

34.1

Grundlagen der digitalen Schaltungstechnik: Überwachungsschaltung

Schaltungsentwurf Die Hupe soll melden, wenn alle Steuerschalter betätigt sind.

Zeichnen Sie die Logikpläne des Steuerteils und die entsprechende Kombination aus Anschluß- und Stromlaufplan.

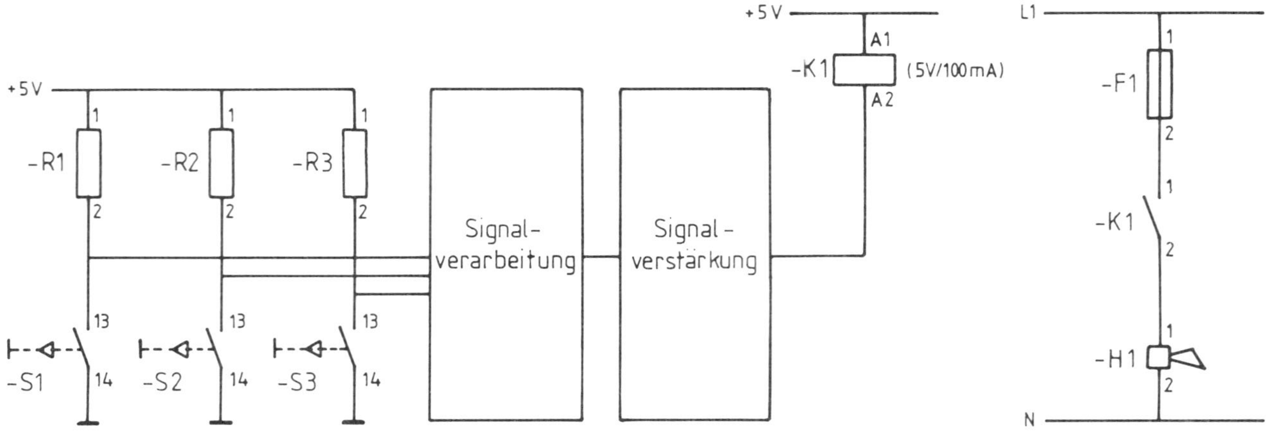

Steuerteil

Leistungsteil

Logikplan allgemein

Logikplan mit den TTL-Bausteinen 74 LS 02 und 74 LS 06

Kombination aus Anschlußplan und Stromlaufplan

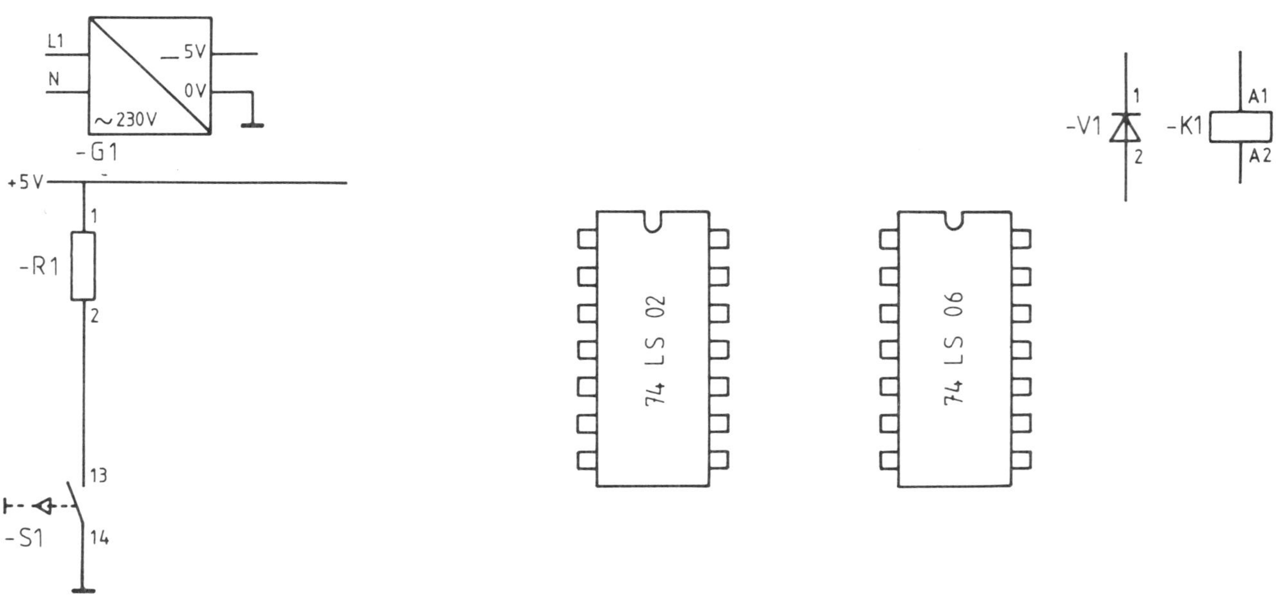

34.2	**Grundlagen der digitalen Schaltungstechnik: Meldeschaltung mit akustischem Signalgeber**

Funktionsanalyse

1. Beschreiben Sie die Funktion des dargestellten Steuerteils.
2. Zeichnen Sie den Logikplan des Steuerteils unter Verwendung der TTL-Bausteine: 74 LS 04, 74 LS 08 und 74 LS 32.

Hinweis: Das Symbol –o[an einem Eingang bedeutet: Funktion wird mit 0-Signal ausgelöst.

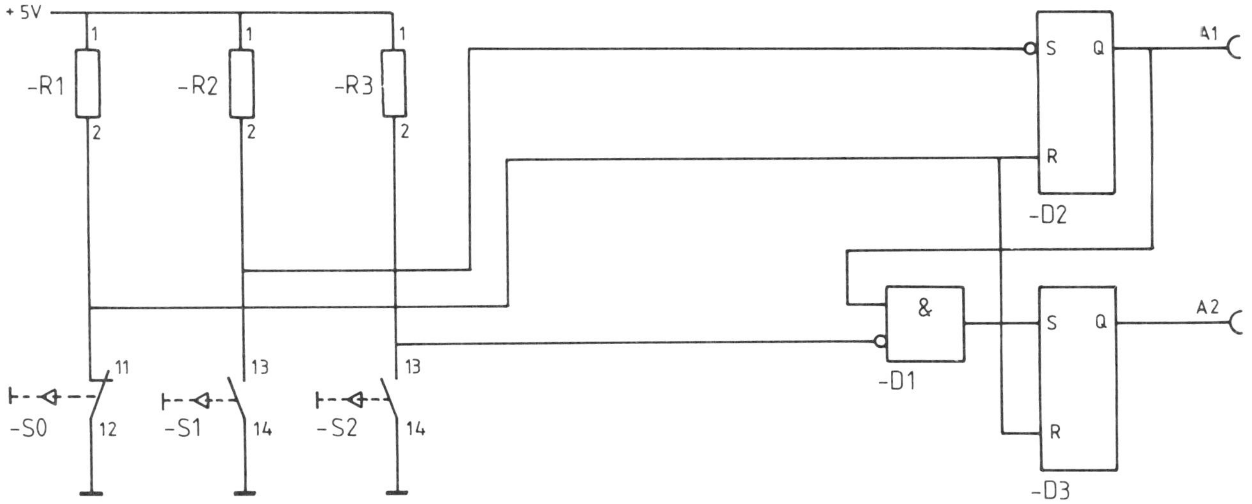

Funktionsbeschreibung

Logikplan

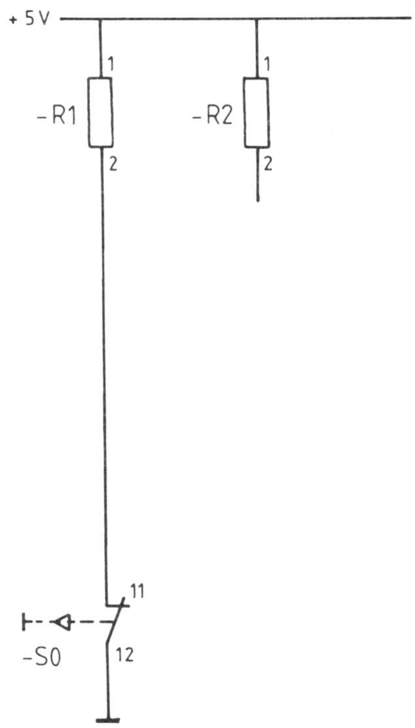

35.1	**Grundlagen der digitalen Schaltungstechnik: Verriegelungsschaltung**

Schaltungsentwurf

Das Blockschaltbild zeigt den Steuer- und den Leistungsteil einer Belüftungsanlage in einem Waschraum. Aus Sicherheitsgründen wird der Steuerteil mit Kleinspannung betrieben. Das Einschalten des Antriebsmotors erfolgt mit 0-Signal, das Abschalten mit 1-Signal.

Zeichnen Sie den Logikplan des Steuerteils und vervollständigen Sie die Stückliste.

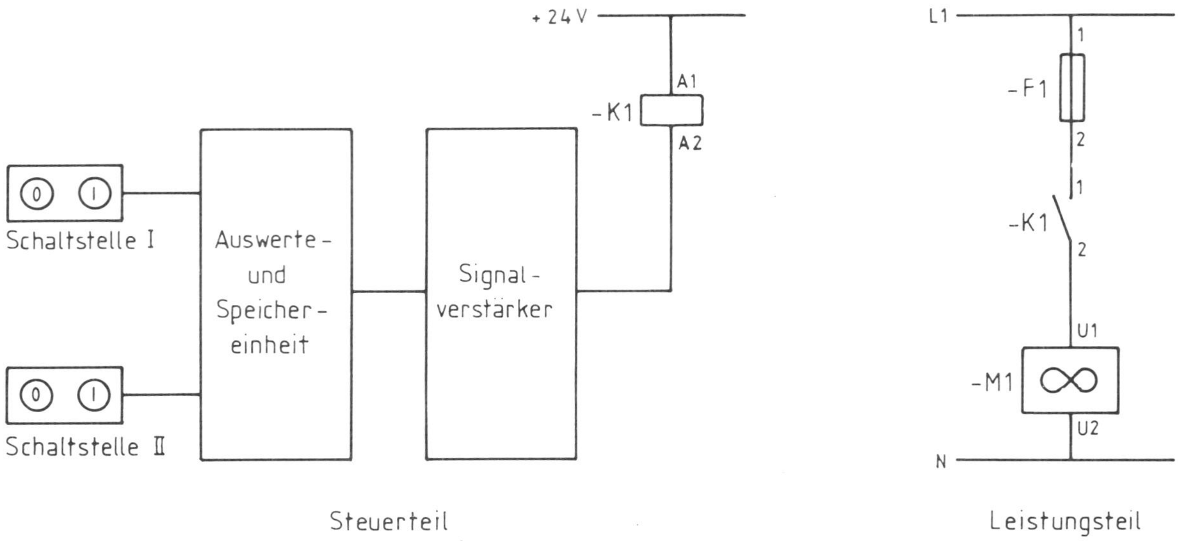

Logikplan

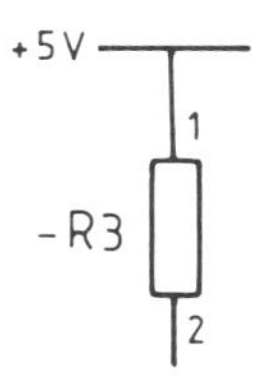

Stückliste

Betriebs-mittel	Funktion	Wert/ Bezeichnung
R1–R4	pull-up-Widerstände	4,7 k
S1–S4	Steuerschalter	
K1	Relais	24 V/50 mA
V1		1 N 4007

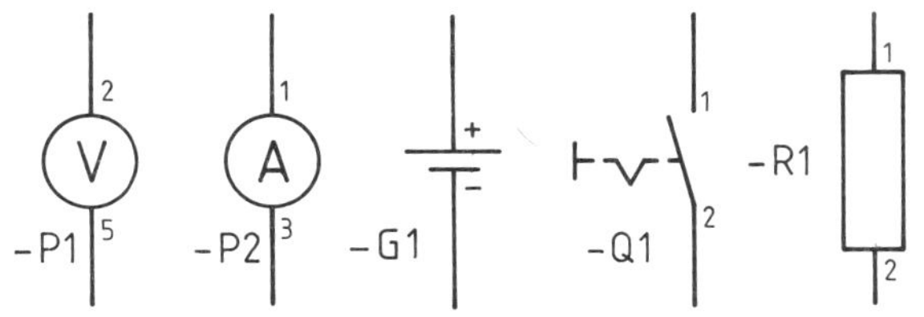

Schaltungsentwurf

Klemmenspannung und Stromstärke einer Spannungsquelle sollen einmal im unbelasteten und einmal im belasteten Zustand gemessen werden.

Zeichnen Sie die Stromlaufpläne unter Verwendung der gegebenen Betriebsmittel.

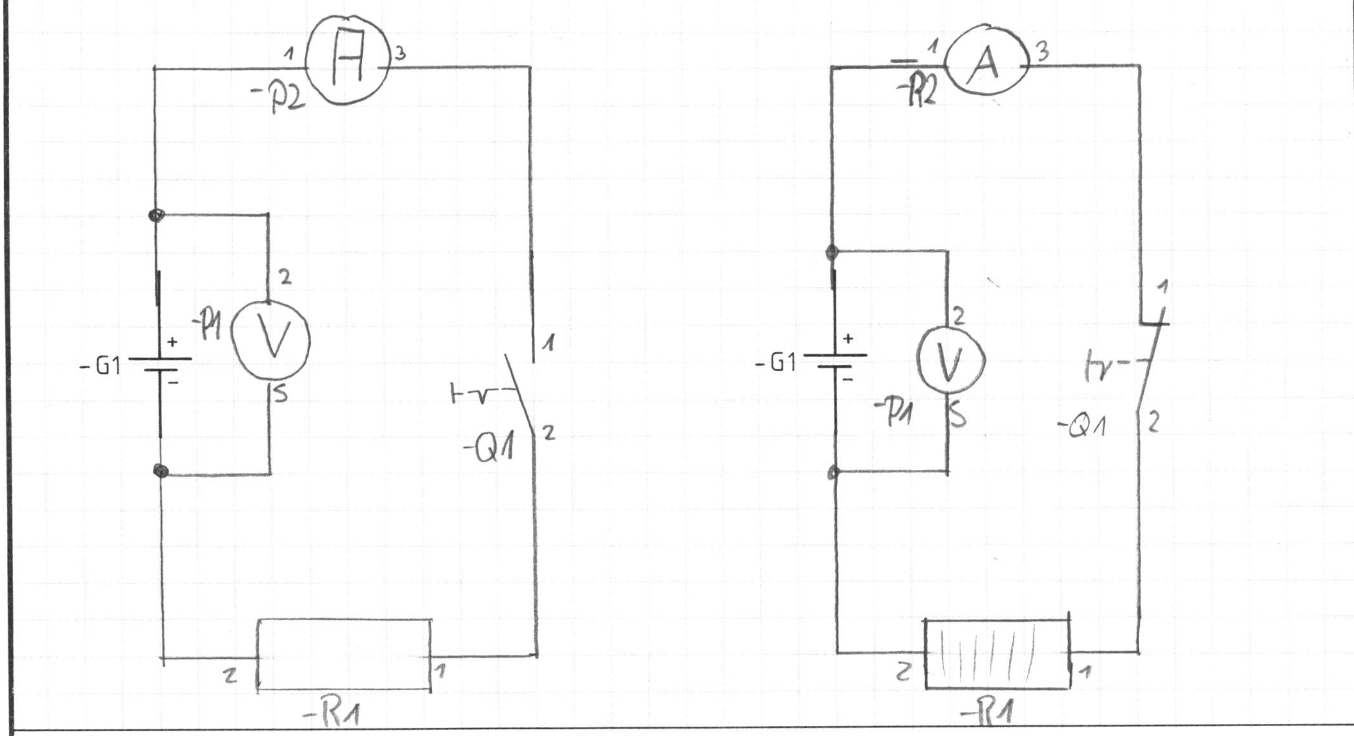

Schließen Sie die Leuchte E1 in der Abzweigdose X1 so an, daß mit dem Meßgerät P1 die Gesamtstromstärke des Netzausläufers gemessen wird. Mit dem Meßgerät P2 soll die Betriebsspannung in der Abzweigdose X1 gemessen werden.
Schließen Sie dann das Betriebsmittel E2 in der Abzweigdose X2 so an, daß mit dem Meßgerät P3 nur der Strom von E2 gemessen wird.

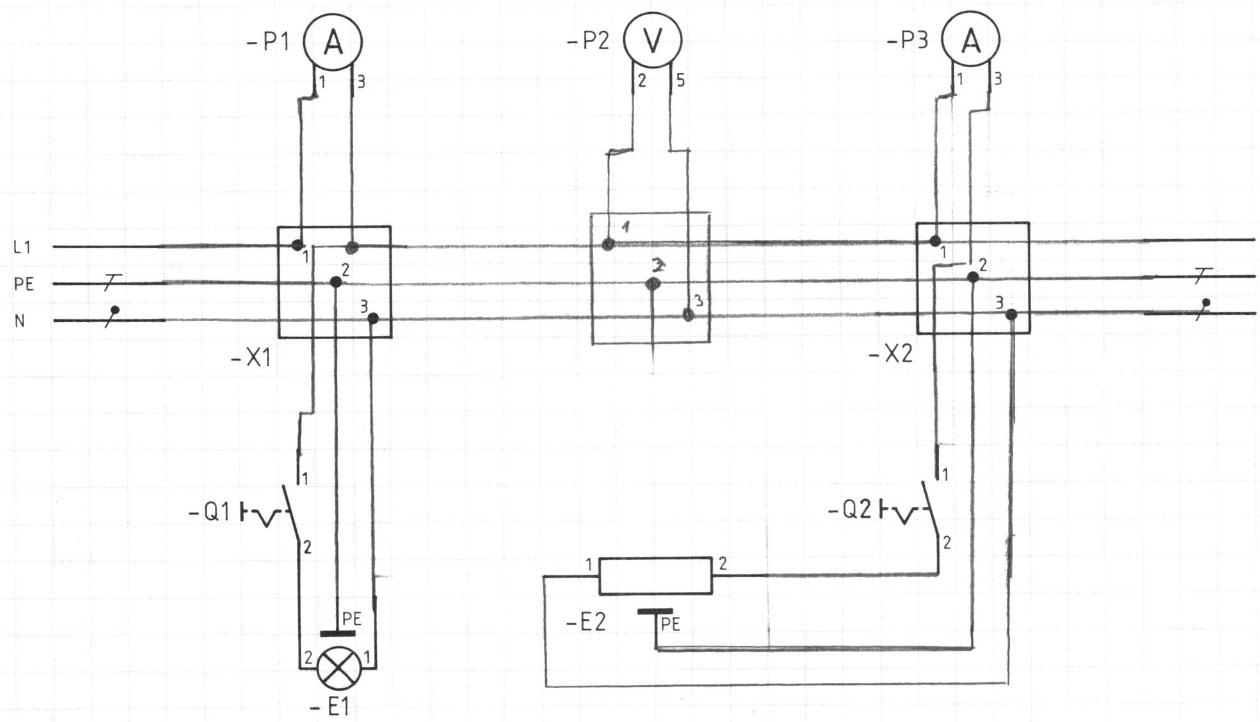

36.1	**Meßtechnik: Messungen mit Spannungs- und Strommesser**

Schaltungsentwurf

Durch Zuschalten von Meßwiderständen soll das Meßwerk P1 zu einem Vielfachmeßinstrument für Strom- und Spannungsmessungen erweitert werden.
Der Steuerschalter S1 schaltet von Spannungs- auf Strommessung um. Mit dem Steuerschalter S2 werden drei Spannungsbereiche und mit S3 drei Strombereiche geschaltet.

Vervollständigen Sie die Schaltung.

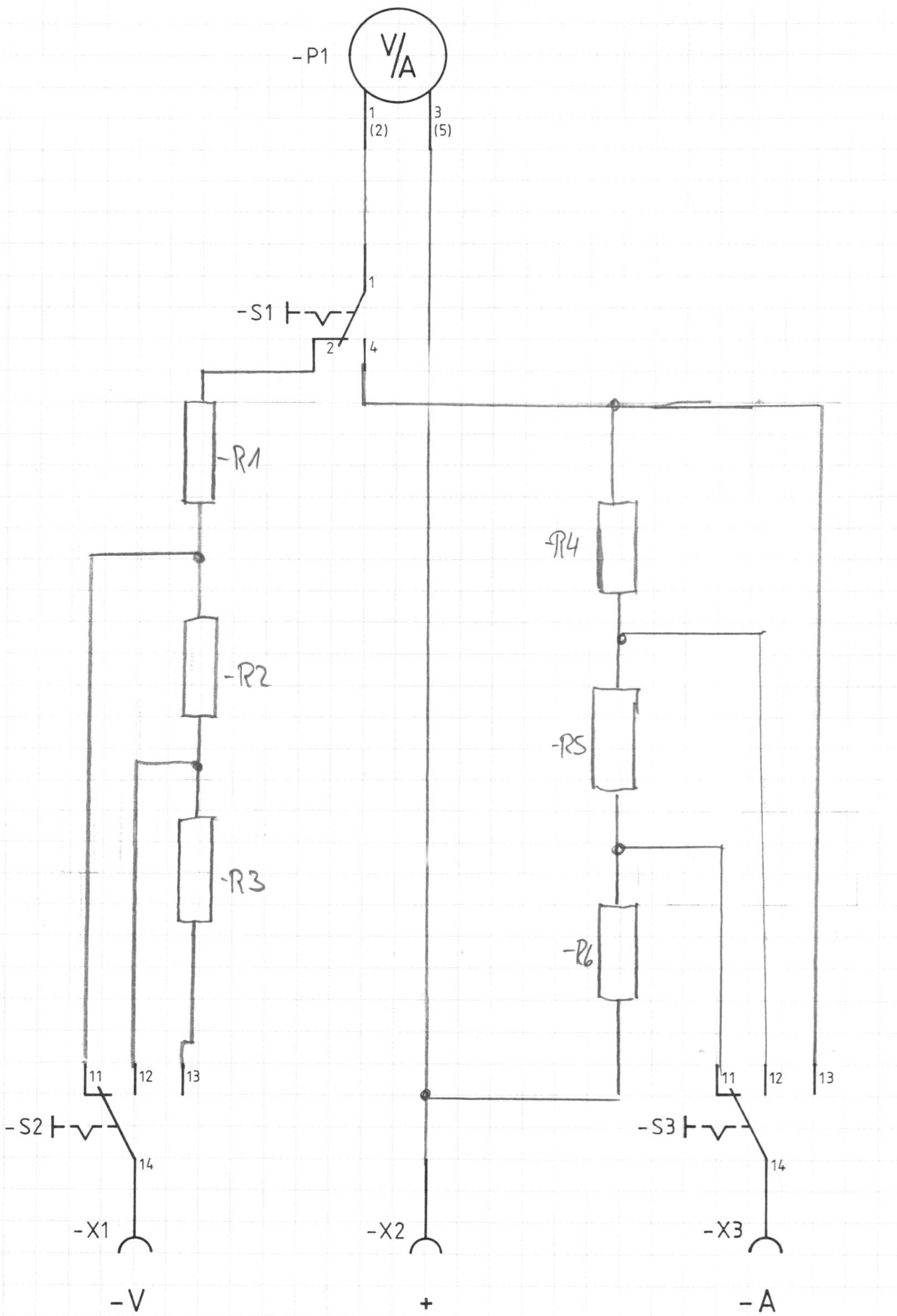

36.2	Meßtechnik: Mehrbereichsmeßinstrument	

Schaltungsanalyse

Die meisten Oszilloskope haben eine interne Verbindung zwischen dem PE des Netzanschlusses und dem Bezugspotential des Meßeinganges.
Die Spannung am Widerstand R1 soll mit dem Oszilloskop gemessen werden. Verbinden Sie den Meßausgang des Oszilloskops mit der Schaltung so, daß kein Kurzschluß entsteht.

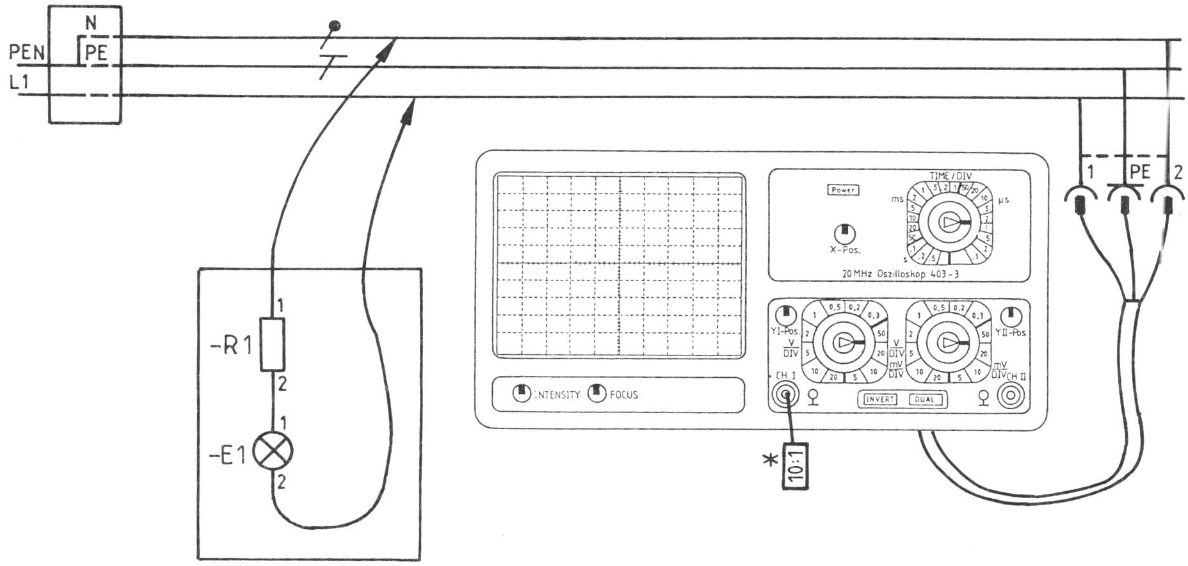

Versuchsschaltung

* Tastkopf: teilt die zu messende Spannung im Verhältnis 10:1

Die Spannung am Kondensator C1 soll oszilloskopiert werden. Skizzieren Sie die Anschlüsse der Meßleitungen.

Skizzieren Sie die Anschlüsse der Meßschaltung an das Versorgungsnetz.

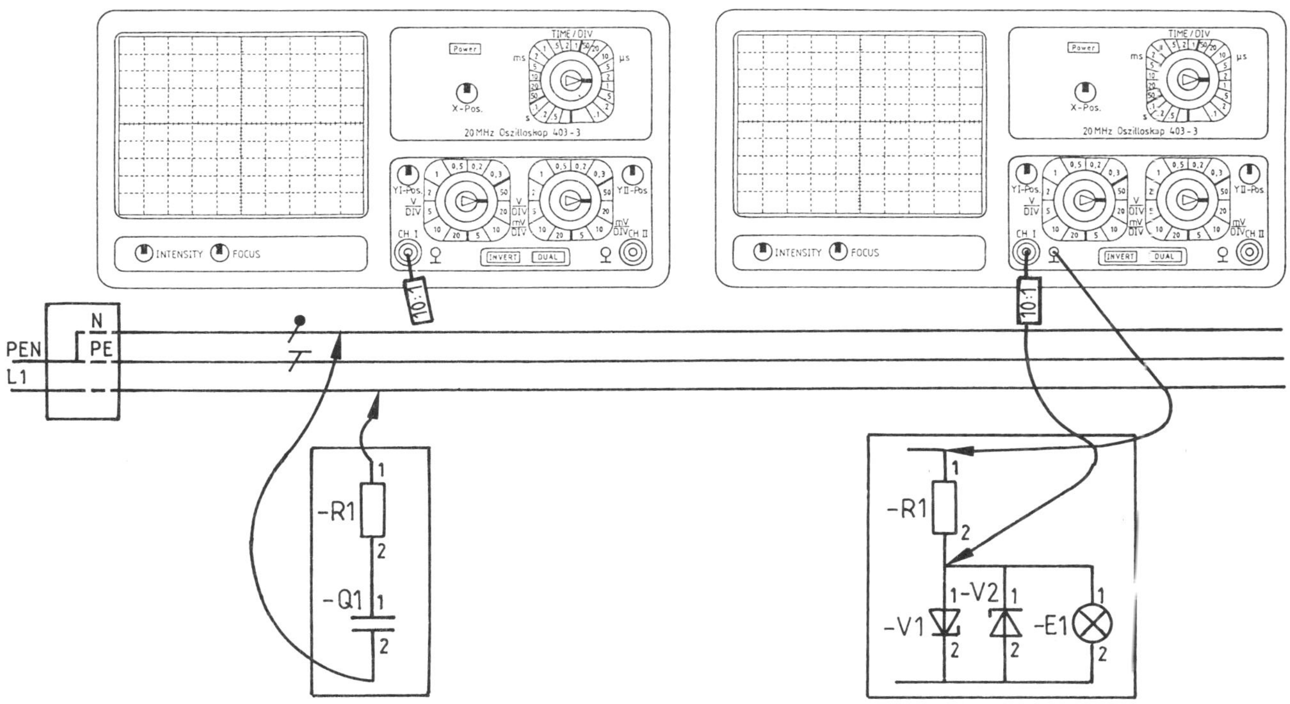

Entwurf

Teilen Sie die Zeitachsen der Diagramme gemäß den Einstellungen der Wahlschalter für die Zeitablenkung ein. Konstruieren Sie für die jeweilige Einstellung der Wahlschalter die zugehörige Kurvendarstellung.

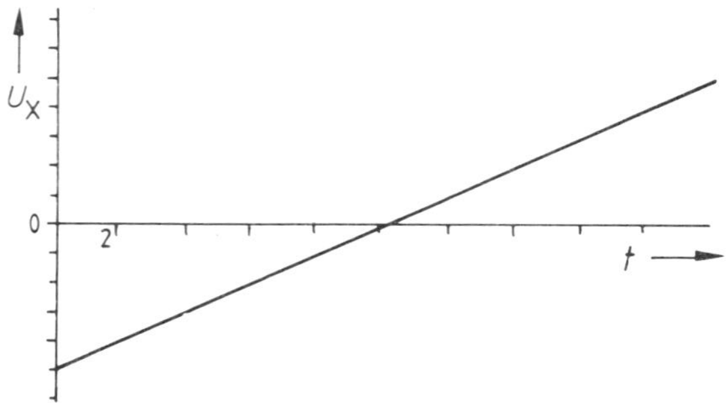

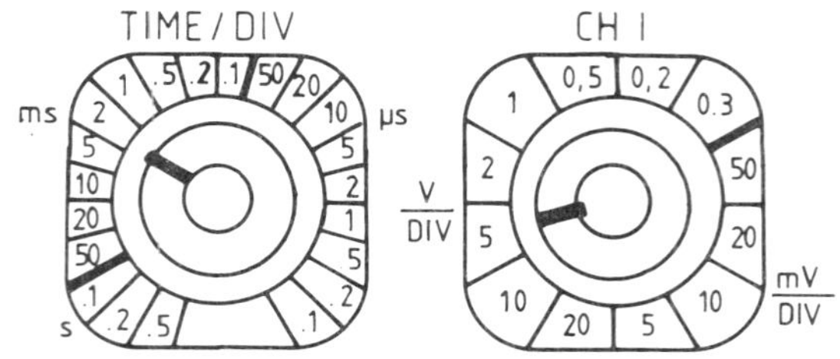

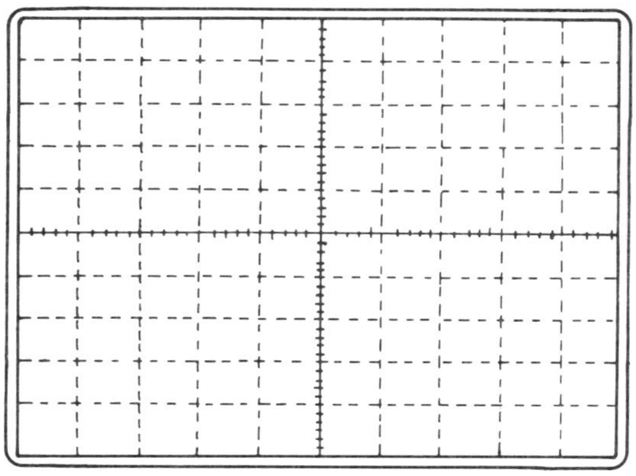

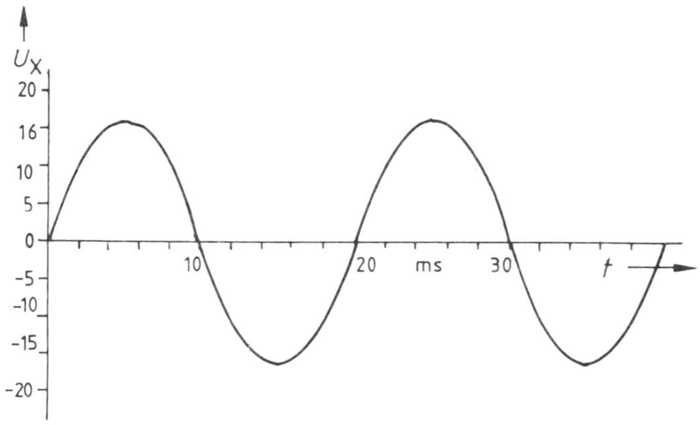

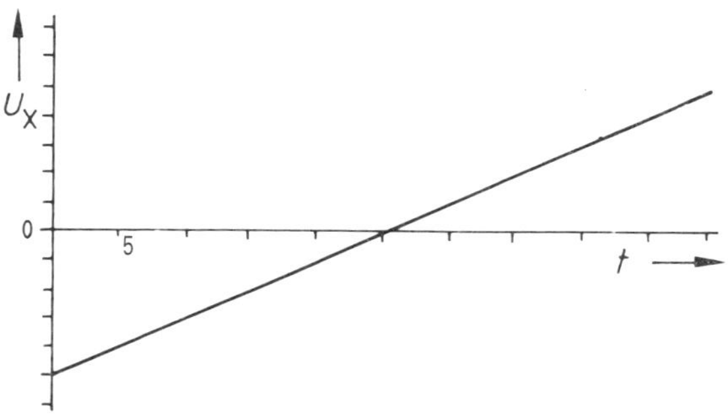

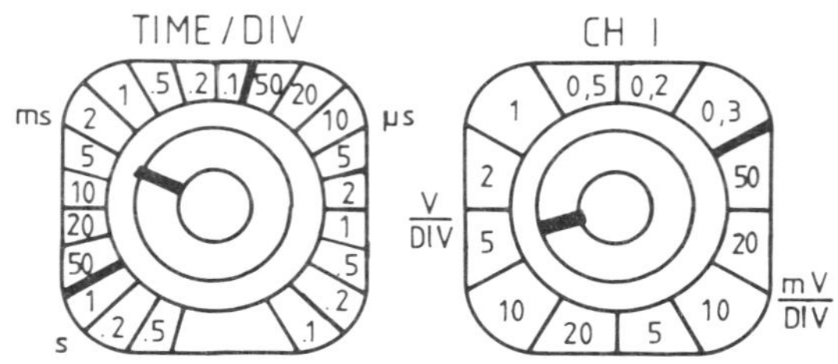

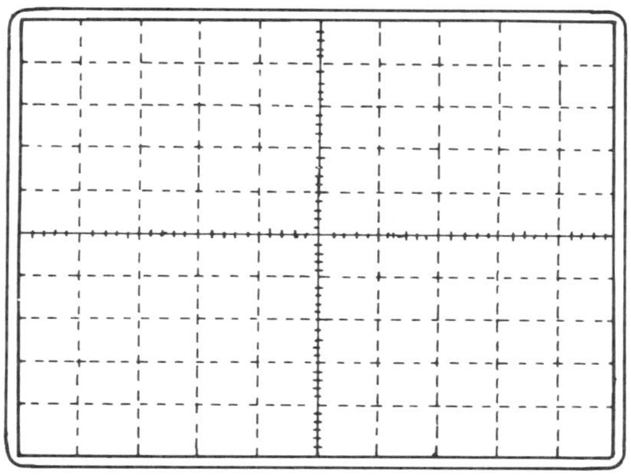

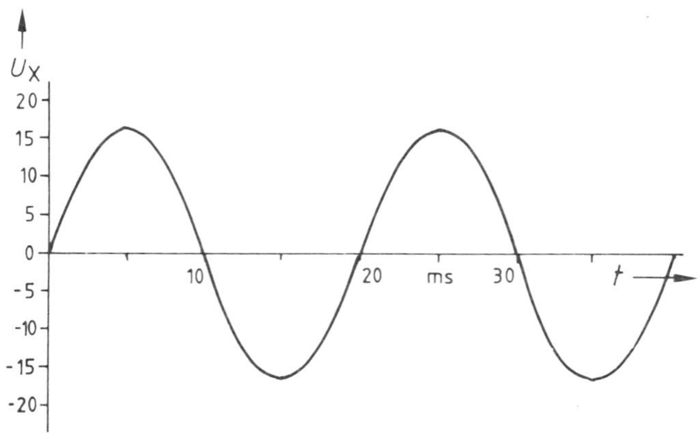